JN424472

공학도를 위한

JavaFX Programming

김태용

도서출판 한산

서 문

객체지향 언어로서 Java 언어가 보급 된지 거의 20년 정도에 이르렀다. Java 언어는 웹 기반 시스템 구축을 위한 엔터프라이즈 솔루션을 개발하기 위한 목적을 넘어서서 일반 데스크톱 응용 프로그램, 모바일 프로그램 외 임베디드 전 영역을 아우르는 활용 가치가 높은 프로그래밍 언어로서 정착되고 있다.

그리고 2007년 5월에 열린 JavaOne 행사에서 RIA 플랫폼 기술로서 JavaFX가 처음 소개되면서 기존에 제공되던 AWT와 Swing을 기반으로 하는 GUI 개발을 대체하는 수단으로 변모하였고, MVC 모델에 기초한 GUI 개발이 더욱 편리해졌다.

JavaFX는 다양한 GUI 부품도 제공하고 있어 Swing에서 제공하는 GUI 부품뿐만 아니라 Canvas, 그래프, 브라우저 등도 사용할 수 있다. 특히 브라우저는 Chrome과 Safari 등에서 사용되는 WebKit을 기반으로 하고 있으며 HTML 5 기능도 지원하고 있다.

또한 JavaFX를 사용하면 멀티미디어 프로그래밍을 포함하여 빠르게 애니메이션 GUI를 작성할 수 있으며, Java Applet 및 Java Web Start를 사용하여 브라우저를 통해 손쉽게 배포하거나 실행시킬 수 있는 RIA 플랫폼으로서 훌륭한 개발도구로 이용할 수 있게 되었다. 그리고 자체 브라우저를 요구하지 않기 때문에 독립형 Java 응용 프로그램으로 실행시킬 수 있다는 점도 매력적이다.

현재는 Java SE 8 개발환경에 JavaFX 8 기술이 하나의 표준 라이브러리로서 포함되어 배포되고 있으며, 개발자들은 JavaFX 기술을 PC용 응용 프로그램 개발 외에도 모바일 환경에서도 동작하는 App을 동시에 개발할 수 있게 되었다. 이것은 Java가 추구하던 "Write Once, Run Anywhere"라는 기본 철학을 충실히 달성하기에 손색이 없다는 것을 의미한다. 이에 따라 하나의 코드베이스에서 JavaFXPorts 플러그인을 활용하여 다양한 실행 플랫폼에서 동작시킬 수 있도록 포팅이 가능해져 향후 모바일 프로그래밍을 대체하는 훌륭한 대체 수단으로서 이용될 수 있을 것으로 생각된다.

최근에는 사물 인터넷 분야에 대한 다양한 활용이 기대되는 가운데 JavaFX 기술은 Arduino, Raspberry Pi, 기타 임베디드 디바이스 등을 활용한 응용 시스템 개발에도 활용 가능하다.

<제목 차례>

Chapter 01. JavaFX 개요

▮역사적 배경

2007년 5월에 열린 JavaOne 행사에서 RIA 플랫폼 기술로서 JavaFX가 처음 소개되었다. 마침 이 시기는 RIA 플랫폼으로 이미 Adobe Flex가 보급된 상태로서 연이어 9월에는 Microsoft Silverlight가 출시되어 RIA 플랫폼 기술의 경연이 시작된 것으로 볼 수 있다. 그러나 현재의 JavaFX는 RIA를 지원하는 플랫폼에서 Java의 데스크톱 응용 프로그램 작성을 위한 라이브러리로서 자리매김을 하고 있다.

결국 JavaFX는 기존에 제공되던 AWT와 Swing을 기반으로 하는 GUI 개발을 대체하는 수단으로 변모하였고 GUI 개발을 보다 쉽게 개발하고 풍부한 표현력을 제공하는 특징을 가지고 있다. 멀티미디어 프로그래밍을 포함하여 빠르게 애니메이션 GUI를 작성할 수 있게 되었고, Java Applet 및 Java Web Start를 사용하여 브라우저를 통해 손쉽게 배포하거나 실행시킬 수 있는 RIA 플랫폼으로서 훌륭한 개발도구로 부상하고 있다. 그리고 자체 브라우저를 요구하지 않기 때문에 독립형 Java 응용 프로그램으로 실행시킬 수 있다는 점도 매력적이다.

관련 기술의 한 축으로서 임베디드용 Java ME에서 실행되는 JavaFX mobile 1이 2009년 2월경에 출시되었지만 2011년 10월 JavaFX 2의 출시와 함께 JavaFX mobile은 폐지되었다. 현재는 Java SE 8 개발환경에 JavaFX 8 기술이 하나의 표준 라이브러리로서 포함되어 배포되고 있으며, 개발자들은 JavaFX 기술을 PC용 응용 프로그램 개발 외에도 모바일 환경에서도 동작하는 App을 동시에 개발할 수 있게 되었다.

▮JavaFX 특징

Java SE 8 개발환경에서 표준 라이브러리로서 포함되어 제공되는 JavaFX는 Java의 GUI 라이브러리 그 자체로서 주요 특징을 요약하면 다음과 같다.

- 하드웨어 가속에 따른 빠른 그래픽 엔진 채용
- XML에 기반을 둔 GUI 구성
- 그래프 등을 포함한 다양한 GUI 부품 제공
- 브라우저
- 동영상 등의 미디어 API

● CSS 지원
● 애니메이션
● 그림자 등의 효과
● 바인딩

JavaFX가 채용하고 있는 그래픽 엔진은 Prism이다. Prism 그래픽 엔진은 GPU 하드웨어 가속을 많이 하고 빠른 렌더링을 할 수 있다. Prism 그래픽 엔진은 NVIDIA, AMD, Intel의 GPU 등에서 탑재하고 있다. 지원하는 구체적인 GPU 모델은 JavaFX System Requirements의 Graphics Support를 참조하면 된다. GPU를 지원하지 않는 경우에는 Java 2D를 사용하여 렌더링을 한다. 이 경우 성능이 저하되지만 Java SE가 동작하는 환경이라면 JavaFX가 동작하는 것을 보장한다.

XML을 이용하여 GUI 구성을 처리하는 대표적인 예는 Adobe의 MXML, Microsoft의 XAML, Android 등 다양한 GUI 프레임 워크에서 사용되고 있다. 기존에 사용하던 GUI 구성방식의 경우에는 GUI 구조를 이해하기 어려운 상태로 만들어 개발 효율성을 떨어뜨리는 주된 요인으로서 지적되어 왔다.

최근 GUI 개발환경에서는 이러한 이유 때문에 XML 형식으로 GUI 구조를 표현하는 용도로 사용하고, GUI 구성내용은 코드와 완전하게 분리시킴으로써 MVC 모델 구축을 실현시키고 있다. 또한 GUI 구성내용을 XML 형식으로 사용하게 되면 기존 XML 도구와의 궁합도 좋아지는 장점을 가지게 된다. JavaFX의 경우에는 FXML이라는 형식으로 GUI를 표현하게 되며 FXML을 그래픽으로 편집하기 위한 도구로서 Scene Builder를 별도로 제공하고 있다.

JavaFX는 다양한 GUI 부품도 제공하고 있다. 예로서 버튼과 텍스트 필드 등과 같은 Swing에서 제공하는 GUI 부품뿐만 아니라 Canvas, 그래프, 브라우저 등도 사용할 수 있다. 특히 브라우저는 Chrome과 Safari 등에서 사용되는 WebKit을 기반으로 하고 있으며 HTML 5 기능도 지원하고 있다.

또한 동영상이나 사운드 등도 취급 할 수 있어 멀티미디어 프로그래밍을 용이하게 할 수 있다. 그리고 제공되는 GUI 부품은 CSS에 의해 외형을 변화시킬 수도 있다. 특히 애니메이션과 효과처리는 최근의 GUI에서 빠뜨릴 수 없는 요소로서 JavaFX는 쉽게 애니메이션과 효과처리를 사용할 수 있도록 그 기능을 제공하고 있다.

마지막으로 바인딩이라고 불리는 변수끼리 자동으로 동기화시키는 기술을 활용할 수 있다. 모델(Model)과 뷰(View)의 동기화 처리 등 다양한 장면 상황에서 이 기능을 사용할 수 있다.

▮Java의 GUI 기본 이해

Java에서 GUI를 만드는 방법은 표준으로 제공되는 GUI 프레임 워크를 기준으로 다음 3가지 방법을 이용할 수 있다.

- AWT
- Swing
- JavaFX

AWT(Abstract Window Toolkit)는 Java 1.0 시절부터 사용되어 온 GUI 프레임 워크이다. AWT에서는 버튼 등의 부품을 Windows와 X11과 같은 윈도우 시스템의 기본 부품을 사용한다. 따라서 성능은 좋지만 동일한 응용 프로그램에서 윈도우 시스템에 의존하여 그 모양이 바뀌는 단점이 있다.

Swing의 경우는 버튼 등의 요소를 바로 처리하게 되므로 어떤 윈도우 시스템에서 동작시켜도 같은 모양을 유지한다. 그러나 초창기 Java에서는 모든 그래픽 요소를 한꺼번에 그릴 수 있는 성능이 떨어져 Swing은 느리다는 오명을 받기도 하였다. 최근에는 대부분의 컴퓨터 환경에서 GPU 가속 등을 구사하고 있기 때문에 Swing도 충분한 성능을 얻을 수 있다.

그러나 Swing은 AWT를 기반으로 구축된 GUI 프레임 워크이기 때문에 AWT로 인한 기본적인 한계성을 안고 있다. 한 가지 예로서 표준에서는 애니메이션을 위한 API를 별도로 제공하지 않는다는 점이다. 그래서 등장한 것이 JavaFX이다. 원래 JavaFX는 JavaFX Script라는 스크립트 언어로 작성된 GUI 프레임워크였다. JVM상에서 동작한다고 해도 Java와는 구별을 분명히 하였다.

그러나 2011년에 출시된 JavaFX 2.0에서 JavaFX Script가 폐지되고 Java SE의 GUI 프레임워크로 거듭났으며, JavaFX 2.2에서 Oracle의 Java SE 7 표준으로서 번들로 제공되게 되었다. 현재 OpenJDK 8에 포함되어 있으며 Java SE의 표준 GUI 프레임워크가 되었다. 이들 3 종류의 GUI 프레임워크는 각각 특색이 있지만 기본적인 부분은 매우 비슷해서 다음과 같은 공통점이 있다.

- 트리 구조에 의한 GUI의 구성
- 이벤트 구동에 의한 처리

▮트리 구조에 의한 GUI 구성

GUI를 구성하는 버튼이나 텍스트필드 등은 대표적인 그래픽의 그리기 요소이다. 이러한 요소를 윈도우에 적절하게 배치하면서 GUI를 구성시켜 나간다. 그러나 모든 요소를 직접 윈도우에 배치하는 것은 사실 비효율적이다. 예를 들어 윈도우의 크기가 변경된 경우에 다시 모든 요소를 재배치하는 것은 의외로 어려운 문제이다.

이러한 문제는 개별적인 그래픽 요소를 붙일 수 있는 컨테이너를 사용하여 계층적으로 GUI를 구성시켜 나가는 것이다. GUI의 용이성과 디자인 등을 고려하여 그리기 요소를 여러 그룹으로 나누어 각각을 컨테이너에 붙여나가는 방식을 채용한다.

윈도우의 바로 아래에는 루트 컨테이너를 배치하고 거기에 하위 컨테이너를 붙여나간다. 컨테이너도 그리기 요소의 하나이므로 컨테이너를 중첩하여 배치 할 수 있다. 그리고 컨테이너는 자식에 해당되는 요소를 화면 중 어디에 배치할지를 결정할 수 있는 레이아웃 기능을 제공한다. 다음 GUI를 예로 들면 화면 상단에 메뉴 바가 배치되어 있고, 하단부에는 두 영역으로 분할되어 왼쪽에는 트리, 오른쪽에는 탭 메뉴를 가진 편집창이 자리하고 있다.

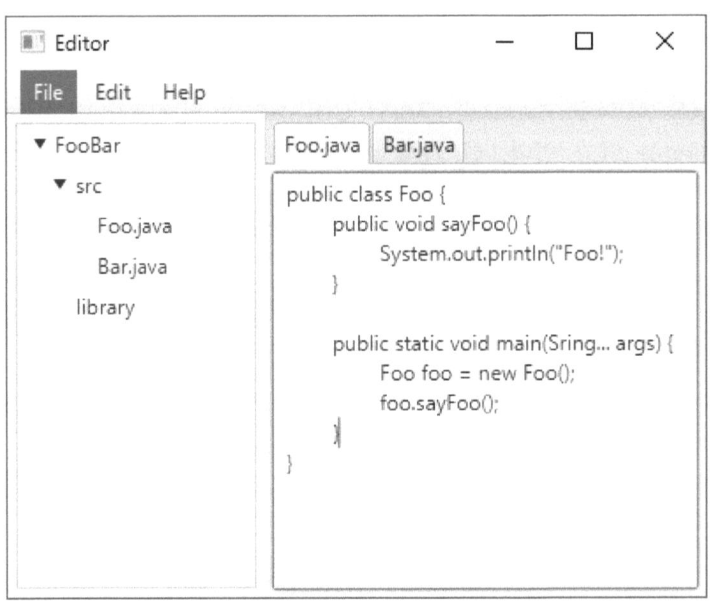

결국 GUI를 구성할 때는 다음과 같은 트리 구조로 표시할 수 있으며 메뉴바, 트리 부분, 에디터 부분을 그룹화 할 수 있다는 것을 알 수 있다.

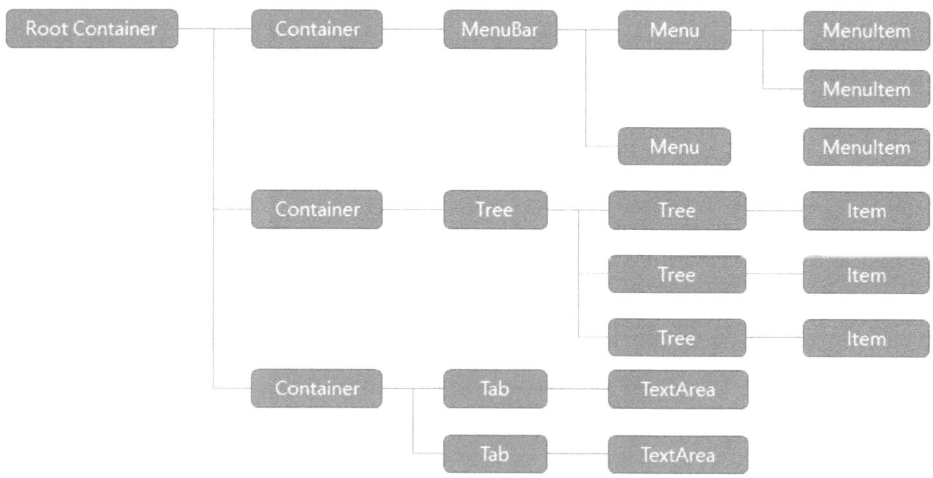

물론 위와 같은 구조로 GUI를 구성해야 할 이유는 없다. 어떤 그리기 요소를 대상으로 할지도 프레임워크에 따라 다르기 때문에 자유롭게 배치하면 된다. JavaFX에서 메뉴바는 MenuBar라는 클래스가 준비되어 있고, MenuBar 클래스 자체가 컨테이너이므로 위의 예와 같이 컨테이너를 통하지 않고도 루트 컨테이너의 바로 아래에 부착할 수 있다. 이러한 트리 구조를 Java 프로그래밍 언어로 표현할 때는 Composite 패턴이 자주 사용된다. Composite 패턴은 재귀적인 데이터 구조를 나타내는데 사용되는 디자인 패턴으로서 트리 구조도 이 패턴을 사용하여 나타낼 수 있다.

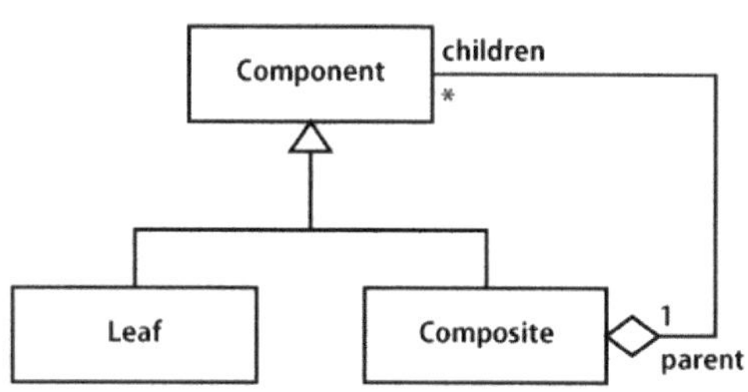

패턴 구조를 살펴보면 3개의 클래스로 구성되어 있다. 트리의 요소가 되는 Component가 있고 그 하위 클래스로 Composite와 Leaf이 있다. Composite는 Component를 자식 요소(children)로 여러 개 가질 수 있다. 따라서 앞에서 예를 든 GUI 화면을 트리 구조에 적용하면 컨테이너가 Composite에, 해당 메뉴 항목이나 텍스트 영역은 Leaf에 해당되는 것으로 볼 수 있다.

XML은 원래 트리 구조를 나타내는데 사용되어 왔으므로 GUI의 구성을 표현하기 위해 XML을 사용하는 것도 당연한 것인지도 모른다. JavaFX는 FXML이라는 XML 형식으로 GUI를 구축하고, 전용 도구로서 Scene Builder가 자주 사용하게 된다. Scene Builder에서 생성하고 편집한 FXML 내용을 IDE에서 편집하고, Scene Builder에서 그 내용을 다시 조정할 수도 있다. 불행하게도 AWT와 Swing에서는 XML을 처리할 수 없으므로 Java에서 XML을 사용하려면 JavaFX를 사용 수 밖에 없을 것이다. FXML에 대한 설명은 뒷장에서 해설한다.

▮이벤트 구동에 의한 처리

GUI는 사용자의 액션 상황에 대응하여 원하는 처리를 하게 된다. 예를 들어, 키보드 입력이나 마우스 이동 및 클릭 등 다양한 액션 상황이 있으며 이것들을 정리하여 이벤트(event)로 간주하게 된다.

이벤트에는「마우스 이동이나 클릭」등의 이벤트의 종류, 이벤트의 발생원 이외에도 마우스의 이동량 등과 같은 이벤트에 상응한 속성이 포함되어 있다. 또한 사용자가 직접 수행하는 활동 이외에도 윈도우 시스템에서 볼 수 있는 다양한 윈도우 이벤트 상황도 취급할 수 있다. 말하자면 GUI에 관한 모든 상태의 변화가 이벤트 상황으로 간주될 수 있다는 의미이다.

GUI 응용 프로그램에서는 이러한 이벤트가 발생했을 경우의 처리를 기술해 두게 되는데 이벤트를 발단으로 수행되는 작업이라는 의미에서 이벤트 구동이라고도 부른다. 그리고 이벤트가 발생한 경우의 처리 내용은 그리기 요소(그래픽 부품)에 추가한다. 이러한 처리는 AWT와 Swing에서는 이벤트 리스너(event listener), JavaFX의 경우에는 이벤트 핸들러(event handler)라는 인터페이스로 구현하고 있다.

이벤트는 윈도우 시스템에서 GUI 프레임워크를 통해 응용 프로그램에게 통지된다. GUI 프레임워크는 많은 이벤트를 구분하기 위해 큐(queue)를 사용하여 발생한 이벤트를 먼저 큐에 보관하게 된다. 대부분의 GUI 프레임워크는 큐에 이벤트가 있는지 없는지를 모니터링하고 이벤트가 있는 경우에는 그 이벤트를 이벤트 핸들러에게 위임시키는 처리를 하나의 스레드 위에서 처리하게 된다. 이러한 스레드는 AWT와 Swing에서는 Event Dispatch Thread (EDT)라고 부르는데 반하여 JavaFX에서는 JavaFX Application Thread라고 구분하여 부른다.

이벤트 핸들러의 호출도 이러한 스레드에서 수행되기 때문에 이벤트 구동은 싱글 스레드로 동작한다고 생각할 수 있다. 평소에는 이러한 스레드를 의식할 필요는 없겠지만, 통신과정이나 I/O 작업 등 시간이 걸리는 처리를 이 스레드에서 처리하는 경우에는 응용 프로그램이 반응하지 않게 되므로 주의가 필요하다. 만약 GUI를 벗어나서 외부와의 상호작용이 요구되는 경우에는 별도의 스레드로 전환할 필요가 생기게 된다.

JavaFX에서는 다른 스레드에서 비동기로 수행할 작업 처리를 위한 API를 따로 제공하고 있다.

Chapter 02. 장면 그래프와 FXML

▮장면 그래프(Scene graph)

장면 그래프는 컴퓨터에서 그리기 요소를 그래프로 나타낸 것이다. 여기서 그래프(graph)라는 용어는 막대와 선을 그리는 그래프를 나타내는 것이 아니라 그래프 이론(graph theory)에서 채용된 것이다. 그래프 이론에서 언급하는 그래프의 일종인 트리(tree) 구조로 그리기 요소를 표시하는 용도로 사용될 뿐이다.

원래 장면 그래프는 3D CG에서 사용 된 용어로서 CG 장면을 구성하는 모든 요소를 트리 구조로 나타내는 과정에서 장면 그래프라고 불렀다. JavaFX에서도 똑같이 그리는 요소를 트리 구조로 표현하기 위해 장면 그래프라는 용어를 사용하고 있다. 따라서 트리 구조의 루트(root)를 나타내는데 javafx.scene.Scene 클래스를 사용한다. 이해를 돕기 위해 다음과 같은 로그인 화면을 예로 들어보자.

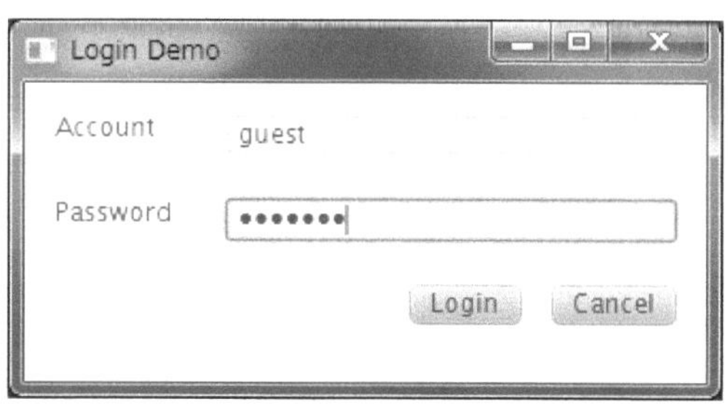

로그인 화면을 살펴보면 라벨(Label)과 문자 입력을 위한 텍스트필드(TextField), 비밀번호를 입력하기 위한 암호필드(PasswordField), 버튼(Button)을 사용하여 전체 화면을 구성하고 있다. 그리고 이들 부품들을 붙이는 영역에 해당하는 컨테이너(Container)라는 클래스를 사용하고 있다. 여기서 사용된 컨테이너로서 AnchorPane 클래스와 VBox, HBox 클래스를 사용하고 있다. GUI 부품들과 컨테이너와 관계를 정리하여 표시하면 다음과 같을 것을 것이다.

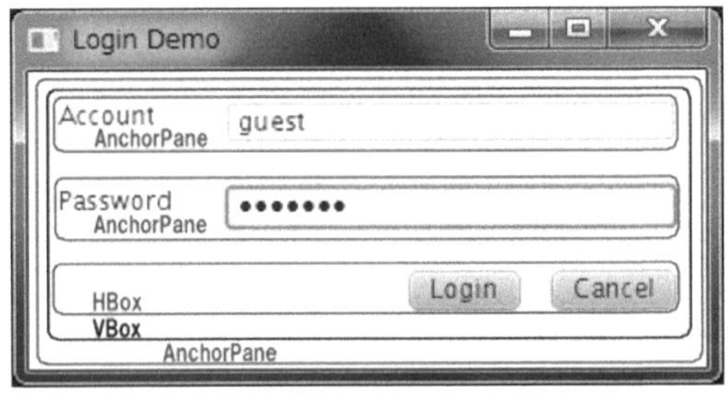

이 과정을 다시 정리하여 보면 가장 루트에 있는 것이 AnchorPane, 거기에 VBox를 붙이고 있다. VBox에는 2개의 AnchorPane과 HBox를 이용하여 부품 배치를 하고 있다. 상단의 AnchorPane에는 다시 라벨과 텍스트필드를 배치하고, 중간에 있는 AnchorPane에는 라벨과 암호필드를, 하단 HBox에는 두 개의 버튼을 붙여서 화면 배치를 완성하고 있다.

이러한 클래스의 자세한 사용법은 나중에 설명하겠지만 여기서는 화면 배치에 필요한 부품 클래스들을 필요에 따라 사용한다는 점에 주목할 필요가 있다. 화면 구성에 사용된 GUI 부품들을 객체 다이어그램으로 나타내면 다음과 같으며 이 트리가 로그인 화면의 장면 그래프가 되는 것이다.

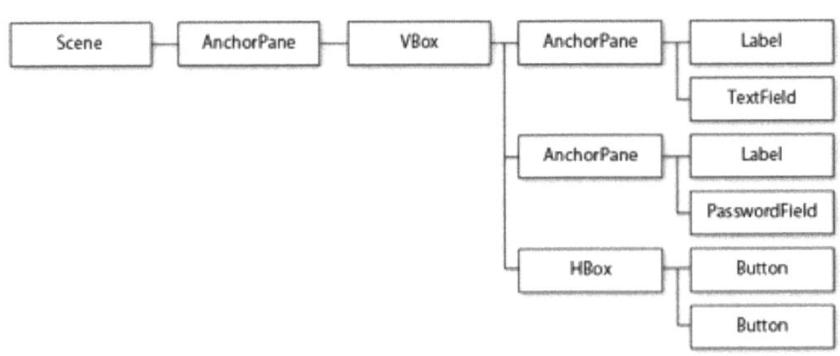

이러한 구조는 GUI에서는 극히 일반적으로 사용되는 방법이다. 예를 들어, Swing에서도 AWT에서도 클래스 이름은 다르지만 유사한 구조로 처리하고 있을 따름이다. 결국 장면 그래프는 새로운 기술이 아니고 기존의 방법에 대해 새로운 이름을 붙인 것에 지나지 않는다. 중요한 것은 GUI의 구조를 트리로 나타낼 수 있다는 점을 기억하면 된다.

▮기본 어플리케이션 구성

JavaFX 응용 프로그램은 javafx.application.Application 클래스의 하위 클래스로 정의되어 있다. Application 클래스는 추상 클래스로서 start() 메서드를 재정의하여 사용해야 한다. 주로 start() 메서드를 이용하여 GUI 초기 설정을 수행하게 된다.

JavaFX에서는 윈도우를 나타내는 클래스는 javafx.stage.Stage이다. 또한 루트 컨테이너는 javafx.scene.Scene 클래스에 정의되어 있다. 그리고 Stage는 Scene 객체를 가질 수 있으며 이러한 관계를 클래스 다이어그램으로 나타내면 다음과 같다.

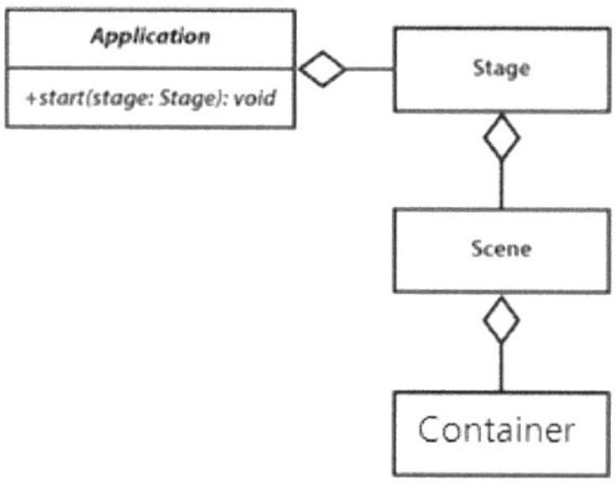

클래스 다이어그램에서는 컨테이너라는 클래스가 있는 것처럼 개념적으로 설명하고 있다. 실제로 어떤 컨테이너가 있는지는 나중에 설명할 것이다. 이 컨테이너 아래에는 트리 구조로 이전에 소개한 그리기 요소들을 추가시킬 수 있다. 또한 JavaFX는 그리기 요소의 트리 구조 그 자체를 장면 그래프라고 설명하였다. 이러한 장면 그래프를 보유하고 있는 클래스가 바로 Scene 클래스이다.

루트 컨테이너에서 시작되는 트리 구조, 즉 장면 그래프는 앞에서 소개한 Composite 패턴을 사용하여 작성할 수 있겠지만 여기서는 FXML를 사용하여 트리 구조를 설명하도록 한다. FXML 파일을 로드하는데 사용하는 것이 javafx.fxml.FXMLLoader 클래스이다. 이러한 과정을 살펴볼 수 있는 간단한 HelloApp 클래스를 작성하여 보자.

Example 2.1 HelloApp 클래스

```
import java.io.IOException;
import javafx.application.Application;
import javafx.fxml.FXMLLoader;
import javafx.scene.Scene;
import javafx.scene.layout.StackPane;
import javafx.stage.Stage;

public class HelloApp extends Application {
    @Override
    public void start(Stage stage) throws IOException {
        // FXML 파일을 로딩하여 장면 그래프를 생성
        StackPane root =
                FXMLLoader.load(getClass().getResource("hello.fxml"));

        // Scene 객체를 생성하고 루트 컨테이너를 설정한다
        Scene scene = new Scene(root);
```

```
        // Stage 객체에 대해 제목을 설정한다
        stage.setTitle("Hello, World!");
        // Stage 객체에 대해 Scene 객체를 등록한다
        stage.setScene(scene);
        // Stage 객체를 화면에 표시한다
        stage.show();
    }

    public static void main(String... args) {
        // JavaFX Application Thread를 개시한다
        launch(args);
    }
}
```

JavaFX 응용 프로그램 클래스는 main() 메서드에서 launch() 메서드를 호출하고 있다. 그리고 launch() 메서드의 인수에는 main() 메서드의 인수를 그대로 전달하고 있다. launch() 메서드를 호출하면 JavaFX Application Thread가 시작되며, JavaFX Application Thread는 앞에서 설명한 것처럼 JavaFX의 이벤트를 처리하는 스레드이기도 하다. JavaFX 응용 프로그램은 기본적으로 이 JavaFX Application Thread에서 실행된다.

JavaFX Application Thread가 시작하면 JavaFX Application Thread에서 start() 메서드가 호출되고, start() 메서드의 인수는 화면에 표시하고자 하는 내용, 즉 Stage 객체가 된다.

다음으로 start() 메서드에서 FXML 파일을 로드한다. 여기에는 FXMLLoad 클래스의 load() 메서드를 사용하고 있다. load() 메서드의 인수의 형태는 java.net.URL 클래스이다. 따라서 FXML 파일은 JAR 파일에 함께 포함되는 경우가 대부분이므로 여기에서는 Class 클래스의 getResource() 메서드에서 HelloApp 클래스와 동일한 위치에 있는 hello.fxml 파일의 URL을 반환받게 된다.

load() 메서드의 반환 값의 형태는 제네릭(Generic) 형식 매개 변수에 의해 결정되며, 실제로 FXML 파일의 루트 요소에 해당하는 클래스를 이용하게 된다. 여기에서는 javafx.scene.layout.StackPane 클래스가 컨테이너 역할을 하면서 루트 요소로 지정된 것이라고 보면 된다. 간단히 말하자면 load() 메서드의 반환 값의 형태는 StackPane 클래스이다. 결국 load() 메서드는 FXML 파일을 로드하여 거기에 묘사된 트리 구조를 장면 그래프로서 구축하게 된다.

루트 요소를 취득한 다음에는 Scene 객체를 생성하게 되는데 Scene 클래스의 생성자 인수로는 바로 이 루트 요소를 지정해 주어야 한다. 그리고 생성된 Scene 객체를 Stage 객체로 설정하면 된다. 마지막으로 Stage 객체의 show() 메서드를 호출하면

Stage 객체의 내용(장면 그래프의 내용들)이 화면에 표시된다.

HelloApp 클래스는 컴파일이 되지만 실행시켰을 때는 예외가 throw된다. 그 이유는 FXML 파일이 아직 존재하지 않기 때문이다. FXML 파일을 준비하기 전에 JavaFX의 그리기 요소에 대해 간략하게 설명해 둔다.

▮JavaFX의 그리기 요소

JavaFX의 그리기 요소를 나타내는 기본 클래스는 java.scene.Node 클래스이다. Node 클래스는 그리기 위한 기본적인 기능과 이벤트 처리를 위한 기능이 대충 갖추어져 있다. 그러나 이 Node 클래스를 프로그래머가 직접 취급하는 경우는 거의 없을 것이다.

JavaFX의 그리기 요소를 크게 구분하면 라벨이나 버튼 등의 부품, 사각이나 원 등의 도형, 컨테이너의 3종류로 나눌 수 있다. 이외에도 3D용 클래스도 있다.

- 부품을 나타내기 위한 기본 클래스: javafx.scene.control.Control
- 도형의 기본 클래스: javafx.scene.shape.Shape
- 컨테이너의 기본 클래스: javafx.scene.Parent

이 중에서 Shape 클래스와 Parent 클래스가 Node 클래스의 서브 클래스에 해당한다. Control 클래스는 Parent 클래스의 서브 클래스인 Region 클래스의 서브 클래스이다. 즉 JavaFX의 부품을 나타내는 클래스는 컨테이너가 될 수도 있다는 것을 의미한다. 이들 관계를 나타내면 다음과 같다.

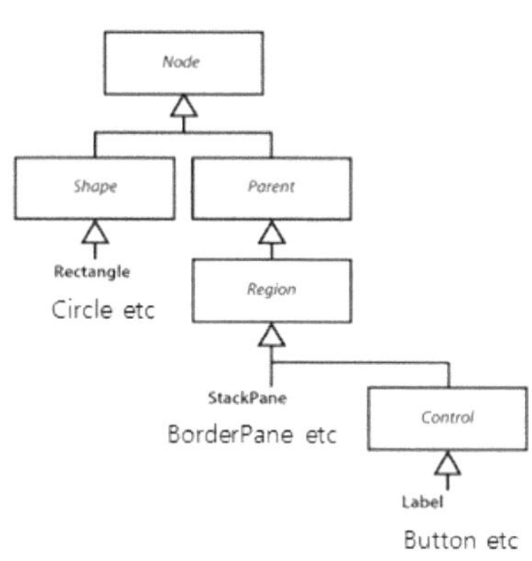

Control 클래스, Shape 클래스, Parent 클래스 모두 추상 클래스로 되어 있다. 실제로 사용하는 것은 이들 클래스를 파생시킨 구현 클래스를 이용하게 된다. 예를 들자면 라벨을 나타내는 Label 클래스, 사각형을 나타내는 Rectangle 클래스 등이 그 예이다.

또한 Parent 클래스에서 파생된 구현 클래스는 예제 코드에서 사용된 StackPane 클래스와 BorderPane 클래스가 있다. 이들 컨테이너 클래스들의 이름을 살펴보면 xxxPane과 같이 되어 있으며 xxx 부분(Border, Stack 등)이 의미하는 것은 GUI 부품들을 어떻게 배치할 것인지를 나타내고 있는 것에 주목할 필요가 있다. StackPane 클래스인 경우에는 자식 요소를 겹쳐서 표시할 수 있게 된다.

■ FXML의 작성

FXML 파일의 경우, XML 요소 이름으로 그리기 요소의 클래스 이름을 직접 사용하게 된다. 그리기 요소의 속성은 XML 속성으로 설명하거나 자식 요소로 기술하면 된다. 속성 이름 또는 자식 요소 이름으로 지정할 때는 속성 이름을 그대로 사용한다.

여기에서는 루트 컨테이너로 StackPane 클래스를 사용하고, 여기에 Label 클래스를 부착하는 것으로 가정한다. 목록 2에 hello.fxml 파일을 나타냈다.

Example 2.2 hello.fxml 파일의 작성

```
<?xml version="1.0" encoding="UTF-8"?>

<?import javafx.scene.control.Label?>
<?import javafx.scene.layout.StackPane?>
<?import javafx.scene.text.Font?>

<StackPane xmlns:fx="http://javafx.com/fxml/1"
            prefHeight="250.0" prefWidth="300.0" >
  <children>
    <Label text="Hello, World!">
      <font>
        <Font name="SansSerif Bold" size="32.0" />
      </font>
    </Label>
  </children>
</StackPane>
```

FXML에서는 클래스 이름을 요소 이름으로 사용한다. 따라서 클래스 이름을 사용하려면 <? import?> 구문을 이용하여 사용하고자 하는 클래스를 지정해 주어야 한다.

```
<?import javafx.scene.control.Label?>
<?import javafx.scene.layout.StackPane?>
<?import javafx.scene.text.Font?>
```

다음으로 FXML의 특유의 기술방식으로서 다음과 같이 네임 스페이스를 처리하는데 약속으로 항상 루트 요소의 속성으로 기술하게 된다.

```
<StackPane xmlns:fx="http://javafx.com/fxml/1"
           prefHeight="250.0" prefWidth="300.0" >
```

hello.fxml 파일은 <StackPane> 요소에서 시작하고 있기 때문에 루트 컨테이너는 StackPane 클래스가 된다. 속성으로 prefHeight와 prefWidth 값이 지정되어 있다. 그 의미는 StackPane 클래스의 속성 이름을 나타내며 속성 값으로서 컨테이너의 화면 크기, 즉 높이와 폭을 나타내고 있다.

노드의 크기는 컨테이너의 레이아웃에 의해 결정되며 prefWidth 속성, prefHeight 속성은 레이아웃 권장 값으로 사용되지만, 배치 방법에 따라 이 값이 적용되지 않을 수도 있다. 그러나 루트 컨테이너는 권장 사이즈가 그대로 컨테이너의 크기로 사용된다.

<StackPane> 요소의 자식 요소로 <children> 요소를 사용하고 있다. children도 StackPane 클래스의 속성 중 하나이다. 속성으로 설명 할 수 없는 경우, 이와 같이 자식 요소로 내용을 기술한다. children 속성은 컨테이너에 부착하는 자식 요소를 유지하기 위한 속성이다. 여기에서는 라벨을 붙이는 것으로 하였으므로 <Label> 요소를 <children> 요소의 하위 요소로 다시 기술하게 된다. 마찬가지로 text 속성은 Label 클래스의 속성이며, 라벨에 표시하는 문자열을 나타낸다. 문자열의 글꼴을 지정하기 위해 자식 요소 <font> 요소를 지정하였다.

이처럼 FXML는 JavaFX의 그리기 요소에 해당하는 클래스 이름과 속성 이름을 XML의 요소와 속성으로 사용하고 있다. 따라서 클래스와 속성에 어떤 것이 있는지를 파악하고 있지 않으면 내용을 기술하기 힘들다. 언뜻 불편해보이지만 Scene Builder라는 도구를 사용하면 이러한 문제점은 거의 해소된다.

Scene Builder는 OpenJDK의 OpenJFX 프로젝트에서 작성되고 있다. 그러나 인스톨러를 포함한 패키지는 OpenJFX 사이트에서 더 이상 배포되고 있지 않다. 대신에 Gluon에서 이 패키지를 배포하고 있기 때문에 원하는 파일을 다운받아 사용하면 된다.

▮Scene Builder 사용

Scene Builder는 OpenJDK의 OpenJFX 프로젝트에서 개발된 GUI 구축을 위한 도구이다. OpenJFX에서 관련 소스코드를 다운 받을 수 있지만 바이너리 패키지를 배포하지 않고 있으므로 Gluon에서 Scene Builder의 바이너리 패키지를 내려 받으면 된다.

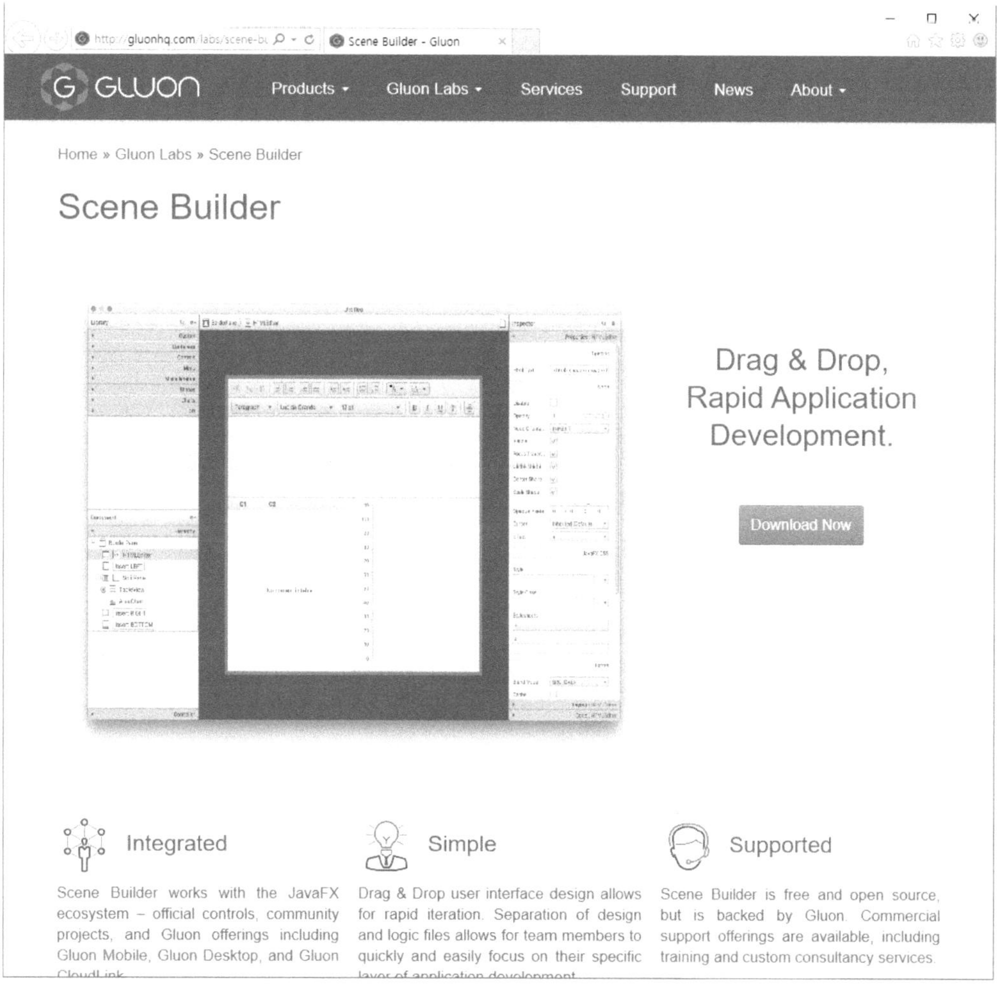

☞ Download: http://gluonhq.com/labs/scene-builder/

Scene Builder는 Windows, OS X, Linux 패키지 등으로 배포되고 있으므로 본인의 PC 환경에 맞는 패키지를 다운로드하면 된다. 저자의 경우는 Windows (x64) 환경을 사용하고 있으므로 SceneBuilder-8.2.0-x64.exe를 선택하고 패키지를 다운로드 한 후 설치파일을 실행시켰다.

Scene Builder는 FXML을 그래픽으로 편집하기 위한 도구이다. 따라서 컨트롤러 클래스 등 Java 코드를 이 도구에서 직접 편집 할 수는 없다. 이런 이유로 Scene Builder는 단독으로 사용되지 않고 대부분의 IDE와 함께 연동하는 형태로 사용한다. 저자의 경우는 NetBeans IDE 8.2를 Scene Builder와 함께 사용하고 있다. NetBeans에서 Scene Builder를 사용하기 위한 설정은 특별히 없기 때문에 Scene Builder를 설치하면 바로 사용할 수 있을 것이다.

NetBeans와 Scene Builder에서 JavaFX 어플리케이션을 만들어 보자. 키값을 입력하면 해당 값을 라벨로 출력하는 간단한 응용 프로그램이다.

【Step 01】 JavaFX 어플리케이션 작성을 위한 프로젝트 생성

NetBeans에서 JavaFX 응용 프로그램을 만들려면 먼저 프로젝트를 만들어야 한다. 메뉴 바의 [File]→ [New Project]를 선택하거나 프로젝트 창에서 마우스 오른쪽 클릭하고 팝업 메뉴에서 [New Project]를 선택한다.

그러면 [New Project] 대화 상자가 표시될 것이다. JavaFX 응용 프로그램을 만들려면 [Categories]의 JavaFX에서 [JavaFX Application] 또는 [JavaFX FXML Application]을 선택하고 [Next(N)>] 버튼을 클릭한다.

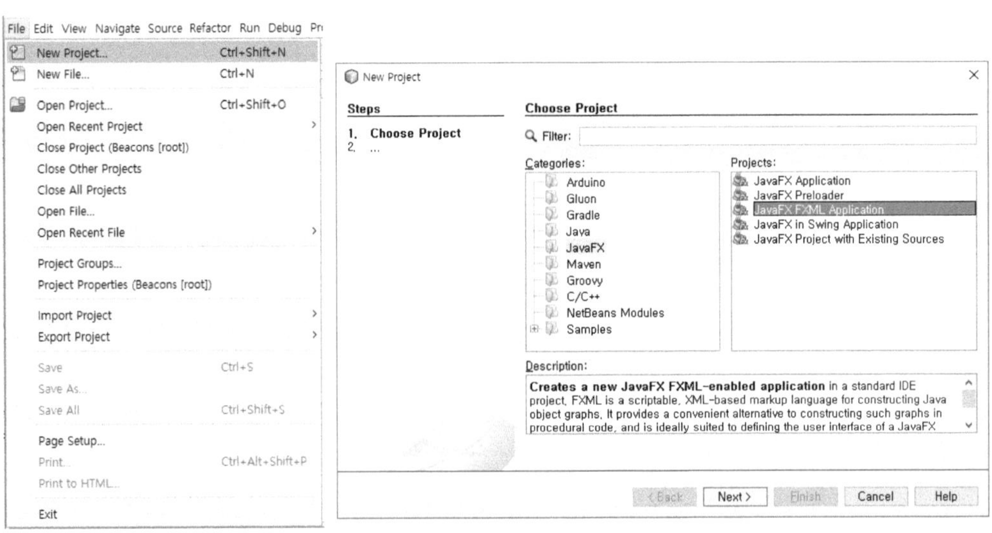

여기에서는 [JavaFX FXML Application]을 선택하여 프로젝트를 생성할 것이다. 참고로 [JavaFX Application]에서 만든 프로젝트에서도 FXML을 사용할 수 있다.

다음 대화창이 뜨면 프로젝트 이름을 "dictionary"로 지정하고 [Project Location] 위치 지정이 필요한 경우에는 우측에 있는 [Browse...] 버튼을 눌러 변경하면 된다. FXML 이름은 연관성을 유지하기 위해 "dictionaryView"로 변경하였다. 마지막으로 응용 프로그램의 클래스 이름은 "DicationaryApp"으로 지정하였다. 참고로 클래스 이름 앞에 있는 “dictionary”는 편의상 패키지명 정도로 이해하고 [Finish] 버튼을 누르면 프로젝트가 만들어질 것이다.

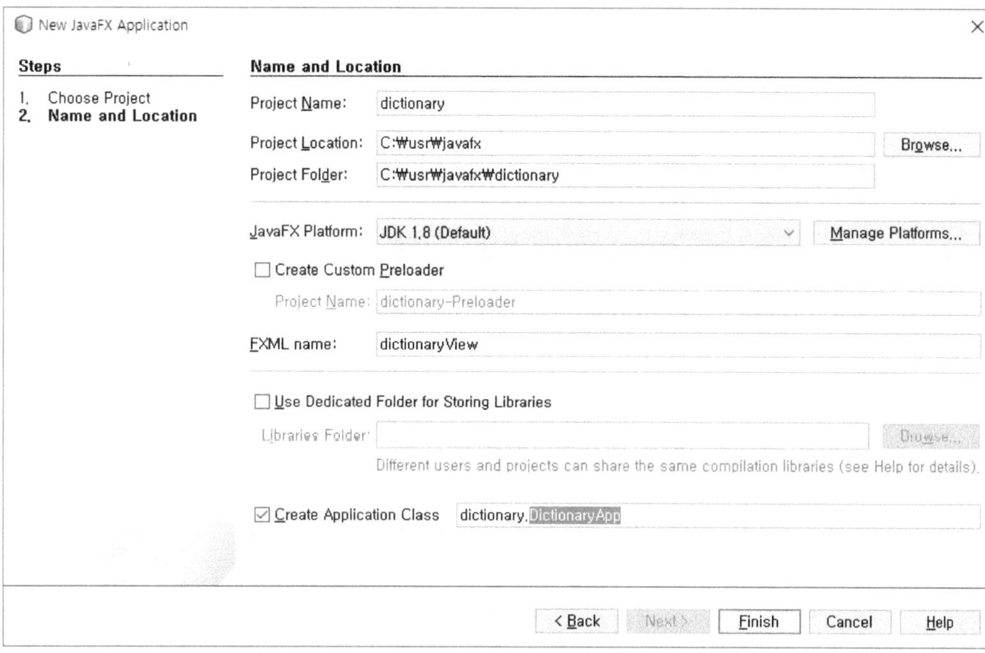

이제 프로젝트가 생성되었다. 생성된 프로젝트를 살펴보면 응용 프로그램 클래스와 FXML 이외에 컨트롤러 클래스가 자동으로 작성되어 있는 것을 알 수 있다. 참고로 컨트롤러 클래스는 FXML 이름에 Controller를 추가한 이름으로 자동 생성되어 있다.

자동 생성된 DictionaryApp 클래스의 소스코드를 살펴보면 다음과 같다. 여기에서는 편의상 주석문은 모두 삭제한 상태이다.

Example 2.3 DictionaryApp 클래스의 소스코드

```
package dictionary;

import javafx.application.Application;
import javafx.fxml.FXMLLoader;
import javafx.scene.Parent;
import javafx.scene.Scene;
import javafx.stage.Stage;

public class DictionaryApp extends Application {

    @Override
    public void start(Stage stage) throws Exception {
        Parent root =
                FXMLLoader.load(getClass().getResource("dictionaryView.fxml"));

        Scene scene = new Scene(root);

        stage.setScene(scene);
        stage.show();
    }

    public static void main(String[] args) {
        launch(args);
    }
}
```

여기서 주목할 점은 루트 컨테이너 앞으로 사용할 VBox, HBox, BorderPane 등의 하위 컨테이너 클래스가 아니라 Parent 클래스로 되어 있다는 점이다. 이 상태에서도 코드는 작동하기 때문에 그대로 두어도 무방하지만 관심 있다면 실제 컨테이너 클래스 인 VBox 클래스 등으로 변경하여 사용해도 관계없다. 그리고 Stage 클래스의 제목이 따로 설정되어 있지 않은 상태이지만 그대로 둔다.

【Step 02】 FXML 파일의 편집

FXML의 편집 과정에 대해 살펴보자. NetBeans 프로젝트 창에서 dictionaryView.fxml 파일을 더블 클릭하면 잠시 뒤에 Scene Builder가 실행될 것이다. Scene Builder를 설치하고 처음 시작일 때는 다음과 같은 대화 상자가 표시될 것이다.

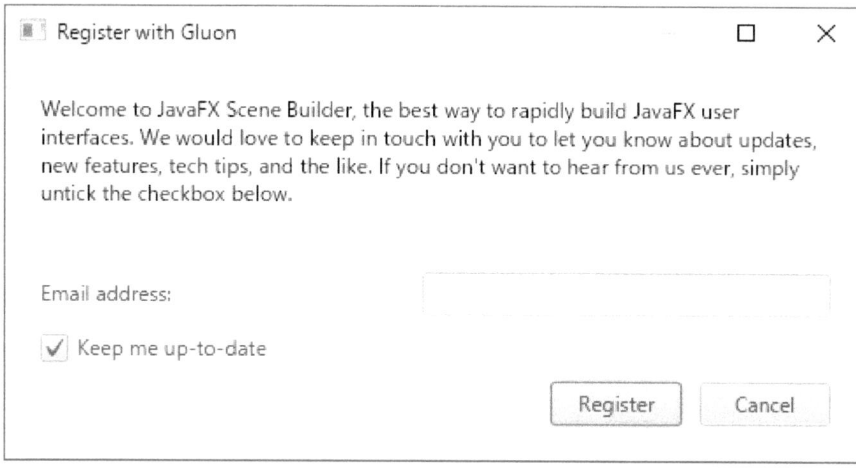

등록 과정은 자유이지만 본인의 전자메일 주소를 입력하고 등록하면 되며, 원하지 않을 경우에는 [Cancel] 버튼을 눌러도 된다. 이제 Scene Builder가 화면에 표시되었을 것이다. Scene Builder의 화면 구성은 다음과 같이 4개의 주요 영역으로 분할되어 있다.

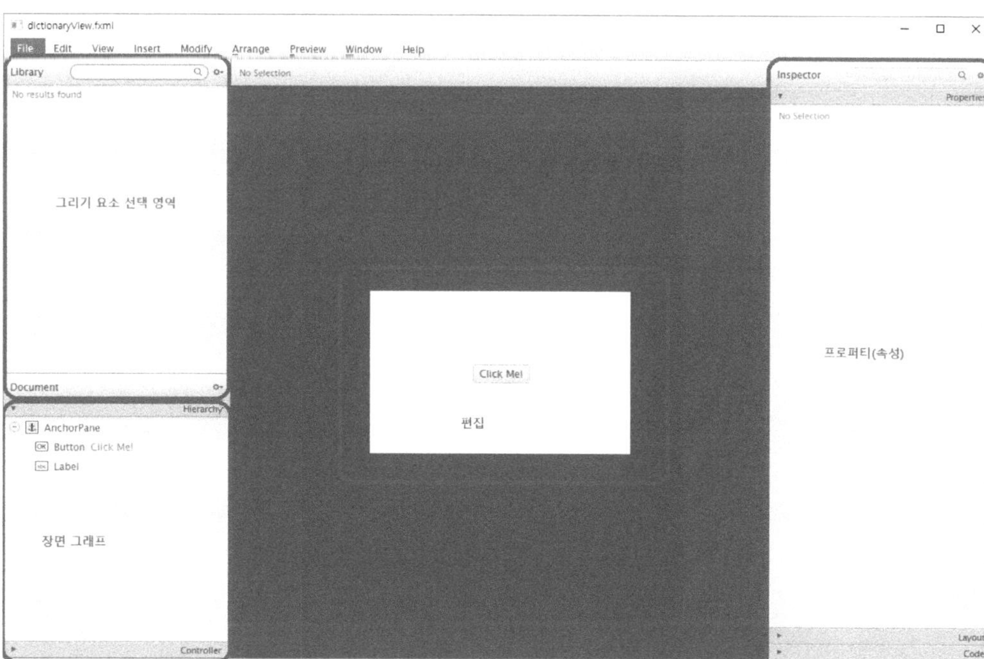

- 그리기 요소의 목록: 모든 그리기 요소(앞으로 control이라 부를 것이다)를 선택할 수 있고 편집 창 또는 장면 그래프 창으로 드래그 앤 드롭 방식으로 컨트롤

부품을 등록시킬 수 있다.

- 장면 그래프: 작성하고 있는 GUI 트리 구조를 표시한다. 장면 그래프를 구성하는 요소를 선택하면 편집 창에서는 선택 상태가 된다.
- 중앙의 편집 창: 그래픽 GUI를 직접 편집 할 수 있는 영역이다.
- 오른쪽의 속성 창: 선택한 그리기 요소의 속성 목록이 표시되는 곳이다. 여기서 선택한 컨트롤 부품들의 속성을 편집하게 된다. 위 예에서 속성 창에 아무것도 표시되지 않는 이유는 어떤 요소도 선택되지 않은 상태이기 때문이다.

【Step 03】 컨테이너의 변경

자동 생성된 dictionaryView.fxml 파일의 루트 컨테이너는 AnchorPane 클래스로 지정되어 있고 이곳에 버튼과 라벨이 부착된 상태이다. 만약 루트 컨테이너를 VBox 클래스로 변경한다고 가정하자. 먼저 마우스로 AnchorPane 부품을 선택하여야 한다. 선택은 편집 창에서 Button 이외의 흰색 부분을 클릭하거나 장면 그래프 창에서 AnchorPane을 마우스로 클릭하면 된다. 다음에 메뉴 바의 [Arrange]→ [Wrap in]을 선택한다. 그러면 하위 메뉴가 열리고 컨테이너 클래스의 목록이 다음과 같이 표시될 것이다. 여기서는 VBox를 선택하는 것으로 한다.

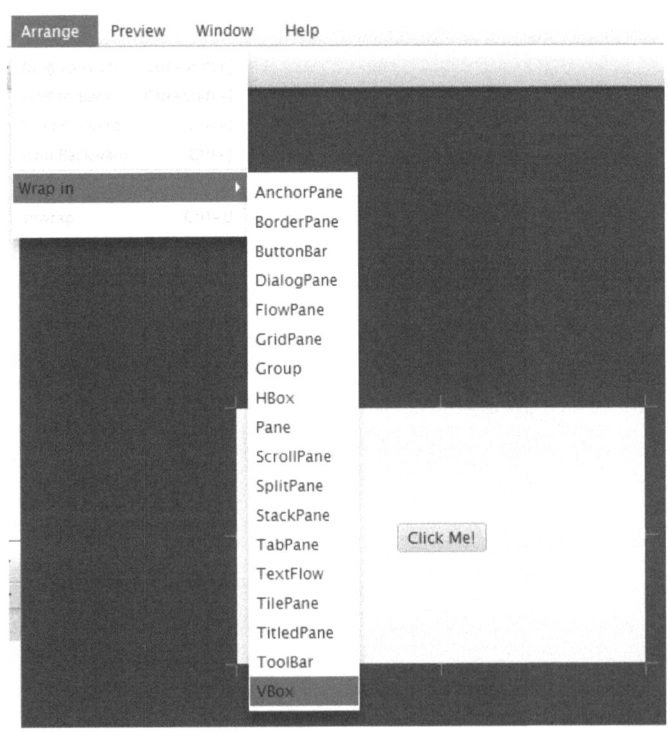

[Wrap in] 메뉴항목은 선택한 요소를 감싸는 컨테이너를 설정하기 위한 용도이다. 루트 컨테이너를 선택하고 [Wrap in] 메뉴항목을 선택하면, 새로운 루트 컨테이너로 설정을 변경할 수 있다. 이 과정을 거치면 다음 그림처럼 루트 컨테이너가 AnchorPane 전체를 포함하여 상위 영역에 VBox 클래스로 변경된 것을 확인할 수 있을 것이다.

VBox 클래스를 루트 컨테이너로 변경하였지만 AnchorPane 이하의 내용들은 사용하지 않을 것이므로 삭제한다. 삭제 방법은 AnchorPane 그리기 요소를 선택하고 마우스 오른쪽 클릭하여 팝업 메뉴의 "Delete"를 선택하거나, 선택 상태에서 Delete 키를 눌러 삭제할 수도 있다.

AnchorPane를 삭제해 버리면 편집 창에 아무것도 표시되지 않게 된다. 이것은 VBox의 크기를 따로 지정하지 않았기 때문이다. 크기는 속성 창에서 설정할 수 있다. 장면 그래프 창에서 VBox를 다시 선택하고 속성 창에서 하단부에 있는 [Layout] 카테고리를 선택한다.

빨간색 사각형 안에 있는 <Pref Width> 속성과 <Pref Height> 속성 값을 각각 400, 100으로 수정하게 되면 VBox의 변경된 내용이 편집 창에 나타나게 될 것이다.

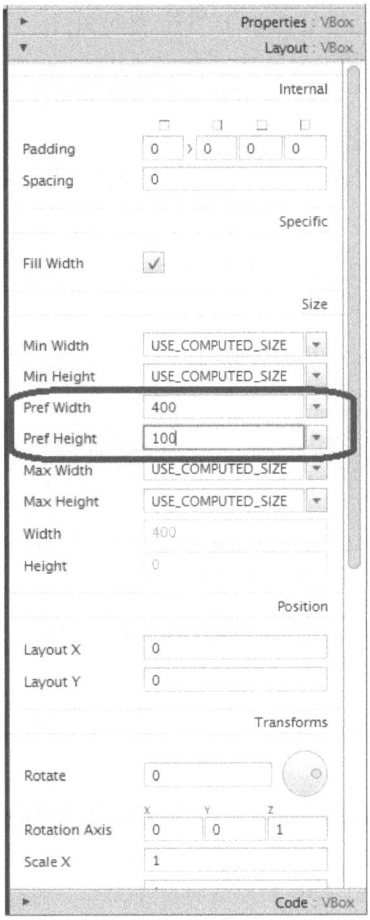

이 단계에서 dictionaryView.fxml 파일의 내용을 확인하여 보자. Scene Builder에서 FXML를 저장하고 NetBeans IDE로 되돌아가 FXML 내용을 살펴보면 다음과 같이 수정사항이 반영된 것을 확인할 수 있을 것이다.

```
<?xml version="1.0" encoding="UTF-8"?>

<?import javafx.scene.layout.VBox?>

<VBox prefHeight="100.0" prefWidth="400.0"
        xmlns="http://javafx.com/javafx/8.0.60" xmlns:fx="http://javafx.com/fxml/1"
        fx:controller="dictionary.dictionaryViewController" />
```

【Step 04】 컨트롤 부품의 배치

이번에는 VBox에 그리기 요소를 붙여 보도록 한다. 우선 Scene Builder의 요소 창 바로 위에 있는 [Library] 검색창에서 알파벳 문자 h를 입력하면 그림과 같이 문자 h로 시작하는 모든 컨트롤 부품 목록이 보이게 될 것이다. 여기에서 HBox를 마우스로 선택하여 하단부의 장면 그래프 영역에 있는 VBox쪽으로 끌어다 놓는다. 이때 화면 중앙의 편집 창에서 드래그 할 수 있는 부분은 주황색으로 표시되므로 주황색 영역 안으로 드래그 앤 드롭 방식으로 끌어다 놓아도 되며, 장면 그래프 창에 있는 VBox 쪽으로 드래그 앤 드롭 방식으로 끌어다 놓아도 된다.

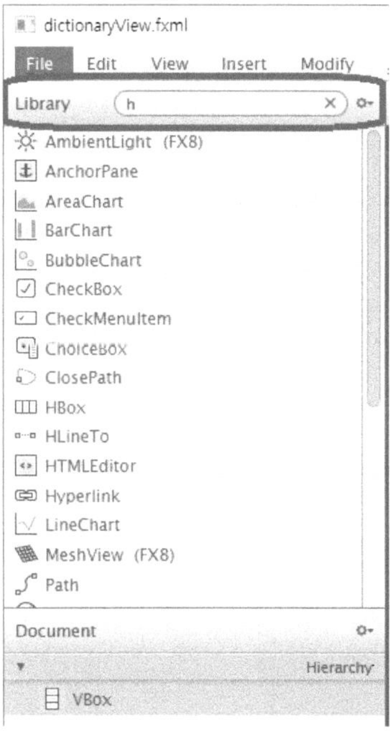

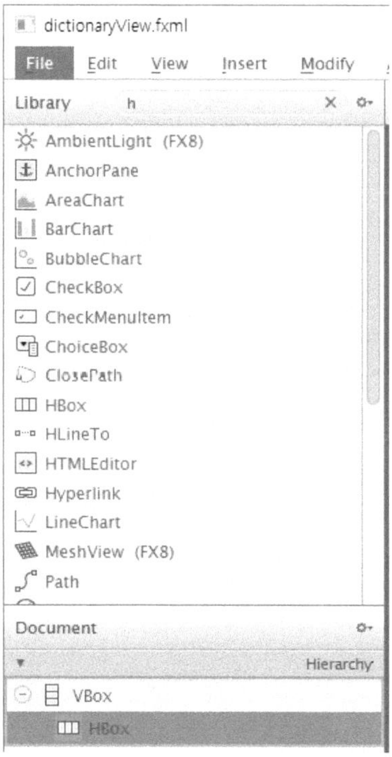

다음에는 HBox 아래에 표시 할 Label을 등록할 순서이다. 마찬가지로 검색 창에서 문자 l을 입력하면 바로 화면 목록이 뜰 것이다. 동일한 방법으로 Label 클래스를 선택하여 HBox 밑으로 끌어다 놓는다. Label을 HBox에 붙이게 되면 위치가 왼쪽으로 치우쳐 있는 것을 알 수 있다. 그 이유는 VBox의 기본 Alignment 속성이 TOP_LEFT로 지정되어 있기 때문이다. Alignment 속성은 컨테이너의 자식 요소의 배치를 결정하는 속성이다.

Alignment 속성은 Scene Builder의 화면 우측에 있는 속성 창에서 [Properties] 카테고리에 있기 때문에 이 내용을 CENTER로 변경한다. 마찬가지로 HBox도 Alignment 속성이 TOP_LEFT로 되어 있기 때문에 동일하게 CENTER로 변경하면 Label 내용도 화면 중앙으로 이동하게 될 것이다.

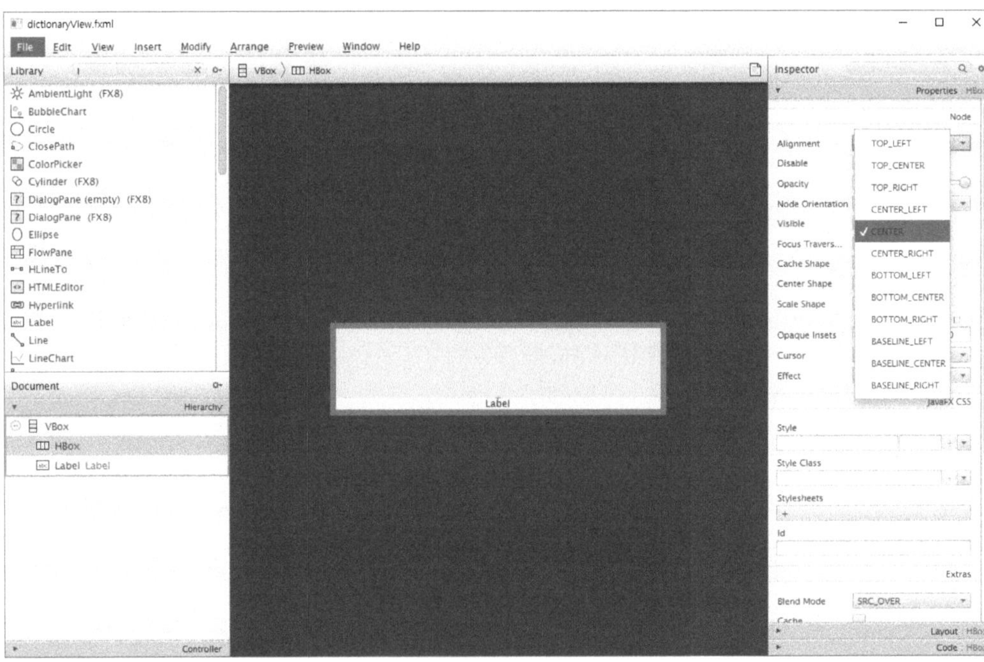

이번에는 HBox에 컨트롤(그리기 요소)을 붙여 본다. 다음과 같이 순서대로 TextField, Button 클래스를 선택하여 HBox쪽으로 끌어다 놓으면 다음과 같을 것이다.

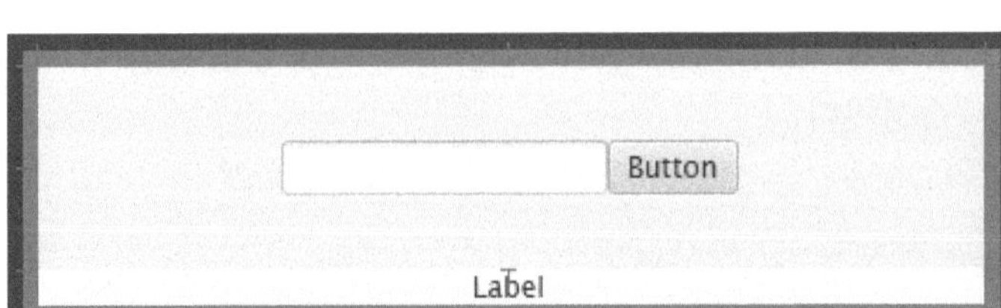

【Step 05】 컨트롤 부품들의 속성 설정

모든 부품을 화면에 자유롭게 배치할 수 있으며 특정 컨테이너 클래스에 배치된 각 요소의 속성을 설정하는 과정을 살펴본다. Button과 Label에 표시할 문자열 편집은 화면 중앙에 있는 편집 창에서 원하는 컨트롤 부품을 대상으로 더블 클릭을 하면 바로 편집 할 수 있다. 또한 속성 창에서 Text 속성을 편집하여도 된다.

Button의 Text 속성은 "Search", Label의 Text 속성은 빈칸으로 비워둔다. 그리고 TextField의 Prompt Text 속성을 "Key"로 변경한다. Prompt Text 속성은 아무것도 입력하지 않을 때에 표시될 문자열을 나타낸다.

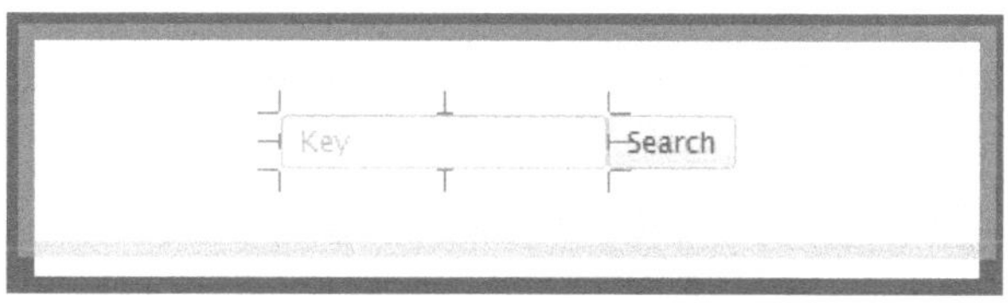

다음으로 TextField의 [Pref Column Count] 속성 값을 20으로 설정한다. [Pref Column Count] 속성은 "Layout" 카테고리에 있다.

마지막으로 HBox와 Label 사이의 공간과 TextField 및 Button 사이의 공간을 조정하도록 한다. 모두 VBox와 HBox의 Spacing 속성에서 설정하면 된다. Spacing 속성은 “Layout” 카테고리에 있다. VBox의 Spacing 속성 값은 12, HBox의 속성 값도 20으로 지정한다.

이제까지의 과정은 GUI 구성과 속성을 설정하는 대략적인 절차라고 생각하면 된다. 이 결과를 확인하기 위해 Scene Builder에서 [Save] 버튼을 누르고 다시 NetBeans IDE로 되돌아가서 dictionaryView.fxml 파일 내용을 확인하면 다음과 같을 것이다.

```
<?xml version="1.0" encoding="UTF-8"?>

<?import javafx.scene.control.Button?>
<?import javafx.scene.control.Label?>
<?import javafx.scene.control.TextField?>
<?import javafx.scene.layout.HBox?>
<?import javafx.scene.layout.VBox?>


<VBox alignment="CENTER" prefHeight="100.0" prefWidth="400.0"
        spacing="20.0" xmlns="http://javafx.com/javafx/8.0.60"
        xmlns:fx="http://javafx.com/fxml/1"
        fx:controller="dictionary.dictionaryViewController">
    <children>
        <HBox alignment="CENTER" prefHeight="100.0" prefWidth="200.0"
                spacing="20.0">
            <children>
                <TextField prefColumnCount="20" promptText="Key" />
                <Button mnemonicParsing="false" text="Search" />
            </children>
        </HBox>
        <Label />
    </children>
</VBox>
```

【Step 06】 컨트롤러 클래스의 작성

이제까지의 과정은 화면 구성을 FXML 기반에서 작성한 것이다. 이제는 컨트롤러 클래스 작성방법에 대해 알아보자. 자동 생성된 클래스는 FXML 파일 이름을 소문자로 지정했기 때문에 이 파일에 연관된 클래스 이름도 dictionaryViewController와 같이 소문자로 시작되어 있다. 그러나 통상적인 클래스 이름은 관례적으로 대문자로 시작한다는 규칙에 따라 DictionaryViewController로 클래스 이름을 변경해 둔다.

클래스 이름을 변경할 때는 아래 그림과 같이 dictionaryViewController.java 부분을 마우스로 선택하고 Ctrl + [R] 키를 누르면 수정창이 뜰 것이다. NetBeans는 Java 코드에서 이 클래스를 사용하는 부분은 수정사항을 반영하지만 FXML의 경우는 업데이트가 되지 않으므로 필요한 경우에는 Scene Builder에서 처리하도록 한다.

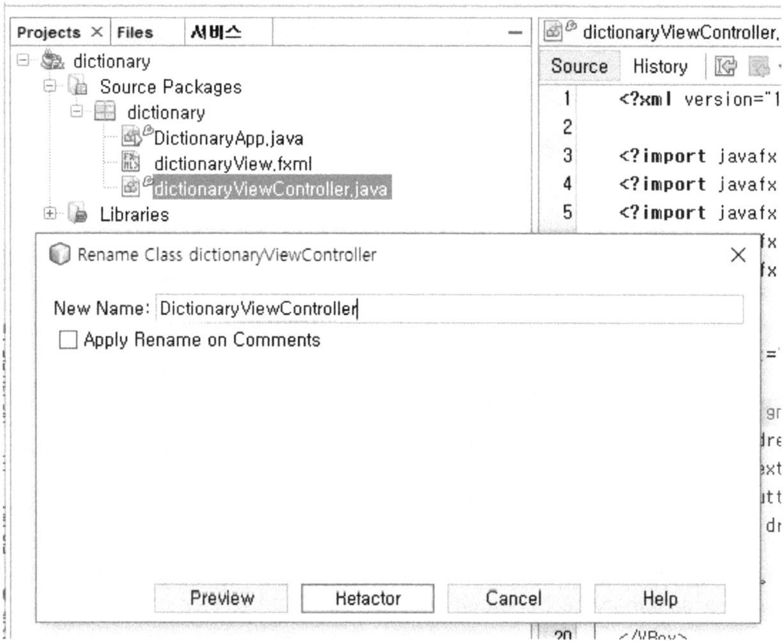

다음으로 DictionaryViewController 클래스와 모델 역할을 하는 Dictonary 클래스의 내용은 다음 리스트를 참고하여 작성하도록 한다

Example 2.4 DictionaryApp 클래스의 소스코드

```
...
public class DictionaryViewController implements Initializable {
    // Model
    private Dictionary dictionary;
    @FXML
    private TextField keyField;
    @FXML
    private Label valueLabel;

    // Event Handler method
    @FXML
    private void search(ActionEvent event) {
        String value = (String) dictionary.get(keyField.getText());
        valueLabel.setText(value);
    }

    @Override
    public void initialize(URL url, ResourceBundle rb) {
        // Model의 초기화
        dictionary = new Dictionary();
    }
}
```

Example 2.5 Dictionary 클래스의 소스코드

```
...
import java.util.HashMap;
import java.util.Map;

public class Dictionary {
    private final static String NO_KEY_VALUYE = "No Registered Value";
    private final Map<String, String> dictionary;

    public Dictionary() {
        dictionary = new HashMap<>();
        dictionary.put("Bob Dylan", "Blowin' in the Wind");
        dictionary.put("Pete Seeger", "We shall Overcome");
        dictionary.put("Woody Guthrie", "This Land is Your Land");
        dictionary.put("Peter, Paul & Mary", "500 miles");
        dictionary.put("Kingstone Trio", "Where Have All the Flowres Gone?");
        dictionary.put("Everly Brothers", "Bye Bye Love");
    }

    public String get(String key) {
        return dictionary.getOrDefault(key, NO_KEY_VALUYE);
    }

}
```

작업이 거의 완성단계하고 볼 수 있으나 이 상태에서 프로젝트를 실행시키면 예외가 발생할 것이다. 그 이유는 DictionaryViewController 클래스와 FXML 파일 사이의 연관성에서 찾아볼 수 있다. dictionaryView.fxml 파일 안의 내용을 살펴보면 다음과 같이 DictionaryViewController 클래스의 리팩토링 되기 전의 이름 그대로 남아있기 때문에 이벤트 핸들러를 찾을 수 없게 되었기 때문이다.

이 문제를 해결하기 위해서는 NetBeans 프로젝트 창에서 dictionaryView.fxml 파일을 마우스로 선택하고 오른쪽 클릭하여 "편집"을 선택한다. 그러면 코드 편집기에 dictionaryView.fxml 파일의 내용이 표시될 것이다. 여기에서 dictionaryViewController 내용을 DictionaryViewController로 수정해주면 된다.

```
....
<VBox alignment="CENTER" prefHeight="100.0" prefWidth="400.0"
        spacing="20.0" xmlns="http://javafx.com/javafx/8.0.60"
        xmlns:fx="http://javafx.com/fxml/1"
        fx:controller="dictionary.dictionaryViewController">
  ...
```

【Step 07】 FXML과 컨트롤러 클래스의 대응관계

컨트롤러 클래스 작성이 완료된 상태이므로 다시 Scene Builder로 돌아가 보자. Scene Builder에서는 컨트롤러 클래스와 연관성을 편집할 수 있다. 우선 화면 하단부에 있는 [Controller] 카테고리 내용을 다음 그림과 같이 펼친다.

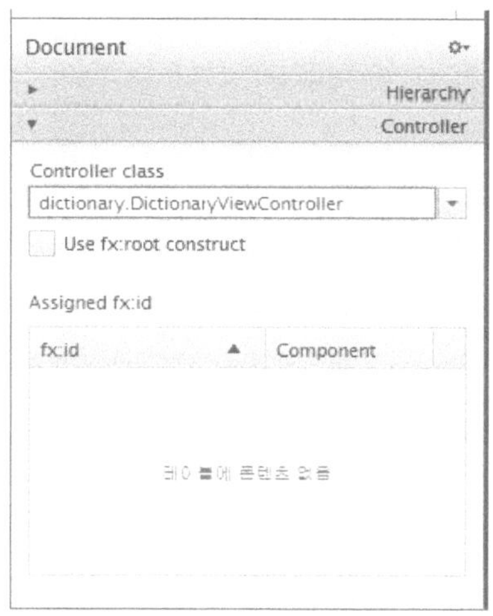

내용을 살펴보면 Controller class에는 변경 전의 클래스 이름이 그대로 dictionaryViewController로 표시되어 있는 것을 확인할 수 있을 것이다. 이 내용을 리팩토링된 DictionaryViewController로 편집한다.

다음에는 ID를 할당해 주어야 한다. 그리기 요소에 ID를 지정하기 위해서는 속성 창에서 "Code" 카테고리에 있는 fx:id 속성을 건드리면 된다. 컨트롤러 클래스가 올바르게 설정되어 있다면, fx:id 속성에 풀다운 버튼이 표시되어 있을 것이다. 이 버튼을 클릭하면 컨트롤러 클래스에 연결시킬 수 있는 필드 목록이 표시된다. TextField에는 keyField를, Label에는 valueLabel을 선택하도록 한다.

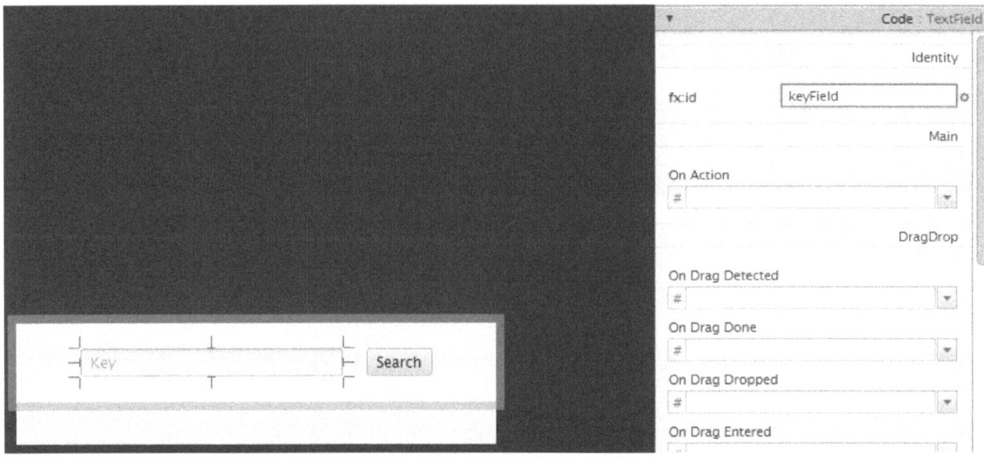

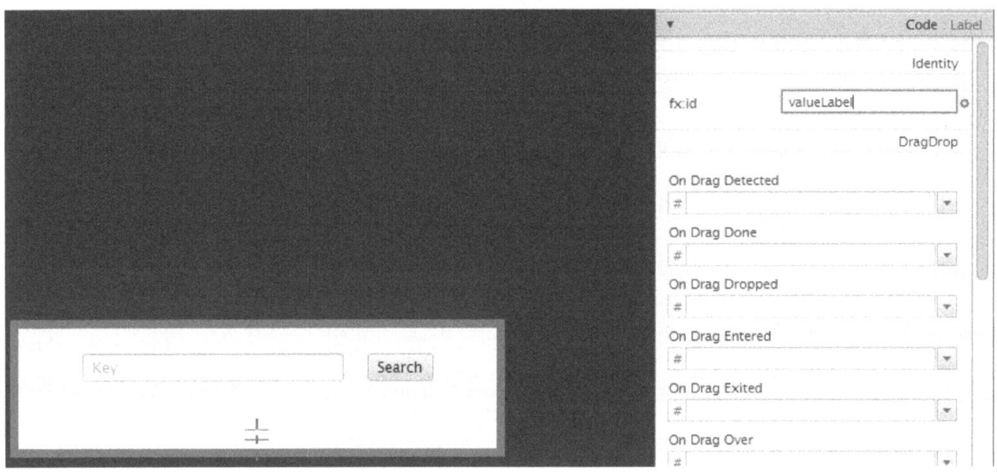

마지막으로 Button이 클릭되었을 때의 이벤트 핸들러를 지정해 주어야 한다. 다음 그림에서와 같이 화면 우측에 있는 [On Action] 속성에서 search 메서드가 표시될 것이다. 이 값을 지정해 주면 이벤트 핸들러를 올바르게 등록하게 된 것이다.

Scene Builder에서 [Save] 버튼을 누르고 다시 NetBeans로 되돌아간다. 여기서 dictionaryView.fxml 파일의 최종 내용을 확인하면 다음과 같을 것이다.

```
<?xml version="1.0" encoding="UTF-8"?>

<?import javafx.scene.control.Button?>
<?import javafx.scene.control.Label?>
<?import javafx.scene.control.TextField?>
<?import javafx.scene.layout.HBox?>
<?import javafx.scene.layout.VBox?>


<VBox alignment="CENTER" prefHeight="100.0" prefWidth="400.0"
        spacing="20.0" xmlns="http://javafx.com/javafx/8.0.60"
        xmlns:fx="http://javafx.com/fxml/1"
        fx:controller="dictionary.DictionaryViewController">
    <children>
        <HBox alignment="CENTER" prefHeight="100.0" prefWidth="200.0"
                spacing="20.0">
            <children>
                <TextField fx:id="keyField" prefColumnCount="20" promptText="Key" />
                <Button mnemonicParsing="false" onAction="#search" text="Search" />
            </children>
        </HBox>
        <Label fx:id="valueLabel" />
    </children>
</VBox>
```

【Step 08】 프로젝트의 실행

NetBeans에서 프로젝트를 실행시켜 보자. 입력 창이 뜨면 “Bob Dylan”이라고 입력하고 [Search] 버튼을 누르면 Label 필드에 노래 제목이 검색되어 결과가 표시될 것이다.

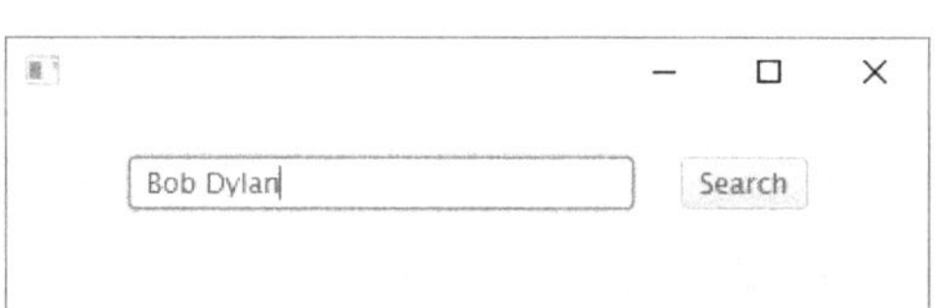

Chapter 03. 그리기 요소-control

라벨이나 버튼 등의 GUI 부품에 해당하는 컨트롤(control)에 대해 소개한다. 하지만 모든 컨트롤 등의 슈퍼 클래스가 되는 Node 클래스에 대해 알아둘 필요가 있다.

Node 클래스

Node 클래스는 JavaFX에서 취급하는 모든 그리기 요소의 슈퍼 클래스이다. 따라서 Node 클래스가 정의하는 기능은 모든 그리기 요소로 사용될 수 있다. 주요 기능을 정리하면 다음과 같다.

- 이벤트 처리
- 드래그 앤 드롭
- CSS
- 변형
- 효과

마우스 클릭이나 키 입력 등의 이벤트를 처리하는 이벤트 핸들러(Event Handler)는 Node 클래스의 기본 속성 기능이다. 예를 들어, 마우스가 클릭되었을 때의 이벤트 처리는 setOnMouseClicked() 메서드를 사용하게 되고, 키 입력이 있을 때의 이벤트 처리는 setOnKeyTryped() 메서드로 이벤트 핸들러를 설정하게 된다. 그러나 ActionEvent 등 일부 이벤트는 Node 클래스가 아니라 Button과 같은 클래스에서 처리 할 수 있다.

드래그 & 드롭(Drag & Drop)도 이벤트 처리라고 볼 수 있다. Swing에서 드래그 앤 드롭 기능을 실현시키는 것이 상당히 복잡했지만, JavaFX는 이 기능을 깔끔하게 구현해 준다.

그리고 CSS(Cascading Style Sheets)는 HTML 등 외관을 지정하는데 사용된 것처럼 이 CSS를 JavaFX에서도 사용할 수 있다. 외부 스타일 시트 파일을 사용하는 것도 가능하지만 개별 노드에 CSS를 추가시켜 사용할 수 있다. 이 경우에는 Node 클래스의 setStyle() 메서드로 지정하게 된다. 예를 들어, 버튼의 글꼴 크기를 24pt로 설정하고자 하는 경우에는 다음과 같이 기술할 수 있다. 여기서 CSS 속성 이름에 해당하는 -fx-는 JavaFX의 기본 접두사에 해당한다. 말하자면 JavaFX에서 사용하는 CSS 속성은 모두 이 접두사 -fx-로 시작해야 함을 의미한다.

```
Button button = ...;
button.setStyle("-fx-font-size: 24pt;");
```

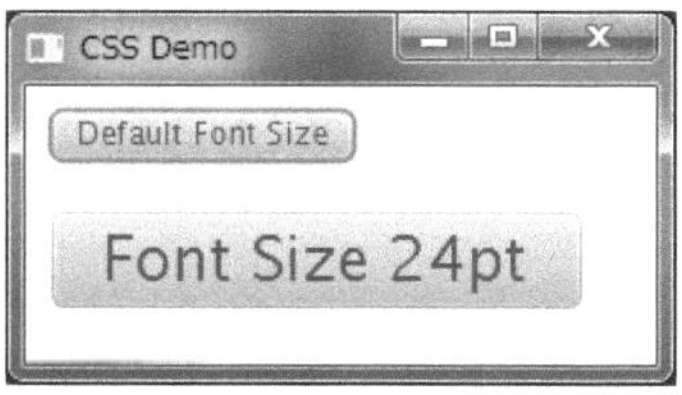

변형은 이동, 확대·축소, 회전 등을 할 수 있는 기능을 의미한다. 예를 들어, x축 방향의 확대·축소가 필요한 경우에는 setScaleX() 메서드로 설정할 수 있다. 원래 이동 및 확대·축소 등의 변형은 아핀(Affine) 행렬을 사용한 변환으로 나타낼 수 있다. JavaFX에도 변형을 아핀 행렬로 지정할 수 있으며, 간단한 변형이면 setScaleX() 메서드로 처리하고 복잡한 변형은 아핀 행렬을 직접 구하여 변형 처리를 할 수도 있다.

마지막으로 효과(Effect)는 그림자나 흐림 등 노드에 대한 효과 처리를 의미한다. 효과는 모두 javafx.scene.effect.Effect 클래스의 서브 클래스로 표현하고, Node 클래스의 setEffect() 메서드로 지정하면 된다. 예를 들어, 흐림 반경이 4, x축 방향의 오프셋을 2, y축 방향의 오프셋을 2, 그림자 색을 회색으로 하는 그림자를 버튼에 효과로서 적용하는 경우에는 다음과 같이 처리할 수 있다.

```
Button button = new Button("Drop Shadow");
Effect shadow = new DropShadow(4, 2, 2, Color.GRAY);
button.setEffect(shadow);
```

이러한 기능들에 대한 자세한 설명은 뒷장에서 다시 다루게 된다. 그 외에도 좌표, 화면에서 어느 정도의 크기로 표시될지 또는 지정한 좌표가 노드에 포함되는지 여부 등을 처리하기 위한 기본적인 기능은 Node 클래스에 정의되어 있다. 중요한 것은 이러한 기능이 컨트롤 모양 등 Node 클래스의 서브 클래스이면 모두 사용할 수 있다는 점을 기억하기 바란다.

Node 클래스의 서브 클래스는 매우 많으며 JavaFX의 GUI 부품에 해당되는 모든 클래스들을 컨트롤(control)이라고 부른다. 사용 빈도가 높은 대표적인 컨트롤들은 다음과 같다.

- 메뉴 처리: Menu, MenuBar, MenuItem, ToolBar 등
- 이미지 표시: ImageView
- 스크롤 창: ScrollPane
- 파일 기능: FileChooser

▮메뉴

JavaFX에서 취급 가능한 메뉴는 메뉴바와 팝업 메뉴의 2종류로 나누어 볼 수 있다. 메뉴바는 응용 프로그램 상단 등에 메뉴가 줄지어있는 부분이며, 팝업 메뉴는 마우스 오른쪽 클릭 등으로 표시되는 메뉴이다.

JavaFX는 각각 MenuBar 클래스, ContextMenu 클래스로 정의되어 있다. 메뉴를 나타내기 위한 클래스는 Menu, Menu 클래스에 세부적인 메뉴 항목을 나타내기 위해서 사용하는 클래스가 MenuItem이다. 그 외에도 툴바(ToolBar 클래스)를 사용할 수도 있다. 여기서는 메뉴 모음 및 팝업 메뉴에 대한 간단한 사용법을 살펴보는 것으로 한다.

■ MenuBar

JavaFX에서 메뉴바는 일반 컨트롤로 처리된다. Swing에서는 JFrame 클래스에 setJMenuBar() 메서드가 정의되어 있으며 응용 프로그램의 상단에 표시된다. 그러나 JavaFX는 일반 컨트롤로 처리하므로 응용 프로그램의 원하는 위치에 메뉴바를 표시할 수 있다.

중요한 것은 메뉴의 순서를 정할 때는 수평 방향으로 왼쪽에서 오른쪽으로 메뉴 내용을 나열한다는 점이다. 따라서 수직 방향으로 메뉴를 배치하고 싶은 경우는 메뉴 모음이 아니라 도구 모음을 사용할 필요가 있다.

먼저 응용 프로그램의 상단에 메뉴 모음을 표시하여 보자. 여기에서는 원하는 내용을 화면 상단에 표시할 예정이므로 javafx.scene.layout.BorderPane 클래스를 사용할 것이다. BorderPane 클래스는 Swing/AWT의 BorderLayout 클래스와 같은 레이아웃 기능을 제공한다. 즉 화면의 상하, 좌우와 중앙에 컨트롤 노드를 추가 할 수 있다.

먼저 응용 프로그램 상단에 메뉴바를 설정하고 거기에 메뉴를 추가하여 본다. [File]과 [Edit]의 2 가지 메뉴를 추가하려면 다음 예와 같이 기술하면 된다. 예제 코드에서 import 구문이 생략되어 있지만 NetBeans IDE에서 적절하게 추가시킬 수 있을 것이다.

Example 3.1 Menu 모음을 가진 ImageViewer 클래스

```
...
public class ImageViewer extends Application {
    @Override
    public void start(Stage stage) {
        stage.setTitle("Image Viewer");

        BorderPane root = new BorderPane();
        root.setPrefSize(300, 100);

        // 메뉴바를 앱 상단에 추가
        MenuBar bar = new MenuBar();
        root.setTop(bar);

        Menu fileMenu = new Menu("_File");
        Menu editMenu = new Menu("_Edit");

        // [File]과 [Edit] 메뉴를 메뉴바에 추가
        bar.getMenus().addAll(fileMenu, editMenu);

        Scene scene = new Scene(root);
```

```
        stage.setScene(scene);
        stage.show();
    }

    public static void main(String[] args) {
        launch(args);
    }
}
```

메뉴바는 MeneBar 클래스로 나타낼 수 있다. MenuBar 객체를 만든 후 루트 컨테이너 객체 root에서 setTop() 메서드를 호출하면 된다. 만약 응용 프로그램의 하단에 메뉴바를 표시하고자 하는 경우에는 setBottom() 메서드를 이용하면 된다.

Mac OS X에서는 시스템 메뉴를 사용할 수 있다. 시스템 메뉴를 사용하는 경우, MenuBar 클래스의 setUseSystemMenuBar() 메서드의 인수 값을 true로 지정하여 호출하면 된다. 이렇게 시스템 메뉴를 사용하더라도 MenuBar 객체를 장면 그래프에 추가시켜 주어야 한다. 그러나 장면 그래프에 MenuBar 객체를 추가해도 JavaFX 어플리케이션은 메뉴 모음이 표시되지 않을 것이다.

메뉴 모음을 표시하기 위해 메뉴바에 메뉴를 추가하도록 하자. 메뉴를 추가하려면 다음과 같이 MenuBar 클래스의 객체에 원하는 Menu 객체를 지정해 주면 된다. 재미있는 점은 Button 및 Menu 등에서 예와 같이 메뉴 이름 앞에 밑줄(_)을 추가하는 니모닉(mnemonic) 설정을 할 수 있다는 점이다.

```
Menu fileMenu = new Menu("_File");
Menu editMenu = new Menu("_Edit");

// [File]과 [Edit] 메뉴를 메뉴바에 추가
bar.getMenus().addAll(fileMenu, editMenu);
```

일단 실행결과를 확인하기 위해 ImageViewer 클래스를 동작시켜 보면 다음과 같을 것이다.

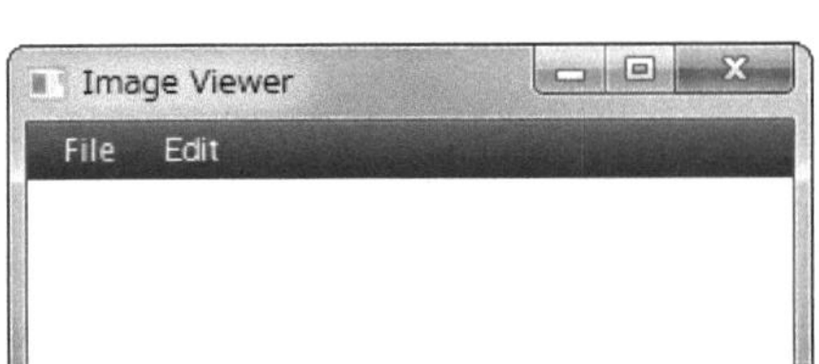

이번에는 FXML 기반으로 예제 코드를 약간 수정하여 보자. 다음과 같이 클래스 이름을 ImageViewer 클래스와 구분하기 위해 ImageViewerFXML로 지정하여 작성한다.

Example 3.2 FXML 기반으로 수정한 ImageViewerFXML 클래스

```
...
public class ImageViewerFXML extends Application{
    @Override
    public void start(Stage stage) throws Exception {
        stage.setTitle("Image Viewer");

        // FXML 파일을 로드한다
        BorderPane root = FXMLLoader.load(getClass().getResource("View.fxml"));
        Scene scene = new Scene(root);

        stage.setScene(scene);
        stage.show();
    }

    public static void main(String[] args) {
        launch(args);
    }
}
```

예제는 단순하게 FXML 파일을 로드하여 Scene 객체에 할당하고 있을 뿐이다. 메뉴바에 메뉴들을 추가하는 부분은 다음과 같이 FXML 파일에서 기술하게 될 것이다.

Example 3.3 메뉴 구성을 위한 FXML 파일

```
<?xml version="1.0" encoding="UTF-8"?>

<?import java.lang.*?>
<?import java.util.*?>
<?import javafx.scene.*?>
<?import javafx.scene.control.*?>
<?import javafx.scene.layout.*?>

<BorderPane prefHeight="100.0" prefWidth="300.0" xmlns:fx="http://javafx.com/fxml">
  <top>
    <MenuBar>
      <menus>
        <Menu text="_File" />
        <Menu text="_Edit" />
      </menus>
    </MenuBar>
  </top>
</BorderPane>
```

ImageViewerFXML 클래스를 실행하면 심플하게 제목만 나타나는 GUI가 표시될 것이다. 이 단계에서는 응용 프로그램에 메뉴를 추가했을 뿐이므로 [File]이나 [Edit] 메뉴를 클릭해도 아무 변화가 일어나지 않는다. 이번에는 메뉴에 항목을 추가하여 보자. 먼저 [File] 메뉴에 [Open]과 [Exit] 메뉴 항목을 추가하는 것으로 한다. [Open] 메뉴 항목은 O를 니모닉으로, [Exit] 메뉴 항목은 x를 니모닉으로 지정하는 것으로 한다. 메뉴 항목을 등록할 때는 MenuItem 클래스를 사용한다.

```
Menu fileMenu = new Menu("_File");

// 메뉴에 항목을 추가한다
MenuItem openItem = new MenuItem("_Open");
MenuItem exitItem = new MenuItem("E_xit");
fileMenu.getItems().addAll(openItem, exitItem);
```

동일하게 메뉴에 메뉴 항목을 FXML 파일에서 기술할 때는 다음과 같이 <items> 속성을 이용하여 지정할 수 있다. 대신에 메뉴바에 메뉴를 등록할 때는 <menus> 속성 태그를 사용하였다.

```
<Menu text="_File">
    <items>
        <MenuItem text="_Open" />
        <MenuItem text="E_xit" />
    </items>
</Menu>
```

그러나 FXML 파일의 내용을 직접 편집하기 보다는 Scene Builder에서 편집하는 쪽이 더 수월하다. Scene Builder의 그래픽 기능을 활용하여 장면 그래프를 구성해 나가면 메뉴 항목 구성에 따른 중간 결과를 매번 확인할 수도 있다. 원하는 장면 그래프가 완성이 되었으면 Scene Builder의 [Preview]→[Show Preview in Win..] 메뉴를 선택하면 장면 그래프의 화면 결과를 모니터링 할 수 있다.

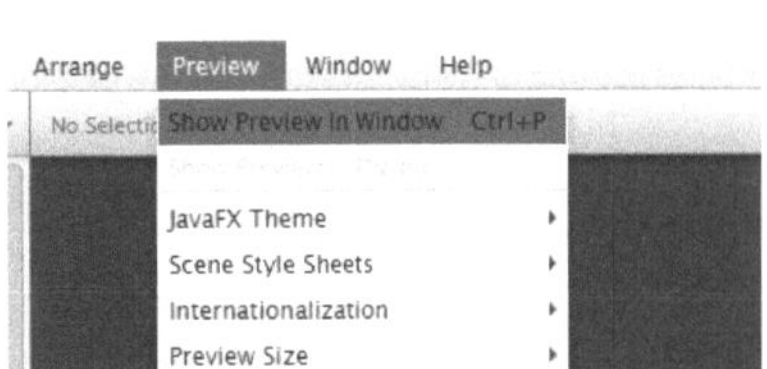

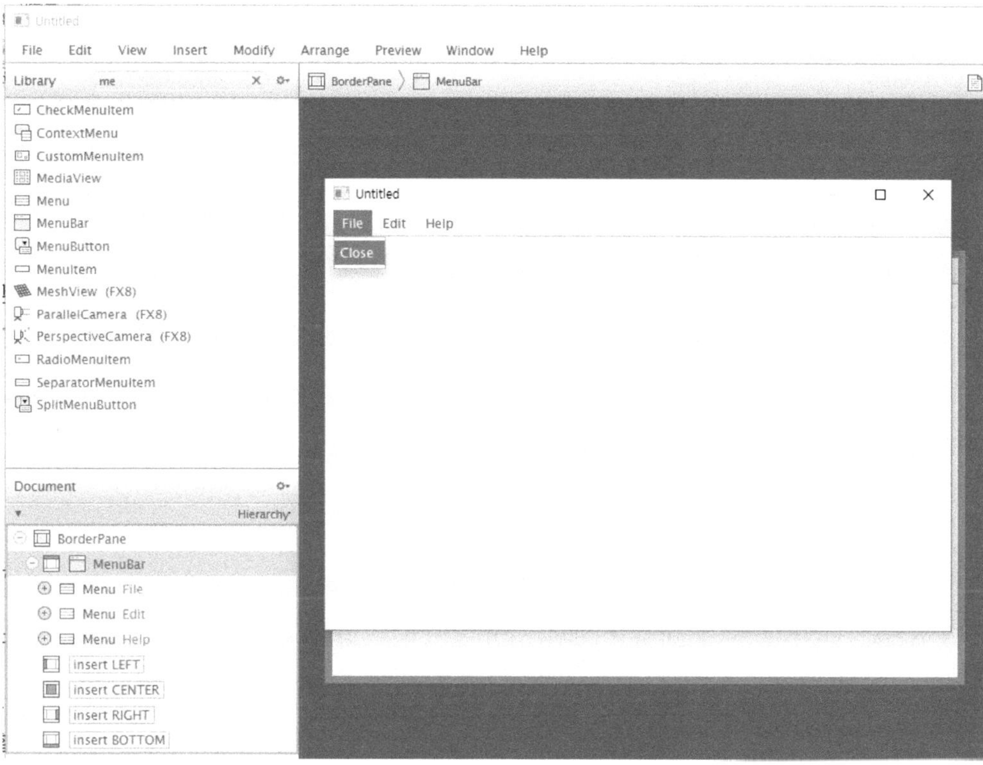

이번에는 메뉴에 하위 메뉴를 추가하는 방법을 살펴보자. 메뉴에 하위 메뉴를 추가하는 경우는 MenuItem 객체 대신에 Menu 객체를 사용하여야 한다. Menu 클래스는 MenuItem 클래스의 하위 클래스이므로 MenuItem 클래스를 사용할 수 있는 곳에는 Menu 클래스를 사용할 수도 있다. [Edit] 메뉴에 [Submenu]라는 하위 메뉴를 추가하고 거기에 [Sub Item1] 및 [Sub Item2]를 추가하는 경우에는 다음과 같다.

```
Menu editMenu = new Menu("_Edit");

// 서브 메뉴를 추가한다
Menu subMenu = new Menu("Submenu");
subMenu.getItems().addAll(new MenuItem("Sub Item1"), new MenuItem("Sub Item2"));
editMenu.getItems().add(subMenu);
```

마찬가지로 JFXML로 작성한다면 다음과 같이 기술할 수 있다.

```
<Menu text="_Edit">
    <items>
        <Menu mnemonicParsing="false" text="Submenu">
            <items>
                <MenuItem text="Sub Item1" />
                <MenuItem text="Sub Item2" />
            </items>
        </Menu>
    </items>
</Menu>
```

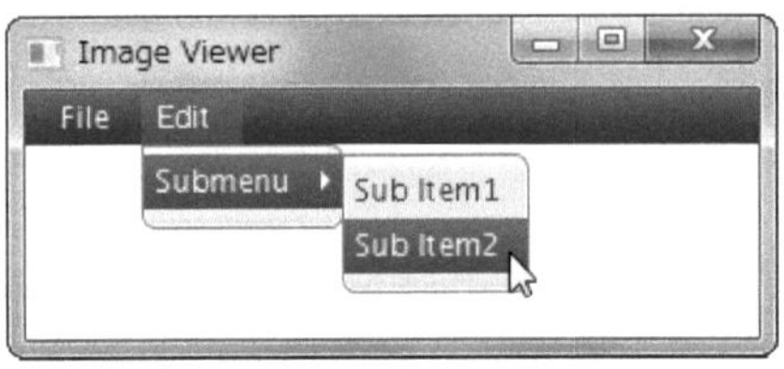

메뉴 항목은 MenuItem 클래스와 하위 메뉴의 Menu 클래스를 사용할 수 있다고 설명했지만, 이외에도 다음과 같은 4 가지 클래스를 사용할 수 있다.

- CheckMenuItem: 메뉴 항목에 체크 박스를 사용
- RadioMenuItem: 라디오 버튼이 있는 메뉴 항목
- SeparatorMenuItem: 메뉴와 메뉴 사이에 separator를 추가하는 경우
- CustomMenuItem: 독자적인 메뉴 항목을 만들 때 기반이 되는 클래스. 노드를 메뉴 항목으로 설정 할 수 있다고 했다.

■ 메뉴의 이벤트 처리

메뉴가 구축되면 다음에 해야 할 일은 메뉴에 대한 이벤트 처리이다. 이벤트 처리는 MenuItem 객체에 ActionEvent 객체를 등록하여 주어야 한다. [File]→[Exit]으로 선택하면 응용 프로그램이 종료되도록 할 수 있다. JavaFX 어플리케이션을 종료시키기 위해는 javafx.application.Platform 클래스의 exit() 메서드를 호출하면 된다.

```
MenuItem exitItem = new MenuItem("E_xit");

exitItem.setOnAction(new EventHandler<ActionEvent>() {
    @Override
    public void handle(ActionEvent t) {
        // 어플리케이션 종료처리
        Platform.exit();
    }
});
```

ActionEvent 이벤트에 이벤트 핸들러로서 setOneAction() 메서드를 사용하여 처리하고 있다. 또한 키보드 단축키를 추가하면 키 조합을 통해 메뉴 항목을 선택한 것과 같은 동작을 수행하도록 만들 수 있다. 이를 위해 setAccelerator() 메서드를 사용하면 되는데, 예를 들어 Ctrl+X 키를 누르면 메뉴에서 [Exit] 항목을 선택한 것과 같은 동작을 하도록 만들 수 있다.

```
MenuItem exitItem = new MenuItem("E_xit");

exitItem.setAccelerator(KeyCombination.keyCombination("Ctrl+X"));
exitItem.setOnAction(new EventHandler<ActionEvent>() {
    @Override
    public void handle(ActionEvent t) {
        // 어플리케이션 종료처리
        Platform.exit();
    }
});
```

참고로 setAccelarator() 메서드를 호출하고 있는 부분에서 메서드의 인수 형태는 javafx.scenei.input.KeyCombinaion 클래스로 되어 있다. KeyCombination 클래스에는 static 메서드 keyCombination() 메서드가 정의되어 있다. 메서드의 인수로는 2개의 키 값을 +로 묶은 문자열을 주로 사용한다. 여기에서는 Ctrl과 X의 조합이다. 이를 실행시키면 다음과 같을 것이다.

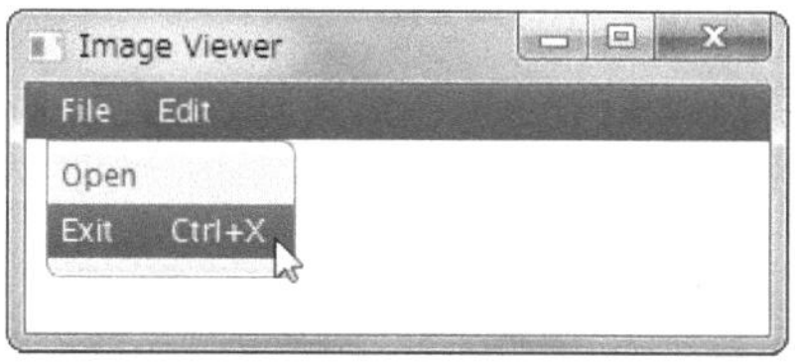

FXML 기반에서 동일하게 이벤트 처리를 작성하려면 컨트롤러 클래스를 준비할 필요가 있다. FXML과 컨트롤러 클래스와의 내용은 2장에서 이미 설명하였으므로 참고하기 바란다. 우선 컨트롤러 클래스를 작성하자. [Exit] 항목이 선택되었을 때의 이벤트 처리를 handleExit() 메서드로 처리하는 코드는 다음과 같다.

```
public class ViewController {
    @FXML
    public void handleExit(ActionEvent event) {
        Platform.exit();
    }
}
```

이때 주의할 점은 FXML 파일의 내용과 코드를 연계시키기 위해 이벤트 처리 메서드 바로 위의 위치에서 javafx.fxml.FXML 형태의 어노테이션(annotation) 기술이 필요하다는 점을 꼭 기억하기 바란다.

이어서 FXML을 편집하면 되는데 FXML에서 컨트롤러 클래스를 지정하려면 FXML의 루트 요소의 fx:controller 속성을 설정해야 한다. 그리고 ActionEvent 이벤트에 대한 이벤트 처리를 지정하려면 onAction 속성 값을 다음과 같이 기술해 주어야 한다.

```
<BorderPane prefHeight="100.0" prefWidth="300.0"
            xmlns:fx="http://javafx.com/fxml"
            fx:controller="imageviewer.ViewController">
  <top>
    <MenuBar>
      <menus>
        <Menu text="_File">
          <items>
            <MenuItem text="_Open" />
            <MenuItem onAction="#handleExit" text="E_xit">
              <accelerator>
                <KeyCodeCombination code="X" control="DOWN" alt="UP" meta="UP"
                    shift="UP" shortcut="UP" />
              </accelerator>
            </MenuItem>
          </items>
        </Menu>
        <Menu text="_Edit" />
      </menus>
    </MenuBar>
  </top>
</BorderPane>
```

FXML 파일의 내용을 보면 컨트롤러 클래스에서 정의된 handleExit() 메서드를 onAction 속성 값으로 지정하고 있는 것을 알 수 있다.

■ 팝업 메뉴

팝업 메뉴는 ContextMenu 클래스로 나타낼 수 있다. ContextMenu 객체에는 Menu 객체와 마찬가지로 MenuItem 객체를 추가하면 된다. 그리고 팝업 메뉴를 표시하기 위해서는 show() 메서드를 호출해주어야 한다. 여기에서는 메뉴바에서 마우스 오른쪽 클릭을 하면 팝업 메뉴가 표시되도록 하였다.

```
final ContextMenu popup = new ContextMenu();
popup.getItems().addAll(new MenuItem("Popup1"),
                        new MenuItem("Popup2"));

bar.setOnMouseClicked(new EventHandler<MouseEvent>() {
    @Override
    public void handle(MouseEvent event) {
        // 마우스 오른쪽 클릭이면 팝업 메뉴를 표시
        if (event.getButton() == MouseButton.SECONDARY) {
            popup.show(bar, event.getScreenX(), event.getScreenY());
        }
    }
});
```

show() 메서드는 인수에 의해 여러 종류가 있을 수 있다. 여기에서 사용하는 show() 메서드는 첫 번째 인수에 팝업 메뉴의 부모가 되는 노드 컨트롤 객체, 두 번째와 세 번째 인수로는 팝업 메뉴를 표시하는 좌표를 지정하면 된다.

그러나 컨트롤의 경우라면 Control 클래스가 contextMenu 속성을 가지고 있으므로 다음과 같이 ContextMenu 객체를 지정하여 보다 간단한 방법으로 팝업 메뉴를 제공할 수도 있다.

```
final ContextMenu popup = new ContextMenu();
popup.getItems().addAll(new MenuItem("Popup1"),
                        new MenuItem("Popup2"));

bar.setContextMenu(popup);
```

동일하게 이 기능을 FXML 기반에서도 컨트롤에 팝업 메뉴를 설정하는 것도 가능하다.

```
<MenuBar>
    <contextMenu>
        <ContextMenu>
            <items>
                <MenuItem text="Popup1" />
                <MenuItem text="Popup2" />
            </items>
        </ContextMenu>
    </contextMenu>

    ...

</MenuBar>
```

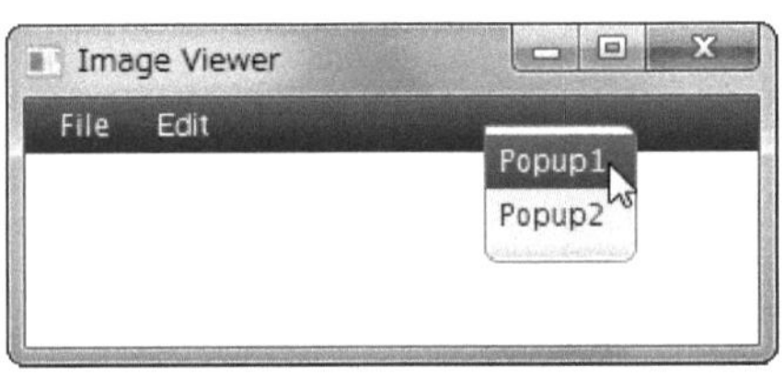

또 다른 예로서 FXML에서 컨트롤 이외의 팝업 메뉴를 설정하고 싶은 경우, 컨트롤러 클래스에서 javafx.fxml.Initializable 인터페이스를 구현하고 FXML 초기화시 호출되는 initialize() 메서드에 필요한 내용을 기술하는 것도 가능하다.

Example 3.4 FXML과 연동하여 컨트롤러 클래스에 팝업 메뉴를 구성

```
public class ViewController implements Initializable {
    @FXML
    private MenuBar bar;

    @Override
    public void initialize(URL url, ResourceBundle rb) {
        final ContextMenu popup = new ContextMenu();
        popup.getItems().addAll(new MenuItem("Popup1"),
                                new MenuItem("Popup2"));

        bar.setOnMouseClicked(new EventHandler<MouseEvent>>() {
            @Override
            public void handle(MouseEvent event) {
                if (event.getButton() == MouseButton.SECONDARY) {
                    popup.show(bar, event.getScreenX(), event.getScreenY());
```

```
            }
        }
    });
}
}
```

이미지

이미지 표시 등을 위한 전용 컨트롤러는 사실 없다. 그러나 컨트롤러와 함께 사용되는 경우도 많기 때문에 간단하게 사용법을 설명한다. 이미지를 표시하려면 javafx.scene.image.Image 클래스와 javafx.scene.image.ImageView 클래스를 주로 사용한다.

Image 클래스는 JPEG 또는 PNG 등의 이미지 내용을 담는 클래스이며 ImageView 클래스는 이미지를 표시하기 위한 노드이다. 다음과 같이 ImageViewer.java와 같은 폴더에 위치하는 duke.jpg를 표시하여 보자.

```
BorderPane root = new BorderPane();
root.setPrefSize(300, 400);

// duke.jpg를 로드하여 표시하기
Image image = new Image(getClass().getResource("duke.jpg").toString());
ImageView view = new ImageView(image);

root.setCenter(view);
```

Image 클래스의 생성자의 인수로는 이미지 파일의 URL을 문자열로 지정하고 있다. 여기서 Class 클래스의 getResource() 메서드를 사용하여 duke.jpg의 URL을 추출하는 이유는 duke.jpg 파일이 ImageViewer 클래스와 함께 JAR 파일에 포함되는 상황도 고려하고 있기 때문이다.

FXML로 이미지 파일을 화면에 표시하는 경우에는 다음과 같다.

```
<BorderPane prefHeight="400.0" prefWidth="300.0"
            xmlns:fx="http://javafx.com/fxml"
            fx:controller="imageviewer.ViewController">
    <center>
        <ImageView>
            <image>
                <Image url="@duke.jpg" />
            </image>
        </ImageView>
    </center>

  ...

</BorderPane>
```

FXML로 작성하는 경우에는 <Image> 요소의 url 속성에 사용되는 @는 Java로 작성된 getResource() 메서드에서 URL을 취득한 것과 같은 의미를 가진다. 결국 FXML 파일이 배치되는 위치를 보여주는 것으로 이해하면 된다. 실행 결과는 다음과 같다.

duke.jpg는 작은 이미지이므로 표시하는 창에 바로 수용이 된다. 그러나 크기가 큰 그림을 지정하게 되면 표시하는 창을 넘어서 버릴 것이다. 이러한 경우에는 이미지를 축소하여 표시하거나 표시 영역에 스크롤 막대를 사용하여 원래 크기로 표시하도록 처리하는 것이 일반적일 것이다.

먼저 이미지를 축소시켜 표시하는 경우를 설명한다. 이미지를 축소하려면 배율을 변경하는 방법도 사용할 수 있지만, 여기에서는 ImageView 클래스의 기능을 사용하여 일정한 크기에 맞게 축소를 시키는 방법을 사용할 수 있다. 이를 위해서는 fitWidth 속성과 fitHeight 속성을 건드릴 필요가 있다. 이미지는 fitWidth 속성과 fitHeight 속성에 지정된 크기에 맞춰 축소된다고 보면 된다.

문제는 이미지의 종횡비를 고려하지 않고 fitWidth 속성과 fitHeight 속성의 비율이 서로 다를 경우이다. 종횡비가 다르면 원래의 이미지와는 다른 비율로 축소되어 이미지 자체가 왜곡되어 버린다. 이를 피하기 위해 preserveRatio 속성을 true로 설정해 주면 화면 종횡비를 유지시킬 수 있게 된다. 여기에서는 BorderPane 객체의 크기가 가로 300픽셀, 세로 400픽셀로 설정된 경우이다.

```
Image image = new Image(getClass().getResource("americascup.jpg").toString());
ImageView view = new ImageView(image);

// 이미지 표시 크기를 지정
view.setFitWidth(300);
view.setFitHeight(400);

// 이미지의 종횡비를 유지하도록 설정
view.setPreserveRatio(true);
```

참고로 fitWidth 속성과 fitHeight 속성을 0으로 설정하면 이미지를 축소하지 않고 원래의 크기로 표시하게 된다. FXML에서 이를 설정하는 예는 다음과 같다.

```
<ImageView fitWidth="300.0" fitHeight="400" preserveRatio="true">
    <image>
        <Image url="@americascup.jpg" />
    </image>
</ImageView>
```

우에서 이미지 파일로서 americascup.jpg를 지정한 경우이며, 원래 이미지의 크기는 1205 × 800이지만 실행시키면 300 × 400 크기에 맞게 이미지가 축소되는 것을 확인할 수 있을 것이다.

▌스크롤 창

앞에서는 이미지의 크기를 축소하여 화면에 표시하였지만, 원래의 이미지 크기 그대로 표시하고자 하는 경우에는 화면에 스크롤 막대를 부착하여 원래 크기로 표시하도록 처리할 수 있다. 이를 위한 클래스는 ScrollPane이며 사용법도 간단하다. FXML 파일로 기술할 때는 ScrollPane 클래스의 content 속성에 스크롤 막대를 붙여 표시할 노드를 지정하는 예는 다음과 같다.

```
Image image = new Image(getClass().getResource("americascup.jpg").toString());
ImageView view = new ImageView(image);

// 이미지를 스크롤 창에서 표시
ScrollPane scrollPane = new ScrollPane();
scrollPane.setContent(view);
```

마찬가지로 FXML 파일로 기술하는 경우는 다음과 같다.

```
<ScrollPane>
    <content>
        <ImageView>
            <image>
                <Image url="@americascup.jpg" />
            </image>
        </ImageView>
    </content>
</ScrollPane>
```

▮파일 탐색기

마지막으로 ImageViewer에 표시하려는 이미지 파일을 선택하도록 만들 수 있다. 파일 탐색기를 구현하는 클래스는 javafx.stage.FileChooser이다. FileChooser 클래스는 객체를 생성하는 것만으로는 화면에 표시되지 않는다. 오픈하는 파일을 지정하기 위해 showOpenDialog() 메서드를 호출해 주어야 화면에 표시되게 된다.

오픈 파일이 여러 개인 경우에는 showOpenMultipleDialog() 메서드를 사용하면 된다. 또한 저장하는 파일을 있는 경우에는 showSaveDialog() 메서드를 사용할 수 있다.

howOpenDialog() 메서드의 인수 값은 Window 클래스의 객체이다. 실제로는 Window 클래스의 서브 클래스에 해당하는 Stage 클래스를 사용하는 경우가 일반적이다. 만약 Stage 객체를 참조 할 수 없는 경우는 null로 지정해도 관계없다. 또한 반환 형식은 java.io.File 클래스이며, showOpenMultipleDialog() 메서드의 경우에는 File 객체의 목록이 될 것이다. 다음 예는 메뉴바에서 [File]→ [Open] 메뉴 항목을 실행시키면 파일 탐색기를 화면에 표시한다.

Example 3.5 파일 탐색기의 표시

```
// 이미지 파일에 대한 파일 탐색기
final FileChooser chooser = new FileChooser();
FileChooser.ExtensionFilter filter =
            new FileChooser.ExtensionFilter("Image", "*.jpg", "*.gif", "*.png");
chooser.getExtensionFilters().add(filter);

// Open 메뉴항목으로 파일 탐색기를 표시
MenuItem openItem = new MenuItem("_Open");
openItem.setAccelerator(KeyCombination.keyCombination("Ctrl+O"));
openItem.setOnAction(new EventHandler<ActionEvent>() {
    @Override
    public void handle(ActionEvent t) {
        try {
            File file = chooser.showOpenDialog(stage);
            if (file != null) {
                Image image = new Image(file.toURL().toString());
                view.setImage(image);
            }
        } catch (MalformedURLException ex) {
            System.err.println("File isn't suitable for ImageViewer.");
        }
    }
});
```

많은 경우 파일 탐색기에서 선택할 수 있는 파일을 이미지 파일로 제한하고자 하는 할 때는 파일 탐색기에 필터를 설정하여 처리할 수 있다. 필터는 FileChooser.ExtensionFilter 클래스를 사용하면 된다. ExtensionFilter 클래스의 생성자는 첫 번째 인수가 필터의 이름, 두 번째 인수부터는 *.ext 형식의 확장명을 지정하면 된다. 예에서는 JPEG, GIF, PNG의 3 종류의 파일을 처리하도록 하였다.

또한 File 클래스의 toURL() 메서드는 deprecated이므로 컴파일러 경고가 표시될 것이다. 이럴 때는 toURI() 메서드를 이용하여 URI로 변환 한 후, URI 클래스의 toURL() 메서드에서 URL로 변환하면 된다.

이번에는 같은 처리를 FXML로 작성하는 경우를 살펴보자. 이때 파일 탐색기는 FXML로 기술 할 수 없기 때문에 컨트롤러 클래스에 작성하는 것이 좋다. 다음 예는 파일 탐색기의 객체 생성을 initialize() 메서드로 처리하고, 파일 탐색기 표시는 handleOpen() 메서드에서 기술하는 경우이다.

Example 3.6 FXML을 이용한 파일 탐색기의 표시

```
@FXML
private ImageView view;

private FileChooser chooser;

@FXML
public void handleOpen(ActionEvent event) {
    try {
        File file = chooser.showOpenDialog(null);
        if (file != null) {
            Image image = new Image(file.toURL().toString());
            view.setImage(image);
        }
    } catch (MalformedURLException ex) {
        System.err.println("File isn't suitable for ImageViewer.");
    }
}

@Override
public void initialize(URL url, ResourceBundle rb) {
    chooser = new FileChooser();
    FileChooser.ExtensionFilter filter = new FileChooser.ExtensionFilter("Image",
                                    "*.jpg", "*.gif", "*.png");
    chooser.getExtensionFilters().add(filter);
}
```

handleOpen() 메서드에서 파일 선택기를 사용하기 위해 chooser 변수는 필드 변수로 정의하고 있다. 또한 ImageView 객체에 액세스하기 위해 ImageView 클래스의 view 변수를 @FXML 어노테이션 정의를 표기하였다. 그리고 FXML에서는

ImageView 객체와의 대응관계를 고려하여 [Open] 메뉴 항목을 선택할 때 처리 내용은 onAction 속성에서 처리 메서드를 등록하고 있다.

```
<ImageView fx:id="view" fitWidth="290.0" fitHeight="370.0" preserveRatio="true" />

    ...

    <MenuItem  onAction="#handleOpen" text="_Open">
        <accelerator>
            <KeyCodeCombination alt="UP" code="O" control="DOWN" meta="UP"
                                           shift="UP" shortcut="UP" />
        </accelerator>
    </MenuItem>
```

Chapter 04. 리스트, 콤보박스 및 테이블

GUI를 구성하는데 빼놓을 수 없는 컨트롤 부품으로서 목록을 표시하는 리스트, 콤보박스, 테이블이 있다. 이들 컨트롤 부품들의 공통점은 모두 셀을 다룬다는 점이다. 그리고 사용법도 유사한 부분이 많고 특히 리스트와 콤보박스는 매우 유사하다는 것을 알게 될 것이다.

▌리스트

■ 리스트의 기본 사용법

목록 항목들이 수직 또는 수평 방향으로 나열되는 대표적인 컨트롤 부품이다. 이를 위한 클래스는 javafx.scene.control.ListView로 제공된다.

먼저 다음 예를 살펴보자.

Example 4.1 항목을 리스트 형태로 표시하는 예

```
public class ListDemo extends Application {

    @Override
    public void start(Stage stage) {
        VBox root = new VBox();

        // 리스트 생성
        // 제네릭 파라미터로는 String형을 기술
        ListView<String> list = new ListView<>();

        // 수직 방향으로 영역에 여유가 있으면 리스트를 확장한다
        VBox.setVgrow(list, Priority.SOMETIMES);
        root.getChildren().add(list);

        Scene scene = new Scene(root, 200, 150);

        stage.setTitle("ListView Demo");
        stage.setScene(scene);
        stage.show();
    }

    public static void main(String[] args) {
        launch(args);
    }
}
```

ListView 클래스는 제네릭의 항목에 표시하는 형식을 지정하게 되는데 여기에서는 문자열을 지정하였다. 문자열이 아닌 경우, 표시하는 클래스의 toString 메서드의 반환값이 표시되게 된다.

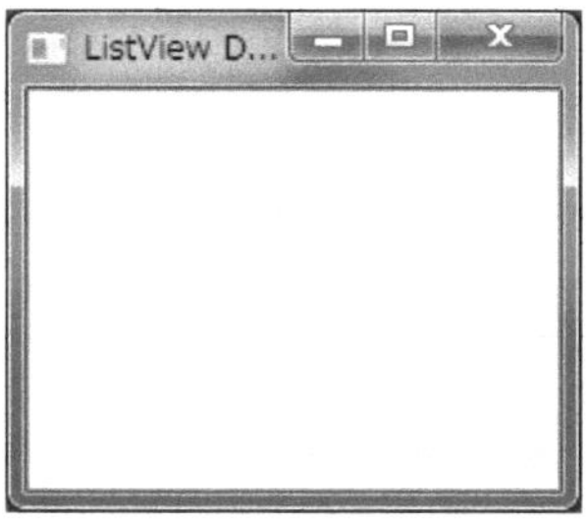

예제 실행결과는 위와 같다. 리스트에 등록된 내용이 없으므로 텅 빈 행으로만 화면에 표시된다. 목록에 표시되는 항목은 javafx.collections.ObservableList 인터페이스로 처리하면 된다. ObservableList 인터페이스는 java.util.List 인터페이스의 서브인터페이스로서 요소의 추가와 삭제가 발생했을 때 이벤트를 발생시킨다.

ObservableList 인터페이스 객체는 javafx.collections.FXCollections 클래스를 사용하여 생성하게 되는데 ListView 객체에 ObservableList 객체를 지정하려면 생성자 또는 setItems() 메서드를 주로 사용한다. 다음 예는 8가지 색상 이름을 화면에 리스트로 표시하는 경우이다.

Example 4.2 항목을 리스트 형태로 등록하는 경우

```
public class ListDemo extends Application {

    private ObservableList<String> items
        = FXCollections.observableArrayList(
            "Red", "Green", "Blue", "Yellow", "Magenta", "Cyan", "Black", "White");

    @Override
    public void start(Stage stage) {
        VBox root = new VBox();

        // 항목을 지정하여 리스트를 생성
        ListView<String> list = new ListView<>(items);

        // 다음과 같이 항목을 따로 지정하는 것도 가능하다
        // ListView<String> list = new ListView<>();
        // list.setItems(items);

        ...
```

항목을 추가한 경우의 실행 결과는 다음과 같다. 예에서는 수직 방향으로 목록을 표시하고 있지만 가로로 표시하고자 하는 경우라면 ListView 클래스의 setOrientation() 메서드로 변경하면 된다. setOrientation() 메서드의 인수의 형태는 enum의 javafx.geometry.Orientation 값이다. 참고로 Orientation이 가질 수 있는 값은 HORIZONTAL과 VERTICAL이다.

리스트 항목을 FXML에서 기술할 때는 다음과 같이 할 수 있다.

```
<VBox prefHeight="150.0" prefWidth="200.0" xmlns:fx="http://javafx.com/fxml"
        fx:controller="ListDemoViewController">
    <children>
        <ListView fx:id="list" VBox.vgrow="SOMETIMES"
                    onEditCommit="#handleEditCommitted">
            <items>
                <FXCollections fx:factory="observableArrayList">
                    <String fx:value="Red" />
                    <String fx:value="Green" />
                    <String fx:value="Blue" />
                    <String fx:value="Yellow" />
                    <String fx:value="Magenta" />
                    <String fx:value="Cyan" />
                    <String fx:value="Black" />
                    <String fx:value="White" />
                </FXCollections>
            </items>
        </ListView>
    </children>
</VBox>
```

Java 코드로 작성하는 경우에 ObservableList 객체로서 FXCollections 클래스의 obserableArrayList() 메서드를 이용한 것처럼 FXML에서도 동일하게 처리하는 것을 볼 수 있다.

<items> 요소의 자식 요소는 <FXCollections> 요소로 지정되어 있는 부분에 주목하라. ObservableList 객체를 생성하는 observableArrayList() 메서드를 fx:factory 속성으로 지정하고 있다. 이렇게 하면 <FXCollections> 요소의 자식 요소를 ObservableList 객체로 변환하게 된다.

그리고 String 클래스는 불변 클래스이기 때문에 값을 나중에 변경할 수 없다는 것을 기억하고 있을 것이다. 따라서 fx:value 속성을 기술하고 지정된 값에서 String 객체를 생성하도록 하고 있다.

여기에서는 선택 항목을 FXML로 작성하는 방법을 설명하였지만 Scene Builder에서 <items> 요소를 그래픽으로 편집 할 수 없기 때문에 선택 항목을 FXML에 기술하기 위해서는 따로 FXML 파일의 내용을 별도의 편집기로 편집하여 추가시킬 필요가 있다.

■ 항목의 선택

리스트의 항목 선택에 대한 처리는 ListView 클래스에서 처리하는 것이 아니라 javafx.scene.control.MultipleSelectionModel 클래스에서 처리하여야 한다.

이름에서 MultipleSelectionModel로 되어 있지만 단일 선택도 가능하며 기본적으로는 단일 선택이 디폴트 기능으로 되어 있다. 선택 모드는 enum의 javafx.scene.control.SelectionMode로 처리할 수 있으며 SINGLE, MULTIPLE 중의 하나의 값을 지정하여 단일 선택 또는 복수 선택이 가능하게 된다. 또한 선택되어 있는 항목을 검색하는 것도 MultipleSelectionModel 클래스에서 처리할 수 있다.

단일 선택의 경우, getSelectedItem() 메서드에서 항목을 가져온다. 인덱스를 얻고자 한다면 getSelectedIndex() 메서드를 사용하면 된다. 다중 선택이 필요한 경우에는 getSelectedItems() 메서드로 취득 할 수 있다. 반환 형식은 ObservableList 인터페이스형이다. 인덱스도 getSelectedIndices() 메서드를 이용하면 되고 반환 형식은 ObservableList 인터페이스형이다.

여러 선택 목록에서 getSelectedItem() 메서드를 호출하면 마지막으로 선택한 항목을 얻을 수 있다. getSelectedIndex() 메서드도 마찬가지로 마지막에 선택한 항목의 인덱스를 얻을 수 있다. 실제 사용에서는 항목을 선택했을 때의 이벤트 처리에 있을 것이다. 다음 예는 목록의 항목을 선택하면 선택한 항목을 표준 출력으로 처리하는 경우이다.

Example 4.3 항목을 선택하면 이벤트 처리

```
// 항목을 지정하여 리스트를 생성
ListView<String> list = new ListView<>(items);

// 항목을 선택하면 표준 출력으로 항목을 출력
MultipleSelectionModel<String>  model = list.getSelectionModel();
ObservableList<String> selectedItems = model.getSelectedItems();

selectedItems.addListener(new ListChangeListener<String>() {
    @Override
    public void onChanged(Change<? extends String> change) {
        System.out.println(change.getList());
    }
});
```

ListView 객체에서 MultipleSelectionModel 오브젝트는 getSelectionModel() 메서드를 이용하여 얻을 수 있다. 선택 항목은 앞에서 설명한 것처럼 getSelectedItems() 메서드로 취득 할 수 있다. 반환 형식은 ObservableList 인터페이스형으로서 요소에 변화가 있으면 이벤트를 발생하게 된다.

이벤트를 처리하기 위해서는 javafx.collections.ListChangeListener 인터페이스의 구현 클래스를 사용한다. ObservableList 객체의 변경에 대한 정보는 javafx.collections.ListChangeListener.Change 클래스로 표현되며, 정보에 따른 getter 메서드가 정의되어 있으므로 이를 사용하여 정보를 가져올 수 있다. 위 예제에서는 getList() 메서드를 사용하여 변경된 ObservableList 객체를 얻어 표준 출력으로 넘기고 있다.

예에서와 같이 다중 선택이 아니라 단일 선택에서도 사용될 수 있다. 그러나 단일 선택의 경우, getItem() 메서드로 선택 항목을 얻을 수 있지만 이 경우 선택 변경에 따른 이벤트가 발생하지 않는다. 따라서 Java Beans를 확장한 속성을 사용하여 ObservableList 인터페이스와 유사하게 이벤트를 처리 할 수 있다.

JavaFX가 취급하는 클래스의 경우, 속성은 주로 xProperty라는 메서드로 다루게 되며 x 부분은 속성을 나타내는 이름이 지정된다. 예를 들어, 선택 항목의 속성은 MultipleSelectionModel 클래스의 selectedItemProperty() 메서드로 취득 할 수 있다.

이번에는 속성에 대한 이벤트 처리를 추가하여 보자. ObservableList 인터페이스는 ListChangeListener 인터페이스에서 이벤트 처리를 하였지만, 속성의 경우는 javafx.beans.value.ChangeListener 인터페이스에서 처리할 필요가 있다. 다음 예를 살펴보자.

Example 4.4 속성에 대한 이벤트 처리

```
// 항목을 지정하여 리스트를 생성
ListView<String> list = new ListView<>(items);

// 단일 선택의 경우에 대한 이벤트 처리
MultipleSelectionModel<String>  model = list.getSelectionModel();

model.selectedItemProperty().addListener(new ChangeListener<String>() {
    @Override
    public void changed(ObservableValue<? extends String> property,
                        String oldValue, String newValue) {
        System.out.println(oldValuet + " to " + newValue);
    }
});
```

selectedItem 속성을 취득하고 이 속성에 ChangeListener 객체를 설정하고 있다. ChangeListener 인터페이스의 changed() 메서드는 이전 값과 새로운 값이 인자로 주어지기 때문에 이 내용을 그대로 출력하고 있다.

■ 항목의 커스터마이징

많은 경우 리스트의 목록 항목을 편집해야 할 경우가 많을 것이다. ListView 클래스에는 setEditable() 메서드가 제공되므로 메서드의 인수를 true로 설정하면 원하는 대로 동작할 것 같지만 불행히도 이 방법으로는 정상적인 동작을 기대할 수 없다.

이미 언급했지만 ListView 클래스는 항목을 셀로 취급할 수 있다. 셀은 javafx.scene.control.Cell 클래스로 표현되는데 ListView 클래스의 경우는 Cell 클래스의 하위 클래스인 javafx.scene.control.ListCell 클래스를 사용한다.

보통 사용 목적에 맞게 ListCell 클래스의 서브 클래스를 지정하여 사용한다. 예를 들어, javafx.scene.control.cell.CheckBoxkListCell 클래스를 사용하면 항목을 체크박스 형태로 표시하는 것이 가능하다. 항목 편집하려면 편집 가능한 셀을 사용할 필요가 있다. 편집 가능한 셀로서 javafx.scene.control.cell.TextFieldListCell 클래스가 제공되고 있다.

문제는 ListView 클래스에는 셀을 등록하는 메서드가 따로 정의되어 있지 않다. 대신 ListCell 객체를 생성하는 팩토리 클래스를 지정하여 사용하면 된다. 팩토리 클래스는 javafx.util.Callback 인터페이스를 주로 사용한다. 다음 예를 살펴보자.

Example 4.5 Callback 인터페이스를 이용한 팩토리 클래스 사용 예

```
// 항목을 편집 가능한 상태로 설정
list.setEditable(true);

// 편집 가능한 셀 팩토리를 등록
list.setCellFactory(TextFieldListCell.forListView());

// 항목의 편집이 완료되면, item 필드에 변경 내용을 반영
list.setOnEditCommit(new EventHandler<ListView.EditEvent<String>>() {
    @Override
    public void handle(EditEvent<String> event) {
        int index = event.getIndex();
        items.set(index, event.getNewValue());
    }
});
```

먼저 setEditable() 메서드에서 ListView 객체를 편집 할 수 있도록 한다. 그리고 setCellFactory() 메서드에서 셀의 팩토리를 지정하여야 한다.

Callback 인터페이스의 구현 클래스를 직접 구현하여도 관계없겠지만, 여기에서는 TextFieldListCell 클래스가 정의하는 Callback 인터페이스의 구현 클래스를 사용하고 있다. forListView() 메서드로 결과를 반환받고 있다.

이제 항목을 편집 할 수 있게 되었다. 그러나 편집하는 것은 어디 까지나 표시 부분에 국한된다. 표시 부분의 편집 결과를 모델에 반영하기 위해서 편집이 완료되면 이벤트를 처리하도록 하였다. 편집 완료시 이벤트 처리는 setOnEditCommit() 메서드로 등록한다.

ListView 클래스에는 편집 완료뿐만 아니라 편집 시작이나 편집 취소인 경우에 대한 이벤트를 처리 할 수 있다. 실행 결과는 다음과 같다.

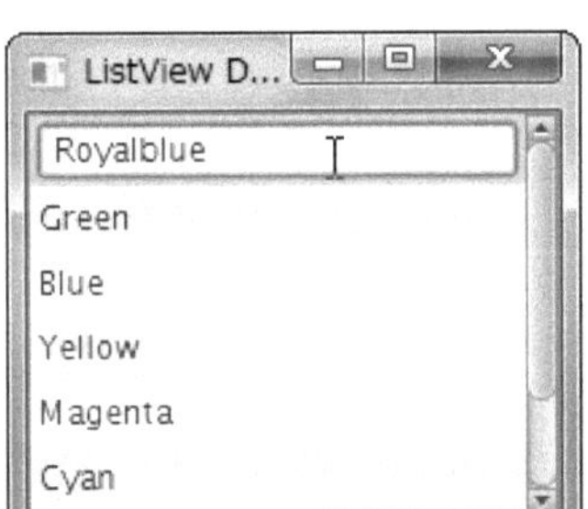

FXML로 동일 기능을 기술할 때도 마찬가지로 선택 후보를 FXML에서 지정했을 때처럼 팩토리 클래스와 팩토리 메서드를 맞게 지정해 주어야 한다. 물론 editable 속

성이은 true로 설정하여야 한다.

```
<ListView fx:id="list" editable="true" VBox.vgrow="SOMETIMES">
    <cellFactory>
        <TextFieldListCell fx:factory="forListView" />
    </cellFactory>
</ListView>
```

또한 ListCell 클래스의 서브 클래스를 직접 구현하여 클래스의 객체를 돌려주는 팩토리를 작성하는 형태로 항목에 대해 사용자 정의를 할 수도 있다. 다음 예는 색상 이름뿐만 아니라 그 색상의 사각형을 표시하도록 한 경우이다. 먼저 ListCell 클래스의 서브 클래스를 ColorListCell로 작성하고 여기에서 색상을 표시하도록 하였다.

Example 4.6 팩토리 클래스의 직접 구현

```
static class ColorListCell extends ListCell<String> {

    @Override
    public void updateItem(String item, boolean empty) {
        super.updateItem(item, empty);

        if (!empty) {
            Rectangle rect = new Rectangle(20, 20);
            rect.setFill(Color.web(item));
            setGraphic(rect);
            setText(item);
        }
    }
}
```

ColorListCell 클래스는 내부 클래스로 구현한 경우이며, 필요하다면 일반 클래스로 정의하여 사용하여도 된다. 이처럼 ListCell 클래스의 하위 클래스를 만드는 경우, updateItem() 메서드는 재정의 되어야 한다. updateItem() 메서드의 첫 번째 인수는 항목에 표시 할 객체, 두 번째 인수는 항목이 비어 있는지를 보여준다.

ListCell 클래스는 javafx.scene.control.Labeled 클래스의 서브 클래스이기 때문에 Label 클래스와 동등한 기능을 가지고 있다. 따라서 Label 클래스와 마찬가지로 문자 앞에 노드의 표시를 할 때는 setGraphic() 메서드로, 지정 문자열은 setText() 메서드로 지정하면 된다.

다음으로 ColorListCell 클래스를 생성하는 팩토리 메서드를 작성한다.

Example 4.7 ColorListCell 클래스의 팩토리 메서드 작성

```
list.setCellFactory(new Callback<ListView<String>, ListCell<String>>() {
    @Override
    public ListCell<String> call(ListView<String> list) {
        return new ColorListCell();
    }
});
```

앞에서와 마찬가지로 팩토리는 setCellFactory() 메서드로 지정한다. Callback 인터페이스는 call() 메서드를 정의하여 ColorListCell 객체를 생성하고 반환하고 있다. 실행 결과는 다음과 같다.

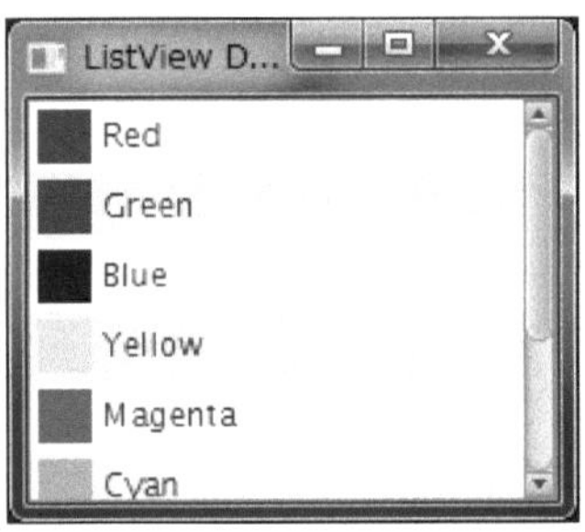

▮콤보 박스

콤보박스는 javafx.scene.control.ComboBox 클래스로 처리할 수 있으며 ListView 클래스의 사용법과 매우 유사하다. 항목은 ObservableList 인터페이스로 지정하고, ListCell 인터페이스를 사용하여 항목을 사용자 정의 할 수 있다. 항목의 선택은 단일 선택 처리이므로 ListView 클래스보다 사용법이 더 간단하다.

다음 사용 예제는 3개의 콤보박스를 사용하여 글꼴과 서체 등을 지정하는 예이다.

Example 4.8 콤보박스의 사용 예

```
// 폰트 패밀리를 지정하는 콤보박스
ObservableList<String> families = FXCollections.observableArrayList("Serif",
                        "SansSerif", "Monospaced", "Dialog", "DialogInput");
familyCombo = new ComboBox<>(families);
familyCombo.setEditable(true);

// 폰트 스타일을 지정하는 콤보박스
ObservableList<String> styles = FXCollections.observableArrayList("Plain", "Bold",
                        "Italic", "BoldItalic");
styleCombo = new ComboBox<>(styles);
styleCombo.getSelectionModel().selectFirst();
```

```
// 폰트 크기를 지정하는 콤보박스
ObservableList<Integer> sizes = FXCollections.observableArrayList(8, 12, 16, 20, 24);
sizeCombo = new ComboBox<>(sizes);
sizeCombo.getSelectionModel().select(1);
```

ComboBox 클래스도 ObservableList 객체를 이용하여 항목을 생성한다. 그리고 setEditable() 메서드는 ComboBox 객체의 항목을 편집 할 수 있는지 여부를 지정할 수 있다. 또한 ListView 클래스와 달리 편집 가능한 SelectionModel 클래스를 지정할 필요가 없다.

선택 항목을 지정하려면 SelectionModel 클래스의 select() 메서드 등으로 지정하면 되며, 위 예제를 동일하게 FXML로 표현하면 다음과 같다.

```
<ComboBox fx:id="familyCombo" editable="true">
    <items>
        <FXCollections fx:factory="observableArrayList">
            <String fx:value="Serif" />
            <String fx:value="SansSerif" />
            <String fx:value="Monospaced" />
            <String fx:value="Dialog" />
            <String fx:value="DialogInput" />
        </FXCollections>
    </items>
</ComboBox>
<ComboBox fx:id="styleCombo">
    <items>
        <FXCollections fx:factory="observableArrayList">
            <String fx:value="Plain" />
            <String fx:value="Bold" />
            <String fx:value="Italic" />
            <String fx:value="BoldItalic" />
        </FXCollections>
    </items>
</ComboBox>
<ComboBox fx:id="sizeCombo">
    <items>
        <FXCollections fx:factory="observableArrayList">
            <Integer fx:value="8" />
            <Integer fx:value="12" />
            <Integer fx:value="16" />
            <Integer fx:value="20" />
            <Integer fx:value="24" />
        </FXCollections>
    </items>
</ComboBox>
```

FXML로 콤보박스를 화면에 랜더링하기 위한 설정을 했으므로 이제는 선택 항목을 지정할 수 있도록 처리하는 컨트롤러 클래스는 다음과 같이 준비할 수 있다.

Example 4.9 FXML로 정의된 콤보박스의 항목 선택을 위한 컨트롤러 클래스

```
public class FontSelViewController implements Initializable {

    @FXML
    private ComboBox<String> familyCombo;
    @FXML
    private ComboBox<String> styleCombo;
    @FXML
    private ComboBox<Integer> sizeCombo;
    @FXML
    private Text text;


    @Override
    public void initialize(URL url, ResourceBundle rb) {
        // 선택 항목을 지정
        styleCombo.getSelectionModel().selectFirst();
        sizeCombo.getSelectionModel().select(1);
    }
```

ComboBox 클래스는 항목이 선택되면 ActionEvent가 발생한다. 이벤트 처리를 할 ComboBox 오브젝트에 대해 setOnAction() 메서드에서 javafx.event.EventHandler 인터페이스의 구현 클래스를 지정해 주어야 한다. 그리고 선택된 항목은 ComboBox 클래스의 getValue() 메서드로 취득하면 된다. 위에서 준비한 콤보박스는 3가지 모두 동일 이벤트 처리이므로 하나의 EventHandler 객체를 3 종류의 ComboBox 객체에 등록하면 된다.

Example 4.10 콤보박스의 이벤트 처리

```
EventHandler<ActionEvent> handler = new EventHandler<ActionEvent>() {
    @Override
    public void handle(ActionEvent event) {
        String family = familyCombo.getValue();
        String style = styleCombo.getValue();
        Integer size = sizeCombo.getValue();

        // 값이 설정되어 있지 않으면, 디폴트 값을 사용
        if (family == null || family.isEmpty()) {
            family = "Serif";
        }
        if (style == null || style.isEmpty()) {
            style = "Regular";
        }
```

```
            if (size == null) {
                size = 12;
            }

            // 스타일을 FontWeight 객체와 FontPosture 객체로 표시
            FontPosture posture = FontPosture.REGULAR;
            FontWeight weight = FontWeight.MEDIUM;
            switch (style) {
                case "Bold":
                    weight = FontWeight.BOLD;
                    break;
                case "Italic":
                    posture = FontPosture.ITALIC;
                    break;
                case "BoldItalic":
                    weight = FontWeight.BOLD;
                    posture = FontPosture.ITALIC;
                    break;
                default:
            }

            // 폰트를 생성하고 문자열로 설정
            Font font = Font.font(family, weight, posture, size);
            text.setFont(font);
        }
};

// 이벤트 핸들러의 등록
familyCombo.setOnAction(handler);
styleCombo.setOnAction(handler);
sizeCombo.setOnAction(handler);
```

handle() 메서드에서는 3종류의 콤보박스의 선택 항목에서 javafx.scene.text.Font 객체를 생성하고 javafx.scene.text.Text 객체로 설정하고 있다. 이렇게 처리한 이유는 null 체크가 있는 콤보박스의 항목이 초기화되지 않은 상태에서 handle() 메서드가 호출 될 수 있기 때문이다.

FXML로 작성할 때는 컨트롤러 클래스에 handle() 메서드와 같은 시그니처 메서드를 기술하고 @FXML 어노테이션을 바로 앞에 둔다. 그리고 <ComboBox> 요소의 onAction() 특성에 handle() 메서드를 지정한다.

```
<ComboBox fx:id="familyCombo" editable="true" onAction="#handle">
    <items>
        ...
    </items>
</ComboBox>
<ComboBox fx:id="styleCombo" onAction="#handle">
    <items>
        ...
    </items>
</ComboBox>
<ComboBox fx:id="sizeCombo" onAction="#handle">
    <items>
        ...
    </items>
</ComboBox>
```

폰트 패밀리를 SansSerif, 스타일은 Plain, 크기를 20으로 했을 경우의 실행 결과는 다음과 같다.

■ 테이블

테이블은 javafx.scene.control.TableView 클래스로 표현할 수 있다. 이제까지 소개해온 컨트롤은 Swing에서의 구성 요소를 처리하는 방법과 차이가 거의 없다. 그러나 테이블의 경우는 JavaFX와 Swing에서 그 사용이 크게 달라진다.

가장 큰 차이는 모델의 취급 방법에서 나타난다. Swing의 JTable은 모델로 javax.swing.table.TableModel 인터페이스를 구현 한 클래스를 이용한다. 이 때문에 다른 형식으로 모델을 나타내는 경우, TableModel 인터페이스에 맞추기 위한 래퍼를 준비해야 했다. 그러나 JavaFX의 TableView 클래스는 특정 모델을 따로 고려하지 않아도 되고 임의의 Java Beans를 모델로 처리 할 수 있게 되었다.

■ 테이블의 기본 사용법

TableView 클래스의 사용법을 살펴보자. 간단한 예로 CD 등의 앨범의 제목, 아티스트, 발표 연도를 표시하는 테이블 작성을 고려하자. 먼저 TableView 객체를 생성하고 표시시켜 보자. TableView 클래스에서는 열의 표현은 TableCloumn 클래스를 이용하면 되며 javafx.scene.control.TableCloumn에 정의된 대표적인 컨트롤이다.

Example 4.11 TableView 클래스를 이용한 테이블 작성

```
TableView table = new TableView();

// 테이블의 열을 구성
TableColumn titleColumn = new TableColumn("Title");
titleColumn.setMinWidth(100);
TableColumn artistColumn = new TableColumn("Artist");
artistColumn.setMinWidth(150);
TableColumn releaseColumn = new TableColumn("Release Year");
releaseColumn.setMinWidth(70);

// 테이블에 열을 설정
table.getColumns().addAll(titleColumn, artistColumn, releaseColumn);
```

TableColumn 클래스의 생성자에 지정하는 인수의 값은 테이블 컬럼의 제목이 된다. TableColumn 객체를 생성 한 후 TableView 객체에 추가해 주면 된다. 아직 데이터가 지정되지 않은 상태로서 실행시킨다면 그 결과는 다음과 같을 것이다.

이제는 테이블 필드에 내용을 추가하여 보자. 다음과 같이 Album 클래스를 준비하도록 한다.

Example 4.12 Album 클래스

```
public class Album {
    private String title;
    private String artist;
    private int release;

    public Album(String title, String artist, int release) {
        this.title = title;
        this.artist = artist;
        this.release = release;
    }

    public String getTitle() {
        return title;
    }

    public void setTitle(String title) {
        this.title = title;
    }

    public String getArtist() {
        return artist;
    }

    public void setArtist(String artist) {
        this.artist = artist;
    }

    public int getRelease() {
        return release;
    }

    public void setRelease(int release) {
        this.release = release;
    }
}
```

Album 클래스는 title, artist, release라는 3개의 필드에 내용을 추가하기 위한 단순한 클래스이다. 이 3개의 필드와 컬럼을 맵핑하기 위해 TableColumn 클래스의 setCellValueFactory() 메서드를 이용할 수 있다. setCellValueFactory() 메서드의 인수의 형태는 ListView 클래스에서 사용하는 Callback 인터페이스이다. 다음 예에서 볼 수 있듯이 TableView 클래스에서 사용할 수 있는 대표적인 팩토리 클래스로서 javafx.scene.control.cell.PropertyValueFactory가 제공되고 있다.

Example 4.13 PropertyValueFactory 클래스의 사용

```
titleColumn.setCellValueFactory(
                new PropertyValueFactory<Album, String>("title"));

artistColumn.setCellValueFactory(
                new PropertyValueFactory<Album, String>("artist"));

releaseColumn.setCellValueFactory(
                new PropertyValueFactory<Album, Integer>("release"));
```

PropertyValueFactory 클래스는 제네릭 매개 변수 두 개가 필요하다. 첫 번째 인수는 Java Beans의 유형, 두 번째 인수는 테이블에 표시할 데이터 형식을 의미한다. 또한 생성자에 지정하는 인자는 컬럼을 부여하는 Java Beans의 속성 이름을 나타낸다.

다음으로 표시할 데이터를 준비한다. 여기서도 ObservableList 인터페이스를 사용한다. 데이터를 TableView 객체에 대응시키기 위해서는 TableView 클래스의 setItems() 메서드를 사용한다. 이제까지의 코드를 정리하면 다음과 같다.

Example 4.14 테이블에 데이터를 추가시킨 예

```
ObservableList<Album> albums
        = FXCollections.observableArrayList(
            new Album("Buffalo Springfield", "Buffalo Springfield", 1966),
                ... );

TableView<Album> table = new TableView<>();
table.setItems(albums);

// 열의 구성
TableColumn<Album, String> titleColumn = new TableColumn<>("Title");
titleColumn.setMinWidth(100);
titleColumn.setCellValueFactory(new PropertyValueFactory<Album, String>("title"));

TableColumn<Album, String> artistColumn = new TableColumn<>("Artist");
artistColumn.setMinWidth(150);
artistColumn.setCellValueFactory(new PropertyValueFactory<Album, String>("artist"));

TableColumn<Album, Integer> releaseColumn = new TableColumn<>("Release Year");
releaseColumn.setMinWidth(70);
releaseColumn.setCellValueFactory(
                new PropertyValueFactory<Album, Integer>("release"));

// 테이블에 열을 설정
table.getColumns().addAll(titleColumn, artistColumn, releaseColumn);
```

TableColumn 클래스는 기본적으로 정렬 기능을 제공하므로 컬럼의 제목 부분을 클

릭하게 되면 정렬된다. 한 번 더 클릭하면 역순으로 정렬된다. 만약 정렬이 필요 없는 경우에는 TableColumn 클래스의 setSortable() 메서드를 false로 설정하면 된다.

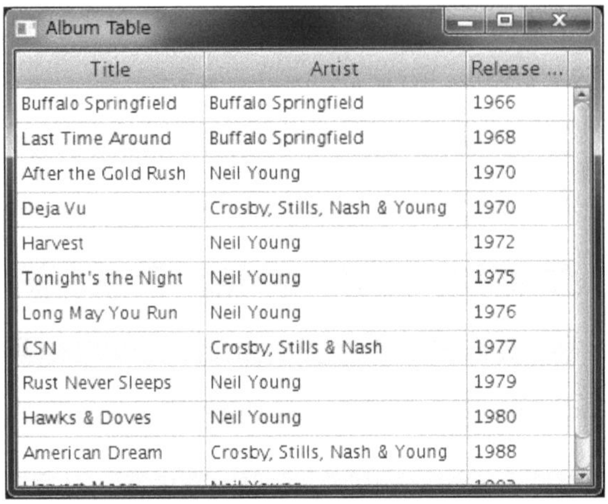

Title	Artist	Release ...
Buffalo Springfield	Buffalo Springfield	1966
Last Time Around	Buffalo Springfield	1968
After the Gold Rush	Neil Young	1970
Deja Vu	Crosby, Stills, Nash & Young	1970
Harvest	Neil Young	1972
Tonight's the Night	Neil Young	1975
Long May You Run	Neil Young	1976
CSN	Crosby, Stills & Nash	1977
Rust Never Sleeps	Neil Young	1979
Hawks & Doves	Neil Young	1980
American Dream	Crosby, Stills, Nash & Young	1988

FXML를 이용하여 GUI 구성을 하고 Java Beans와의 연결을 위한 컨트롤러 클래스 작성은 다음과 같다. 먼저 FXML로 기술한 경우를 살펴보자.

```
<TableView VBox.vgrow="SOMETIMES" fx:id="table">
    <columns>
        <TableColumn minWidth="100.0" text="Title" fx:id="titleColumn" />
        <TableColumn minWidth="150.0" text="Artist" fx:id="artistColumn" />
        <TableColumn minWidth="70.0" text="Release Year" fx:id="releaseColumn" />
    </columns>
</TableView>
```

컨트롤러 클래스는 다음과 같이 준비할 수 있을 것이다.

Example 4.15 FXML로 기술된 GUI 내용과 연동하는 컨트롤러 클래스

```
public class AlbumTableViewController implements Initializable {

    @FXML
    private TableView<Album> table;
    @FXML
    private TableColumn<Album, String> titleColumn;
    @FXML
    private TableColumn<Album, String> artistColumn;
    @FXML
    private TableColumn<Album, Integer> releaseColumn;
```

```
    ObservableList<Album> albums
        = FXCollections.observableArrayList( ... );

    @Override
    public void initialize(URL url, ResourceBundle rb) {
        table.setItems(albums);

        titleColumn.setCellValueFactory(
                new PropertyValueFactory<Album, String>("title"));
        artistColumn.setCellValueFactory(
                new PropertyValueFactory<Album, String>("artist"));
        releaseColumn.setCellValueFactory(
                new PropertyValueFactory<Album, Integer>("release"));
    }
}
```

■ 데이터의 편집

데이터 편집은 ListView 클래스와 마찬가지로 TableView 객체를 편집 할 수 있도록 편집 가능한 셀을 지정해야 한다. 또한 편집이 완료된 시점에서 모델 변경을 반영해 주어야 한다. 다음 예를 살펴보자.

Example 4.16 테이블의 편집

```
    // 테이블을 편집 가능하게 설정
    table.setEditable(true);

    // 편집이 가능한 TableCell을 생성하는 팩토리
    Callback<TableColumn<Album, String>, TableCell<Album, String>> titleFactory
                = TextFieldTableCell.forTableColumn();
    titleColumn.setCellFactory(titleFactory);

    // 편집이 완료되면, 모델에 반영시킴
    titleColumn.setOnEditCommit(new EventHandler<CellEditEvent<Album, String>>() {
        @Override
        public void handle(CellEditEvent<Album, String> event) {
            Album album =
        (Album)event.getTableView().getItems().get(event.getTablePosition().getRow());
            album.setTitle(event.getNewValue());
        }
    });
```

테이블의 셀 표현은 Cell 클래스의 서브 클래스인 javafx.scene.control.TableCell 클래스로 나타낼 수 있다. 그리고 편집 가능한 TableCell 클래스의 서브 클래스로는 javafx.scene.control.cell.TextFieldTableCell 클래스가 제공되고 있다.

TextFieldTableCell 클래스도 TextFieldListCell 클래스와 마찬가지로 팩토리를 돌려

주는 메서드이며, forTableColumn 메서드가 정의되어 있다.

편집이 완료된 경우에도 ListView 클래스의 경우와 마찬가지로 setOnEditCommit() 메서드에서 EventHandler 객체를 설정해 주어야 한다. 이때 발생하는 이벤트는 TableColumn.CellEditEvent 상황이다. 주의할 점은 TextFiledTableCell 객체를 생성하는 팩토리의 형태이다. forTableColumn() 메서드의 반환 값의 형태는 Callback <TableColumn <Album, String> TableCell <Album, String >>으로 지정되어 있다. 그리고 TableColumn 클래스와 TableCell 클래스의 제네릭의 두 번째 매개 변수가 String으로 되어 있다. 앨범 제목이 문자열이기 때문에 문제없이 처리할 수 있다.

그러나 셀에 표시하는 형식이 문자열이 아닌 경우에는 문제가 된다. 예를 들면 출시 년도가 Integer이므로 이대로는 형태가 달라질 수 있다. 이 경우 문자열로 표시하는 형식 변환기를 지정하면 된다. 컨버터로는 javafx.util.StringConverter 클래스를 사용한다. StringConverter 클래스는 추상 클래스이므로 서브 클래스에서 toString() 메서드와 fromString() 메서드 재정의를 해주어야 한다.

또한 자주 사용되는 형식을 고려하여 표준 StringConverter 클래스의 서브 클래스가 제공되고 있다. Integer 클래스의 경우, java.util.converter.IntegerStringConverter 클래스가 그 예이다. 그리고 forTableColumn() 메서드의 인수로는 StringConverter 클래스를 지정한다. 출시 년도의 경우는 다음과 같이 처리할 수 있다.

Example 4.17 StringConverter 클래스를 이용한 변환

```
// 편집 가능한 TableCell을 생성하는 팩토리
Callback<TableColumn<Album, Integer>, TableCell<Album, Integer>>
    releaseFactory
            = TextFieldTableCell.forTableColumn(new IntegerStringConverter());
releaseColumn.setCellFactory(releaseFactory);
```

Chapter 05. 프로퍼티와 바인드

GUI를 MVC 구조로 구축 한 경우, GUI에 표시되는 정보는 모델에 보관된다. 이 경우 모델과 뷰의 대응관계를 고려해야 하지만 의외로 이 관계를 대응시키는 것은 복잡한 문제이다. 이 때 유용하게 사용할 수 있는 것이 바인딩(binding)하는 기능이다.

바인딩은 두 변수를 자동으로 동기화시키는 기구이다. 그러나 모든 변수를 동기화 시킬 수 있는 것은 아니다. 바인딩을 사용할 수 있는 있도록 하는 것이 프로퍼티(Property) 이다.

▌프로퍼티

Java에서는 프로퍼티를 표현하기 위해 이전부터 Java Beans를 사용했다. 당연히 JavaFX의 프로퍼티도 Java Beans를 기반으로 하고 있다. Java Beans를 사용하는 경우, 필요에 따라 Java Beans 클래스를 직접 구현하기도 한다. JavaFX 프로퍼티 속성은 JavaFX가 제공하는 전용 클래스를 사용하여 처리한다. 대표적인 클래스는 javafx.beans.property 패키지에 정의되어 있다.

일례로 정수를 저장하는 IntegerProperty 클래스는 원시 자료형에 상응하는 프로퍼티 클래스이다. 이외에도 문자열을 저장하기 위한 StringProperty 클래스, 어떤 객체를 저장하는 ObjectProperty 클래스 등도 있다. 이들 클래스는 모두 get() 메서드로서 보유하고 있는 값을 취득하거나 set() 메서드로 값을 설정하시도 한다.

■ 프로퍼티의 기본 개념

일반적으로 프로퍼티 클래스는 추상 클래스이므로 직접 객체를 생성 할 수 없지만 이를 이용할 수 있는 구현 클래스가 당연히 준비되어 있다. 모두 클래스 이름 앞에 Simple을 붙인 클래스 형태로 제공된다. 예를 들면 SimpleIntegerProperty 클래스와 SimpleStringProperty 클래스가 대표적인 예이다. 먼저 SimpleIntegerProperty 클래스의 사용법에 대해 살펴보자.

Example 5.1 SimpleIntegerProperty 클래스의 사용

```
// 10을 저장하는 프로퍼티 생성
IntegerProperty value = new SimpleIntegerProperty(10);

System.out.println(value.get());  // 10을 출력
```

```
    // 20으로 변경
    value.set(20);
    System.out.println(value.get());  // 20을 출력
```

그런데 왜 간단한 변수를 사용하지 않고 이렇게 프로퍼티 클래스를 사용하는 걸까? 사실 단순한 변수에 어떤 값을 저장하고, 이 변수에 어떤 변화가 일어났는지 파악할 방법이 없다. 결국 어떤 변화를 감지하고 처리할 수 있는 수단이 필요한데 나중에 설명하는 바인딩이 그 대표적인 예이다.

GUI 환경에서 변화를 감지하는 것은 매우 중요하다. 모델이 변경되면 즉시 화면처리를 표시하거나 보기를 업데이트하지 않으면 안 될 것이다. 또한 사용자 입력에 의한 변경도 모델에 바로 반영시킬 필요가 있다. 이러한 변화를 감지하기 위해 프로퍼티를 사용한다.

모든 프로피티는 보유하고 있는 값이 변경되었을 때 이벤트가 발생한다. 이 이벤트를 처리하기 위해서는 ChangeListener 인터페이스를 사용한다.

Example 5.2 프로퍼티의 변화를 감지하여 이벤트 처리

```
    IntegerProperty property = new SimpleIntegerProperty(10);

    // 변경이 감지되면 이벤트 처리
    property.addListener(new ChangeListener<Number>() {
        @Override
        public void changed(ObservableValue<? extends Number> ov,
                             Number oldValue, Number newValue) {
            System.out.println("Update " + oldValue + " to " + newValue);
        }
    });

    property.set(20); // Update 10 to 20 and print the result
    property.set(30); // Update 20 to 30 and print the result
```

속성 값이 변경되면 ChangeListener 인터페이스의 changed() 메서드가 호출된다. changed() 메서드의 두 번째 인수가 변경 전의 값, 세 번째 인수가 변경 후의 값을 의미하며 첫 번째 인수의 형태는 ObservableValue 인터페이스이다. 프로퍼티 클래스는 ObservableValue 인터페이스를 구현하고 있기 때문에 실제로는 프로퍼티 객체가 전달된다. 위 예에서 set() 메서드로 값을 변경하면 바로 changed() 메서드가 호출되게 된다.

좀 더 구체적인 예를 들어보자. 슬라이더로 나타낸 값을 라벨에 표시하는 경우에도 마찬가지 상황이다. 슬라이더를 조정할 때마다 라벨에 표시되는 값도 그 변화를 감지

하여 표시해 주어야 한다.

대표적인 컨트롤러 부품인 javafx.scene.control.Slider 클래스를 사용하여 간단한 코드를 작성하여 보자. Slider 클래스는 생성자의 인수로 슬라이더의 최소치, 최대치, 초기 값을 지정하여 객체를 생성할 수 있다.

Example 5.3 슬라이더에 프로퍼티 등록으로 변화를 감지

```
Slider slider = new Slider(0, 100, 0);
slider.setShowTickLabels(true);
root.getChildren().add(slider);

final Label label = new Label("0");
root.getChildren().add(label);

slider.valueProperty().addListener(new ChangeListener<Number>() {
    @Override
    public void changed(ObservableValue<? extends Number> ov,
                        Number oldValue, Number newValue) {
        // 슬라이더의 값을 라벨에 표시
        String number = String.format("%d", newValue.intValue());
        label.setText(number);
    }
});
```

슬라이더의 값을 나타내는 속성은 valueProperty() 메서드로 취득 할 수 있으며 반환 형식은 DoubleProperty 클래스형이다. 슬라이더의 조정 탭을 움직일 때마다 속성에 대한 변화를 감지하고 changed() 메서드가 호출되며 슬라이더의 값을 문자열로 변환하여 라벨에 반영하고 있다. 말하자면 슬라이더를 움직이면 그에 따른 동기화 라벨이 업데이트가 되도록 처리한 것이다. 실행 결과는 다음과 같다.

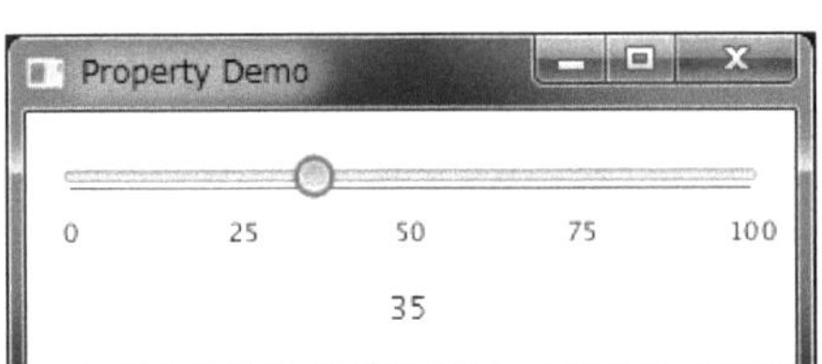

■ 프로퍼티를 가지는 클래스 작성

프로퍼티를 처리하는 클래스를 작성할 때는 몇 가지 규칙이 있다. 단순한 명명 규칙이지만 정리하면 다음과 같다.

- setter/getter 메서드 준비

● 속성 x를 반환하기 위한 xProperty 메서드 정의

좀 전의 예에서 슬라이더 값의 속성은 valueProperty() 메서드로 취득했었는데 바로 두 번째 규정에 따른 것이다. 이번에는 Ball 이라는 클래스를 작성하고 중심 좌표와 색상을 속성으로 노출하는 경우를 생각해 보자.

Example 5.4 속성 노출이 요구되는 Ball 클래스

```
class Ball {
    private DoubleProperty x;
    private DoubleProperty y;
    private ObjectProperty<Color> color
        = new SimpleObjectProperty<>(Color.BLACK);

    public Ball(double xValue, double yValue) {
        this.x.set(xValue);
        this.y.set(yValue);
    }

    public void setX(double value) {
        x.set(value);
    }

    public double getX() {
        return x.get();
    }

    public void setY(double value) {
        y.set(value);
    }

    public double getY() {
        return y.get();
    }

    public void setColor(Color value) {
        color.set(value);
    }

    public Color getColor() {
        return color.get();
    }

    public DoubleProperty xProperty() {
        return x;
    }

    public DoubleProperty yProperty() {
        return y;
    }
```

```
    public ObjectProperty<Color> colorProperty() {
        return color;
    }
}
```

JavaFX의 표준 라이브러리도 이러한 규칙에서 정의되어 있다. Button 클래스는 버튼에 표시되는 문자열은 setText/getText 메서드에 액세스 가능하며, 속성으로 취득하는 경우 textProperty() 메서드를 사용한다. 단순히 값을 설정/취득하는 경우에는 setter/getter 메서드를 사용하여 변경을 감지하고 바인딩을 할 경우 xProperty() 메서드를 사용하는 등 목적에 따라 구분하여 사용하면 된다.

▌JavaFX의 컬렉션

JavaFX에서 사용하는 컬렉션도 속성과 마찬가지로 변화를 감지 할 수 있다. JavaFX에서 제공하는 컬렉션 인터페이스는 다음 3 종류이다. 모두 javafx.collections 패키지에 정의되어 있는 것들이다.

- ObservableList
- ObservableMap
- ObservableSet

이들 컬렉션 인터페이스는 각각 java.util.List 인터페이스, java.util.Map 인터페이스, java.util.Set 인터페이스의 하위 인터페이스로 정의된 것이다. 기본적인 사용법도 List 인터페이스 등과 동일하다.

일반 컬렉션과 다른 점은 구현 클래스를 제공하지 않는 점과 컬렉션을 유지하는 요소가 변경된 경우 이벤트가 발생한다는 점을 들 수 있다. 따라서 유틸리티 클래스로 제공되는 FXCollections 클래스를 사용하여 객체 생성을 하여야 한다. ObservableList 객체는 observableList() 메서드 또는 observableArrayList() 메서드로 생성하면 된다. ObservableMap 객체와 ObservableSet 객체도 비슷한 방법이 정의되어 있다.

컬렉션을 유지하고 있는 요소의 변경 탐지는 프로퍼티와 동일하다. ObservableList 인터페이스의 경우 이벤트 리스너로 ListChangeListener 인터페이스를 사용한다. 마찬가지로 MapChangeListener 인터페이스, SetChangeListener 인터페이스가 제공되고 있다.

다음 예는 FXCollections 클래스를 이용하여 ObservableList 인터페이스의 객체를 생성하고 리스트의 요소가 추가된 경우에 이를 탐지하여 그 내용을 출력하는 이벤트 처리 예이다.

Example 5.5 리스트 컬렉션의 속성 감시

```
// 정수를 가지고 있는 리스트
ObservableList<Integer> numbers = FXCollections.observableArrayList(0, 1, 2, 3);

// 리스트 요소의 변경에 대한 이벤트 처리
numbers.addListener(new ListChangeListener<Integer>() {
    @Override
    public void onChanged(Change<? extends Integer> change) {
        while(change.next()) {
            if (change.wasAdded()) {
                // 요소가 추가된 경우, 추가된 요소를 출력
                System.out.println("Add: " + change.getAddedSubList());
            }
        }
    }
});

numbers.add(4);
numbers.set(2, 10);
numbers.addAll(5, 6, 7, 8);
```

요소의 변경 이벤트 처리는 addListener() 메서드에서 ListChangeListener 객체를 등록하여 설정하고 있다. ListChangeListener 인터페이스는 리스트 요소의 변경이 발생한 경우 onChanged() 메서드를 호출하게 된다. onChanged() 메서드의 인수의 형태는 ListChangeListener.Change 클래스이다.

Change 클래스는 리스트의 변경에 대한 정보를 얻을 수 있는 다양한 메서드가 정의되어 있다. 예를 들어, 리스트에 대한 변경의 종류를 나타내는 wasX() 메서드가 있다. 예제에서 리스트에 요소를 추가하는 경우의 메서드를 wasAdded() 형태로 지정되어 있다. 그리고 next() 메서드를 이용하여 리스트의 변경 사항이 요약된 것을 포함하여 하나하나 꺼내어 어떤 변화인지를 확인하고 이에 따른 정보를 취득하고 있다.

목록에 대해 set() 메서드에서 요소를 업데이트 할 요소가 추가 된 것으로 간주하고 있다. 사실, 이 때 wasAdded() 메서드, wasRemoved() 메서드, wasUpdated() 메서드의 세 가지 메서드가 true를 반환하게 된다. List 인터페이스의 set() 메서드는 요소를 제거하고 그 자리에 다른 요소를 추가했다고 생각하면, 추가, 삭제, 업데이트의 3 가지 이벤트가 동시에 발생해도 이상하지 않다. 따라서 wasX() 메서드는 각각 독립이 아니라 동시에 발생할 수도 있다.

▌바인드

■ 바인딩의 기본 개념

바인딩은 속성끼리 자동으로 동기화시키는 개념이다. 바인딩하려면 bind() 메서드를 사용하면 된다. 다음 예제를 참고하라.

Example 5.6 두 변수의 바인딩 처리

```
IntegerProperty x = new SimpleIntegerProperty(0);
IntegerProperty y = new SimpleIntegerProperty();

// y를 x에 바인딩 처리
y.bind(x);

System.out.println(y.get());  // 0을 출력

x.set(10);
System.out.println(y.get());  // 10을 출력
x.set(20);
System.out.println(y.get());  // 20을 출력
```

위 예에서 변수 y가 x에 자동으로 동기화된다. 즉, x의 값을 변경하면 자동으로 y의 값도 변경된다는 의미이다. 기억해 둘 점은 바인딩 처리 시 지연 평가되고 바인딩 속성이 사용될 때 비로서 평가된다는 점이다. 즉 변수 y가 System.out.println() 메서드로 출력 될 때 평가된다.

지연 평가가 이루어지는 것을 감지하려면 javafx.beans.InvalidationListener 인터페이스를 사용하여야 하는데 다음 예제를 살펴보자.

Example 5.7 지연 평가의 감지 예

```
IntegerProperty x = new SimpleIntegerProperty(0);
IntegerProperty y = new SimpleIntegerProperty();

// y를 x에 바인딩 처리
y.bind(x);
// 지연 평가시 이벤트 처리
y.addListener(new InvalidationListener() {
    @Override
    public void invalidated(Observable o) {
        System.out.println("Invalidate: " + o);
    }
});

System.out.println(y.get());
```

```
x.set(10);
x.set(20);
System.out.println(y.get());
```

예제를 실행시키면 다음과 같다.

```
C:\javafx>java -jar binddemo.jar BindDemo
Invalidate: IntegerProperty [bound, invalid]
0
Invalidate: IntegerProperty [bound, invalid]
20
```

실행 결과를 보면 invalidated() 메서드가 2회 밖에 호출되지 않은 것을 알 수 있다. 즉, 속성 x를 변경 한 때에는 호출되지 않고, System.out.println 메서드에서 속성 y에 액세스 할 때 평가가 이루어지고 있음을 알 수 있다. 만약 프로퍼티 속성에 ChangeListener 객체를 설정 한 경우, 바인딩은 지연 평가되지 않고 즉시 평가된다.

문제는 어디에 바인딩 개념을 사용하면 좋을까? 가장 일반적으로 사용되는 모델과 뷰, 컨트롤러와 모델의 대응관계에서 이러한 상황은 자주 발생한다. 한 가지 예로서 슬라이더와 프로그래스바(진행률 표시)를 사용하여 모델과 뷰와의 연계성을 살펴보도록 하자. 여기에서 모델의 속성으로 value를 사용하고 있다.

Example 5.8 모델과 뷰의 연계성 확인

```
// 모델
private DoubleProperty value = new SimpleDoubleProperty();

private void init(VBox container) {
    Slider slider = new Slider(0, 1, 0);
    slider.setShowTickLabels(true);
    slider.setShowTickMarks(true);
    slider.setMajorTickUnit(0.2);
    slider.setMinorTickCount(1);
    container.getChildren().add(slider);

    // value를 슬라이더의 값으로 바인딩 처리
    value.bind(slider.valueProperty());

    ProgressBar bar = new ProgressBar();
    container.getChildren().add(bar);

    // 프로그래스바의 진행율을 value로 바인딩 처리
```

```
        bar.progressProperty().bind(value);
    }
```

예에서 속성 value를 슬라이더의 값에 바인딩하고 있다. 즉 슬라이더를 사용하면 그 값이 속성 value에 반영되도록 한 것이다. 그리고 진행률 표시 줄(프로그래스바)의 진행률은 속성 value에 바인딩 되고 있기 때문에, 속성 value가 변경되면 진행률 표시 줄의 표시도 변화하게 된다. 매우 간단한 예를 들었지만 이보다 더 복잡한 상황에서도 기본 원리는 동일하므로 참고하기 바란다.

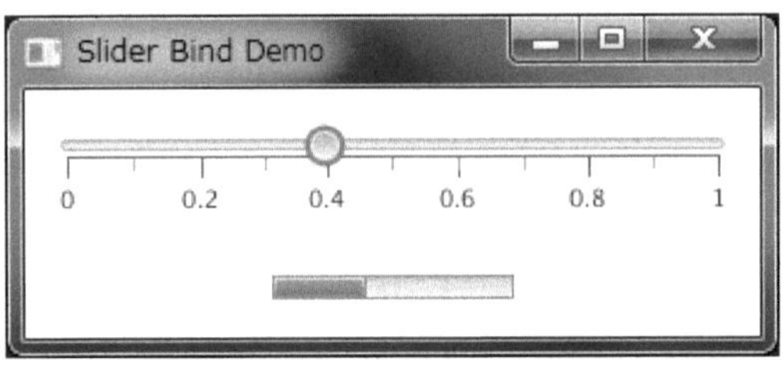

■ 바인드 연산

좀 전에 소개한 예제에서 슬라이더가 0에서 1로 범위 지정이 되어 있는데 진행률을 표시하는 프로그래스바는 0에서 100%로 변하게 되어 약간 위화감이 들 수도 있다. 우선 슬라이더도 0에서 100으로 변하도록 하여보자. 하지만 진행률 표시 줄의 설정은 0에서 1.0이므로 그대로 바인딩 하면 의도한대로 동작되지 않을 것이다. 다음과 같이 바인딩 과정에 연산 처리를 추가하여 보자.

Example 5.9 바인딩 연산의 추가

```
    Slider slider = new Slider(0, 100, 0);
    ....

    // 슬라이더의 값을 10으로 나눈 뒤 value를 바인딩 한다
    value.bind(Bindings.divide(slider.valueProperty(), 100.0));
```

슬라이더의 값을 100으로 나누어 그것을 value에 바인딩 하였다. 이러한 연산을 수행하려면 바인딩의 유틸리티 클래스인 javafx.binding.Bindings 클래스를 사용하여야 한다.

divide() 메서드는 첫 번째 인수의 속성을 두 번째 인수로 나누는 기능을 수행한다. divide() 메서드의 반환 형식은 숫자 바인딩을 나타내는 NumberBinding형으로서 javafx.bean.binding.NumberBinding에 정의된 클래스이다.

실행 결과를 살펴보면 이전과는 다르게 작동할 것이다.

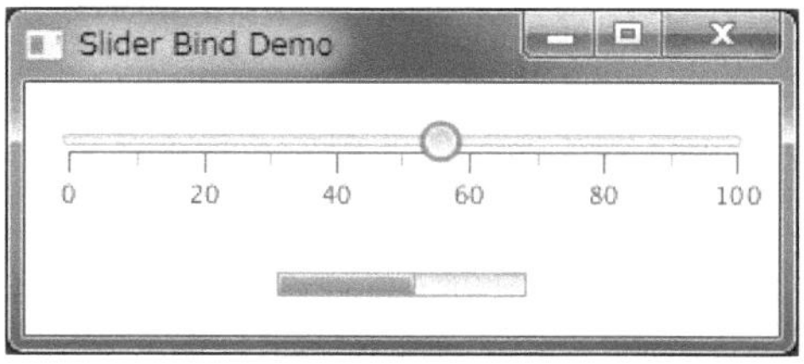

Bindings 클래스는 divide() 메서드 이외에도 많은 연산 메서드가 정의되어 있다. 예제에서는 속성과 수치 연산이었지만, 속성끼리의 연산도 가능하다. 이를 확인하기 위해 두 개의 슬라이더의 값을 합한 수치를 진행률 표시 줄에 표시하고자 한다면 다음과 같이 할 수 있다.

Example 5.10 속성끼리의 바인딩 연산

```
// 슬라이더 값을 서로 더한 뒤에 100으로 나누고 value에 바인딩 처리
value.bind(Bindings.add(slider1.valueProperty(), slider2.valueProperty())
                          .divide(100.0));
```

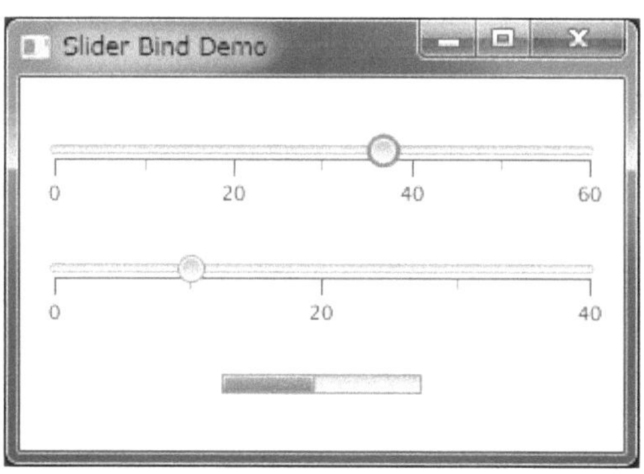

두 개의 슬라이더를 조정할 때마다 값이 변경되고, 변경 될 때마다 계산하기 때문에 성능이 저하 될 것처럼 느껴질지도 모른다. 그러나 바인딩은 지연 평가되고 실제로 사용할 때 계산되므로 효율적으로 처리되고 있는 것을 알 수 있다. 위의 경우에는 진행률 표시 줄을 다시 그릴 때 바인딩이 평가된다.

■ 양방향 바인드

일반 바인딩은 동기화의 방향이 단방향이다. 먼저 다음 코드를 살펴보자.

Example 5.11 속성끼리의 바인딩 연산 시도

```
IntegerProperty x = new SimpleIntegerProperty(0);
IntegerProperty y = new SimpleIntegerProperty();

// y를 x에 바인딩 처리
y.bind(x);

// 예외 발생부분: 바인드된 프로퍼티를 갱신
y.set(30);
```

변수 y는 x에 바인딩하고 있기 때문에, y 자체를 업데이트 할 수 없다. 위의 코드를 실행시키면 마지막 구문에서 RuntimeException 예외가 발생한다. 그럼에도 불구하고 이처럼 바인딩을 양방향으로 하고 싶을 수도 있다. 이런 상황에서는 bind() 메서드가 아닌 bindBidirectional() 메서드를 지정하여 사용하면 된다. 예를 들어, 두 텍스트 영역 모두에서 편집 할 수 있도록 기능을 부여하는 것으로 가정하자.

Example 5.12 양방향 바인딩

```
TextArea area1 = new TextArea();
root.getChildren().add(area1);

TextArea area2 = new TextArea();
root.getChildren().add(area2);

// 양방향 바인딩 처리
area1.textProperty().bindBidirectional(area2.textProperty());
```

TextArea 클래스는 문자열의 속성을 textProperty 메서드로 처리할 수 있다. 그리고 bindBidirectional() 메서드를 이용하여 양방향 바인딩 처리를 하고 있다. 이렇게 하면 두 텍스트 영역에서 텍스트를 편집 할 수 있고, 한 쪽에서의 편집 내용이 다른 텍스트 영역에 자동으로 반영된다.

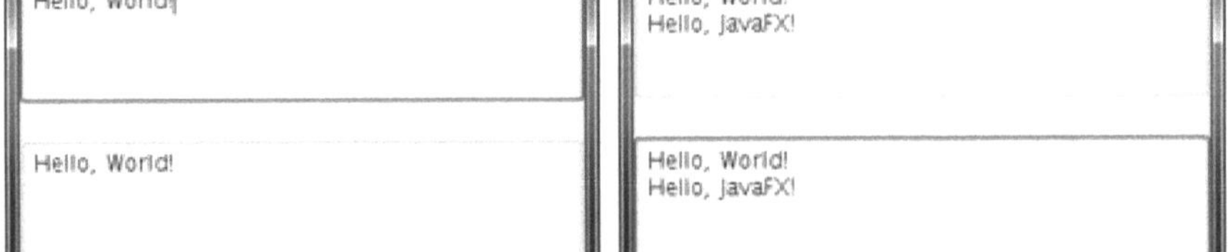

■ 저수준 바인드 API

지금까지는 단순히 속성끼리 바인딩 되거나 연산을 하는 수준이었다. 말하자면 고수준 바인딩 API를 사용하여 원하는 기능을 구현한 것이다.

그러나 높은 수준의 API는 복잡한 연산을 포함하여 바인딩을 효율적으로 처리하는 경우에도 지연 평가를 실시하게 된다. 또한 높은 수준의 API는 서로 다른 타입(자료형)의 속성 바인딩 기능은 아직 지원되지 않는다. 그래서 필요한 것이 저수준 API의 도입이다. 주로 바인딩 클래스의 computeValue() 메서드를 오버로딩(oveloading)하여 바인딩을 제공한다.

먼저 3개의 숫자 속성에 해당하는 색상을 처리할 수 있도록 저수준 API로 실현시켜 보자. 세 가지 수치는 각각 슬라이더로 나타낼 수 있고, 사각형의 색상을 세 가지 슬라이더로 결정할 수 있게 구현시켜 보자.

Example 5.13 저수준 API를 이용한 바인딩

```
private void init(VBox container) {
        // 폭과 높이가 200x100인 사각형
        Rectangle rectangle = new Rectangle(200, 100);
        container.getChildren().add(rectangle);

        final Slider slider1 = new Slider(0, 1.0, 0.5);
        container.getChildren().add(slider1);

        final Slider slider2 = new Slider(0, 1.0, 0.5);
        container.getChildren().add(slider2);

        final Slider slider3 = new Slider(0, 1.0, 0.5);
        container.getChildren().add(slider3);

        // 저수준 API로 슬라이더로부터 Color 객체로 연결하는 바인딩 클래스 작성
        ObjectBinding<Color> objectBinding = new ObjectBinding<Color>() {

            {
                super.bind(slider1.valueProperty(),
                           slider2.valueProperty(),
                           slider3.valueProperty());
            }

            @Override
            protected Color computeValue() {
                // 슬라이더의 값을 토대로 Color 객체를 생성
                return Color.color(slider1.valueProperty().get(),
                                   slider2.valueProperty().get(),
                                   slider3.valueProperty().get());
            }
```

```
        };

        // 사각형의 색상에 바인딩 처리
        rectangle.fillProperty().bind(objectBinding);
    }
```

바인딩 대상은 Color 객체이므로 ObjectBinding 클래스의 하위 클래스를 정의하고 있다. Color 클래스는 제네릭 매개 변수로 지정해 둔다. compueValue() 메서드에서는 슬라이더의 값을 RGB로 진단해 Color 객체를 생성시키고 있다. 이를 실행시켜 보면 슬라이더를 움직일 때마다 상단에 있는 사각형의 색상이 연동하여 변하게 될 것이다.

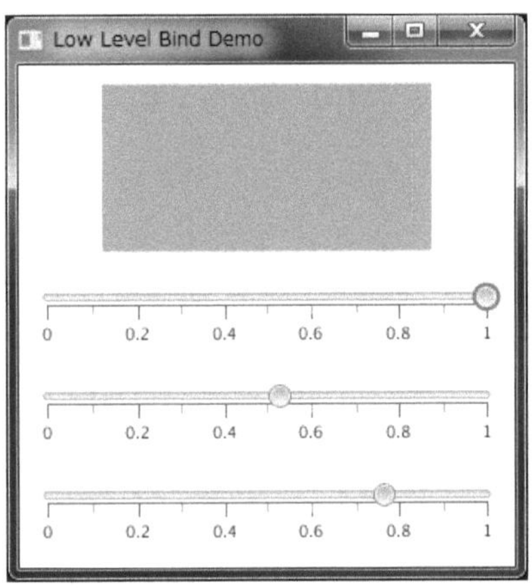

Chapter 06. 배치 관리자

컨테이너(Container)는 여러 노드(Node)를 붙이기 위한 노드이다. 그리고 컨테이너에 부착하는 방법으로서 노드의 배치를 실시하는 것이 레이아웃이다.

Swing의 경우는 컨테이너의 기능과 레이아웃 기능이 분리되어 있어 각각 java.awt.Container 클래스, java.awt.LayoutManager 인터페이스로 처리한다. 이에 대해 JavaFX는 컨테이너에 레이아웃 기능이 포함되어 있는 점이 다르다.

▮Node의 크기

레이아웃 기능을 소개하기 전에 레이아웃에서 필수 정보인 노드의 크기에 대해 알아보자. 노드의 크기를 직접 지정할 수 없다. 크기를 결정하는 것은 레이아웃 기능이기 때문이다. 노드에서 할 수 있는 레이아웃 기능은 크기를 결정하기 위한 정보를 제공할 뿐이다. 노드에서 지정할 수 있는 크기를 결정할 때는 다음과 같이 3가지 정보를 이용하게 된다.

- 최소 크기: minWidth, minHeight
- 권장 사이즈: prefWidth, prefHeight
- 최대 크기: maxWidth, maxHeight

레이아웃의 종류에 따라 권장 크기를 그대로 사용하기도 하고 사용하지 않을 수도 있다. 중요한 것은 대부분의 레이아웃에서 최소 크기와 최대 크기는 보호된다는 점이다. 즉 크기 조정하고 축소 한 경우에도 최소 크기보다 작을 수는 없고, 확대해도 최대 크기보다 클 수는 없다.

그런데 Node 클래스는 prefWidth과 preHeight 등의 속성을 정의하지 않는다. 하지만 컨트롤이나 컨테이너는 모든 prefWidth과 prefHeight 등의 속성 사용이 가능하다. 폭과 높이를 설정하는 메서드는 setPrefSize(), setMinSize(), setMaxSize()가 있다.

또한 Button 클래스와 Label 클래스 등은 표시할 문자열 등에서 최소 크기, 권장 크기 및 최대 크기가 자동으로 설정된다. 물론 이 정보는 다시 설정할 수도 있다.

▮컨테이너

JavaFX는 컨테이너에 레이아웃 기능이 포함되어 있다. 따라서 레이아웃에 따라 컨테이너 클래스가 제공되고 있다고 보면 된다. 컨테이너 클래스를 레이아웃의 종류별로 정리한 내용은 다음 표를 참고하라.

클래스	설명
Group	레이아웃 없음
FlowPane	단순하게 나열
HBox	수평 방향으로 나열
VBox	수직 방향으로 나열
BorderPane	영역을 5분할하여 배치
AnchorPane	엣지와 거리로 레이아웃
StackPane	중첩하여 배치(카드 형식)
TilePane	모두 동일 사이즈로 나열
GridPane	격자 구조로 나열

레이아웃을 행하지 않는 컨테이너는 Group, javafx.scene 패키지, 그렇지 컨테이너는 javafx.scene.layout 패키지에 정의되어 있습니다. 클래스 구성에서 자식 노드를 취할 수 있도록 하려면 Node 클래스의 하위 클래스인 javafx.scene.Parent 클래스의 서브 클래스를 정의해야 힌다. 예를 들어, Group 클래스는 Parent 클래스의 서브 클래스에 해당된다.

하지만 Parent 클래스는 레이아웃 기능을 포함하고 있지 않다. 레이아웃 기능을 포함시키려면 javafx.scene.layout.Pane 클래스의 하위 클래스를 정의해야 한다. 표에서 Group 클래스 이외의 클래스는 모두 Pane 클래스의 하위 클래스들이다.

그리고 javafx.scene.Region 클래스는 Pane 클래스의 슈퍼 클래스로서 영역을 가진 컨테이너를 표현한다. 그리고 Region 클래스의 슈퍼 클래스가 Parent 클래스이다. 컨트롤도 컨테이너로 처리 할 수 있는 클래스가 존재한다. 예를 들어, ScrollPane 클래스, TabPane 클래스, Accordion 클래스 등이 컨테이너의 기능도 겸비하고 있다.

■ Group

Group 클래스는 레이아웃 기능이 없기 때문에 여러 노드를 정리하기 위한 클래스 정도로 이해하면 좋을 것이다. Group 클래스의 슈퍼 클래스인 Parent 클래스는 자식 노드를 유지시키기 위해 children 속성을 가지고 있다. children 속성의 형태는 ObservableList<Node> 클래스이다. 따라서 Group 객체에 자식 요소를 추가하려면 이 children 속성에 노드를 추가시켜 주어야 한다.

Example 6.1 Group 객체에 자식 요소의 추가

```
Group group = new Group();

// 자식 노드의 추가
for (int i = 0; i < 10; i++) {
    Button button = new Button("Button" + i);
    group.getChildren().add(button);
}
```

사실 Group 클래스는 레이아웃 기능이 없기 때문에 자식 요소는 권장 크기로 표시된다. 또한 기본적으로 노드 그룹 영역의 왼쪽 상단에 표시된다. 따라서 위에서 예를 든 코드의 경우는 자식 노드들이 모두 왼쪽 위에 위치하게 된다. 원하는 위치로 자식 노드를 이동시킬 때는 다음과 같이 setLayoutX(), setLayoutY() 메서드를 이용하면 된다.

Example 6.2 자식 노드의 표시 위치의 조정

```
Group group = new Group();

// 자식 노드의 추가
for (int i = 0; i < 10; i++) {
    Button button = new Button("Button" + i);

    // 표시 위치를 조정
    button.setLayoutX(i * 30.0);
    button.setLayoutY(i * 15.0);

    group.getChildren().add(button);
}
```

Group 클래스는 레이아웃을 실시하지 않으므로 setLayoutX(), setLayoutY() 메서드에서 지정한 위치에 표시된다. 컨테이너에 따라 setLayoutX(), setLayoutY() 메서드에 의해 표시 위치를 조정해도 효과가 없을 수 있으므로 주의가 필요하다.

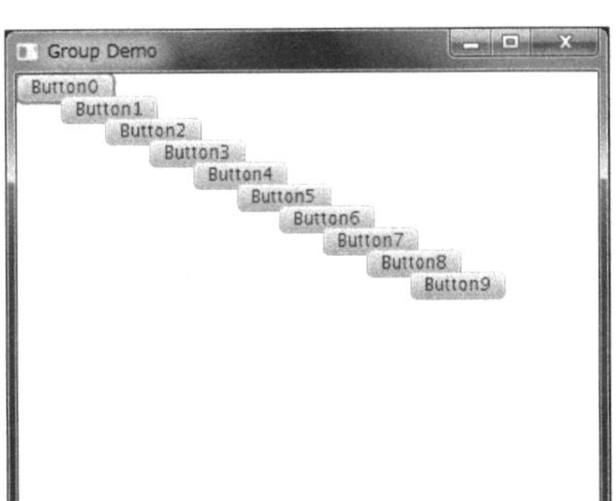

동일하게 GUI 내용을 FXML로 기술하면 다음과 같이 기술할 수 있다. 자식 노드는 <children> 요소로 내용을 기술할 수 있다.

```
<Group xmlns:fx="http://javafx.com/fxml">
  <children>
    <Button layoutX="0.0" layoutY="0.0" text="Button0" />
    <Button layoutX="30.0" layoutY="15.0" text="Button1" />
    <Button layoutX="60.0" layoutY="30.0" text="Button2" />
    <Button layoutX="90.0" layoutY="45.0" text="Button3" />
    <Button layoutX="120.0" layoutY="60.0" text="Button4" />
    <Button layoutX="150.0" layoutY="75.0" text="Button5" />
    <Button layoutX="180.0" layoutY="90.0" text="Button6" />
    <Button layoutX="210.0" layoutY="105.0" text="Button7" />
    <Button layoutX="240.0" layoutY="120.0" text="Button8" />
    <Button layoutX="270.0" layoutY="135.0" text="Button9" />
  </children>
</Group>
```

Group 클래스는 사각형이나 원형 등을 나타내는 도형을 표시하는 경우에 자주 사용된다. 또 다른 용도로서 여러 노드를 한꺼번에 확대 및 축소 등을 실시하거나, 그림자 등의 효과를 주는 경우에 유용하다.

■ FlowPane

FlowPane 클래스는 지정된 방향으로 노드를 나란히 표시하며 표시할 할 공간이 없으면 다음 단계부터 다시 늘어나는 레이아웃 기능을 처리하는 컨테이너이다. 기본적으로 수평 방향으로 나열하지만, 수직 방향으로도 정렬 시킬 수 있다. FlowPane 클래스의 레이아웃은 Swing/AWT에서 제공되는 java.awt.FlowLayout 클래스에 상응한다. 사용 방법은 다음과 같이 매우 단순하다.

Example 6.3 FlowPane 클래스를 이용한 레이아웃

```
// 수평 방향의 노드 사이 간격은 8, 수직 방향으로의 간격은 4로 설정
// FlowLayout 객체 생성
FlowPane flowPane = new FlowPane(8, 4);

// FlowLayout 객체의 권장 크기를 설정
flowPane.setPrefSize(400, 300);

// 자식 노드의 추가
for (int i = 0; i < 10; i++) {
    Button button = new Button("Button" + i);
    flowPane.getChildren().add(button);
```

```
        }
```

FlowPane 클래스의 생성자는 자식 노드 간의 수평 방향과 수직 방향의 간격을 지정한다. 또한 일렬 방향을 지정할 수도 있다. FlowPane 객체를 생성한 뒤 그저 자식 노드를 추가해 나갈 뿐이다. 코드를 실행시키면 자식 노드는 권장 크기로 표시되는 것을 확인할 수 있을 것이다.

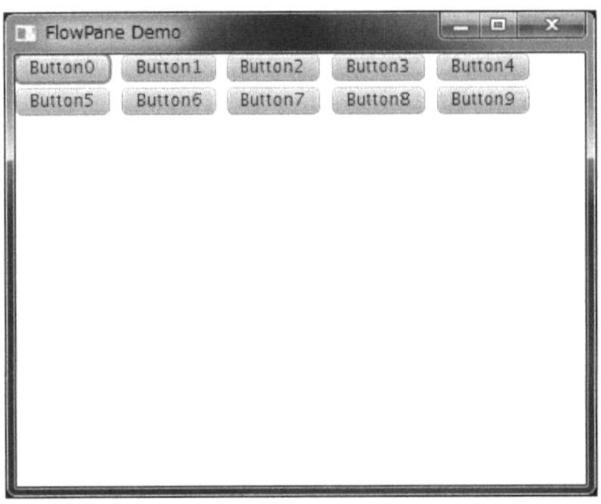

실행 결과에 드러나는 문제점은 자식 노드가 FlowPane 객체의 경계에 붙어 배치되어 버리는 것이다. 이럴 때 자식 노드 주변에 여백을 설정하여 배치하도록 패딩을 설정하는 기능이 필요하며 javafx.geometry.Insets 클래스를 이용하여 여백을 조정할 수 있다. 패딩은 padding 속성으로 표시된다. 다음 예는 상하 12, 좌우가 24로 패딩을 설정한 예이다.

Example 6.4 FlowPane 클래스에 패딩을 설정

```
// 수평 방향의 노드 사이 간격은 8, 수직 방향으로의 간격은 4로 설정
// FlowLayout 객체 생성
FlowPane flowPane = new FlowPane(8, 4);

// 상하 방향으로 12, 좌우로는 24로 패딩을 설정
flowPane.setPadding(new Insets(12, 24, 12, 24));

...
```

padding 속성의 설정은 setPadding() 메서드로 하면 된다. Insets 클래스의 생성자는 순서대로 위, 왼쪽, 아래, 오른쪽의 순서로 거리를 지정한다. 다음 실행 결과를 보면 그 차이를 확인할 수 있을 것이다. 자식 노드 주위에 공백이 삽입된 것에 주목하라.

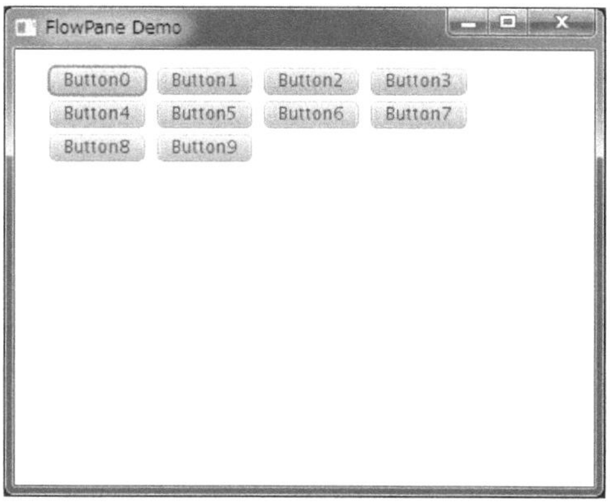

마찬가지로 자식 노드에도 여백을 설정할 수 있다. 여백을 설정하면 배치된 자식 노드의 영역과 자식 노드 사이에 공백이 설정된다. 여백을 설정하는 것은 FlowPane 클래스의 static 메서드인 setMargin() 메서드이다. 다음 예는 Button0 객체만을 대상으로 여백을 설정한 경우이다.

Example 6.5 버튼 객체에 여백을 설정

```
Button button0 = new Button("Button0");
FlowPane.setMargin(button0, new Insets(20, 20, 20, 20));
flowPane.getChildren().add(button0);

for (int i = 1; i < 10; i++) {
    Button button = new Button("Button" + i);
    flowPane.getChildren().add(button);
}
```

setMargin() 메서드는 첫 번째 인수에 여백을 설정하려는 노드를 지정하고, 두 번째 인수에 여백을 나타내는 Insets 오브젝트를 지정한다. 여기에서는 상하좌우 모두 20으로 Insets 객체를 지정했다. 실행 결과는 다음과 같다.

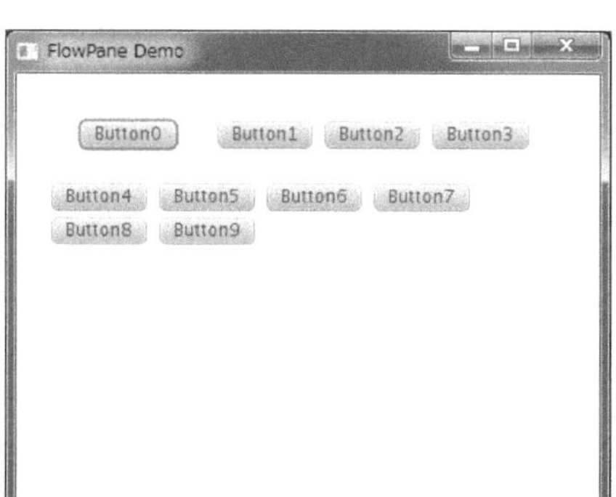

Button0 주위의 공간이 넓어진 것을 알 수 있다. FlowPane 클래스는 기본적으로 왼쪽 정렬을 기준으로 자식 노드를 배치한다. 세부적인 정렬 방법을 지정하고자 할 때는 alignment 속성에서 enum의 javafx.geometry.Pos로 설정하면 된다. 왼쪽 정렬의 경우는 Pos.TOP_LEFT, 중앙 정렬은 Pos.CENTER이다.

Example 6.6 자식 노드의 중앙 배치

```
// 수평 방향의 노드 사이 간격은 8, 수직 방향으로의 간격은 4로 설정
// FlowLayout 객체 생성
FlowPane flowPane = new FlowPane(8, 4);

// 중앙 정렬 설정
flowPane.setAlignment(Pos.CENTER);
...
```

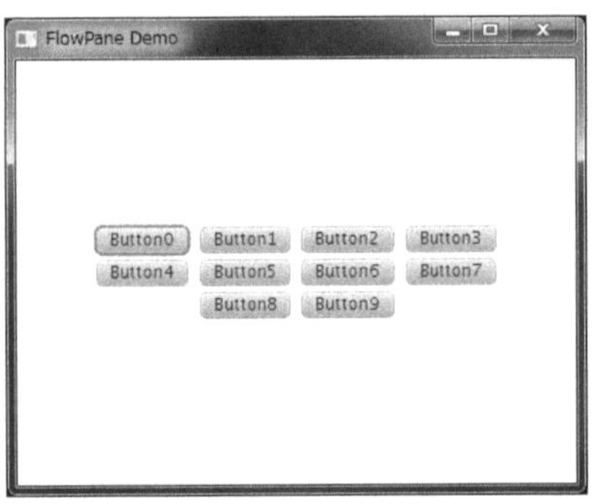

padding 속성은 Region 클래스에 정의되어 있기 때문에, Group 클래스를 제외한 모든 컨테이너에 지정할 수 있다. 위 예를 FXML로 기술하면 다음과 같다.

```
<FlowPane alignment="CENTER" hgap="8.0" vgap="4.0" prefHeight="300.0"
          prefWidth="400.0" xmlns:fx="http://javafx.com/fxml">
  <padding>
    <Insets top="12.0" bottom="12.0" left="24.0" right="24.0" />
  </padding>
  <children>
    <Button text="Button0">
      <FlowPane.margin>
        <Insets top="20.0" bottom="20.0" left="20.0" right="20.0" />
      </FlowPane.margin>
    </Button>
    <Button text="Button1" />
    ...
    <Button text="Button9" />
  </children>
</FlowPane>
```

■ HBox/VBox

HBox/VBox 클래스는 겹쳐지지 않고 레이아웃을 실시하는 컨테이너 클래스이다. HBox 클래스는 수평 방향, VBox 클래스는 수직 방향으로 배치합니다.

HBox/VBox 클래스에 직접 대응하는 Swing/AWT의 레이아웃 매니저는 존재하지 않는다. 그러나 javax.swing.BoxLayout 클래스가 HBox/VBox 클래스 기능을 포함하고 있다고 생각할 수 있다. HBox/VBox 클래스의 사용법은 FlowPane 클래스와 거의 동일하다.

Example 6.7 HBox를 이용한 자식 노드 배치

```
HBox hbox = new HBox(8);
hbox.setPrefSize(400, 300);
hbox.setPadding(new Insets(12));

for (int i = 0; i < 4; i++) {
    Button button = new Button("Button" + i);
    hbox.getChildren().add(button);
}
```

HBox 클래스의 생성자의 인수는 수평 노드 사이의 거리를 나타낸다. 또한 정렬이나 자식 노드의 여백도 설정할 수 있다. 기본 정렬은 왼쪽(Pos.TOP_LEFT)이다.

실행 한 결과가 다음과 같다.

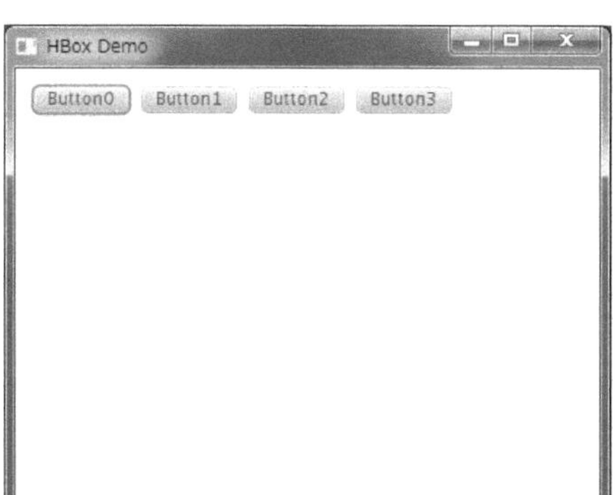

FlowPane 클래스에는 없는 기능으로 노드의 크기를 늘리고, 남은 공간을 채우는 기능이 제공된다. HBox 클래스의 경우 수직 방향으로 연장할지 여부는 fillHeight 속성으로 지정한다. 또한 수평 방향으로는 static 메서드 setHgrow() 메서드를 사용하여 지정된 노드만 늘릴 수 있습니다. 모두 최대 크기인 maxWidth/maxHeight 속성 값

까지 연장 가능하다.

VBox도 마찬가지로 수평으로 fillWidth 속성, 수직으로는 setVgrow() 메서드로 지정할 수 있다. 다음 예는 HBox에 fillHeight 속성을 설정하며 Button0 객체만 수평 방향으로 늘리도록 하였다.

Example 6.8 HBox 속성 지정으로 자식 노드의 크기를 늘리는 경우

```
HBox hbox = new HBox(8);
hbox.setPrefSize(400, 300);
hbox.setPadding(new Insets(12));

// 수직 방향으로 늘리기
hbox.setFillHeight(true);

Button button0 = new Button("Button0");

// 최대 크기를 double의 최대 값으로 설정
// 최대 크기까지 늘어남
button0.setMaxSize(Double.MAX_VALUE, Double.MAX_VALUE);

// 남은 영역이 있으면 항상 늘리 수 있다
HBox.setHgrow(button0, Priority.ALWAYS);
hbox.getChildren().add(button0);

for (int i = 1; i < 4; i++) {
    Button button = new Button("Button" + i);
    button.setMaxSize(Double.MAX_VALUE, Double.MAX_VALUE);
    hbox.getChildren().add(button);
}
```

fillHeight(true)로 설정하여 수직 방향으로 연장시킬 수 있다. 그러나 Button 클래스는 최대 크기가 권장 크기와 동일한 값으로 되어 있으므로 늘리려고 하여도 늘어나지 않을 것이다. 그래서 setMaxSize() 메서드에서 최대 크기를 double의 최댓값으로 설정해 준 것이다.

그리고 Button0 객체만 수평 방향으로 늘리기 위해 setHgrow() 메서드를 호출하고 있다. setHgrow() 메서드의 두 번째 인수는 enum 타입의 Priority 클래스형으로서 javafx.scene.layout.Priority 클래스에는 ALWAYS와 SOMETIMES, NEVER 세 가지 값을 지정할 수 있다. 여기에서는 항상 늘리는 조건으로 ALWAYS를 지정했다. 실행 결과는 다음과 같다.

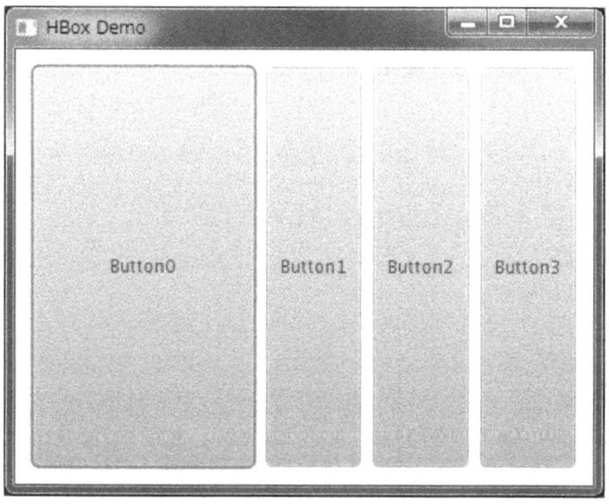

실행 결과를 보면 Button0 객체만 수평으로 늘어난 것을 알 수 있다. 또한 이렇게 크기를 늘릴 수 있도록 해두면 컨테이너 크기가 변하더라도 그에 따라 자식 노드의 크기가 조정된다. 다음 결과는 스테이지(화면)를 확대한 경우에 해당된다.

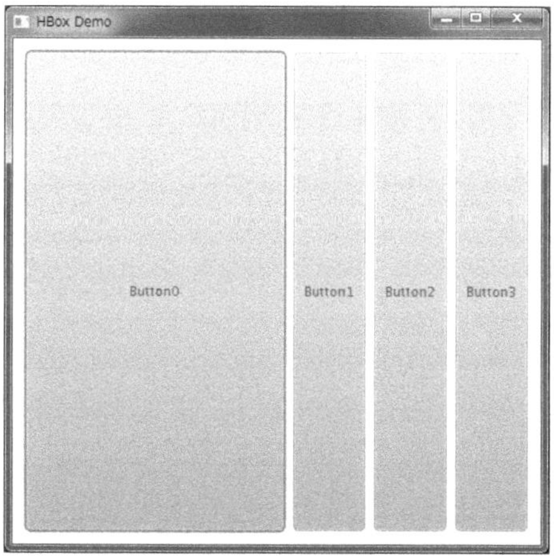

또한 컨테이너 크기를 조정하고 축소시킨 경우, 자식 노드는 최소 크기(minWidth/minHeight)까지 축소 가능하다. 그러나 그 이후는 감소하지 않기 때문에 컨테이너의 표시 영역에서 불거져 버릴 수 있다. 이를 방지하려면 컨테이너의 최소 크기를 자식 노드의 최소 크기에서 계산하고 설정하는 ScrollPane 클래스 등을 사용하여 스크롤 막대를 표시하는 등의 조치가 필요할 것이다.

참고로 FXML로 동일한 기능을 수행하는 내용을 다음과 같이 기술할 수 있다.

```
<HBox fillHeight="true" prefHeight="300.0" prefWidth="400.0" spacing="8.0"
        xmlns:fx="http://javafx.com/fxml">
  <children>
    <Button maxHeight="1.7976931348623157E308"
maxWidth="1.7976931348623157E308" text="Button0" HBox.hgrow="ALWAYS" />
    <Button maxHeight="1.7976931348623157E308"
maxWidth="1.7976931348623157E308" text="Button1" />
    <Button maxHeight="1.7976931348623157E308"
maxWidth="1.7976931348623157E308" text="Button2" />
    <Button maxHeight="1.7976931348623157E308"
maxWidth="1.7976931348623157E308" text="Button3" />
  </children>
  <padding>
    <Insets bottom="12.0" left="12.0" right="12.0" top="12.0" />
  </padding>
</HBox>
```

■ BorderPane

BorderPane 클래스는 컨테이너의 영역을 상하좌우와 중앙의 5개 영역으로 분할하고 각각에 자식 노드를 배치하는 컨테이너 클래스이다.

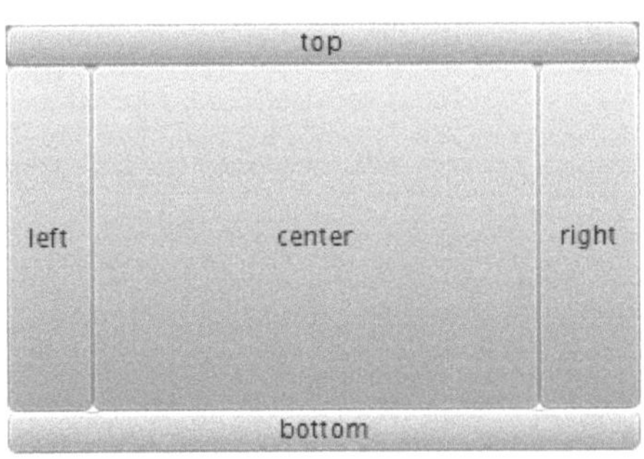

BorderPane 클래스의 레이아웃은 Swing/AWT의 java.awt.BorderLayout 클래스와 동일한 기능을 하는 레이아웃이다. 영역은 각각 top, bottom, left, right, 그리고 center로 분할되는 특징을 가지고 있다.

BorderPane 클래스는 이제까지 소개한 컨테이너 클래스처럼 자식을 children 속성으로 유지하지 않는다. 그 대신 영역의 이름 속성을 정의하고 있기 때문에, 거기에 노드를 설정하게 된다. 또한 각 영역에 따라 노드 크기의 결정 방법이 달라진다. top과 bottom 노드의 높이는 권장 크기가 사용되지만, 폭은 컨테이너의 너비까지 늘어난다. 만약 maxWidth 속성 값이 컨테이너의 폭보다 작은 경우는 maxWidth 속성 값까지 늘어나게 될 것이다.

한편 left와 right는 폭은 권장 크기기 반영되지만, 높이는 컨테이너의 높이에서 top과 bottom의 높이를 뺀 값까지 늘어날 수 있다. 이 경우도 maxHeight 속성이 더 작으면 maxHeight 속성 값이 사용된다. center의 크기는 top, bottom, left, right 영역을 제외한 나머지가 될 것이다. 이 경우도 maxWidth/maxHeight 속성이 더 작으면 그쪽이 사용하게 된다. BorderPane 클래스를 사용하는 예는 다음과 같다.

Example 6.9 BorderPane 클래스를 이용한 버튼 객체의 배치

```
BorderPane borderPane = new BorderPane();
borderPane.setPrefSize(400, 300);

Button top = new Button("TOP");
top.setMaxSize(Double.MAX_VALUE, Double.MAX_VALUE);
borderPane.setTop(top);

Button bottom = new Button("BOTTOM");
bottom.setMaxSize(Double.MAX_VALUE, Double.MAX_VALUE);
borderPane.setBottom(bottom);

Button left = new Button("LEFT");
left.setMaxSize(Double.MAX_VALUE, Double.MAX_VALUE);
borderPane.setLeft(left);

Button right = new Button("RIGHT");
right.setMaxSize(Double.MAX_VALUE, Double.MAX_VALUE);
borderPane.setRight(right);

Button center = new Button("CENTER");
center.setMaxSize(Double.MAX_VALUE, Double.MAX_VALUE);
borderPane.setCenter(center);
```

실행 결과는 다음과 같으며 각 분할된 영역 안에 버튼 객체가 채워지는 형태로 배치된 것을 알 수 있다.

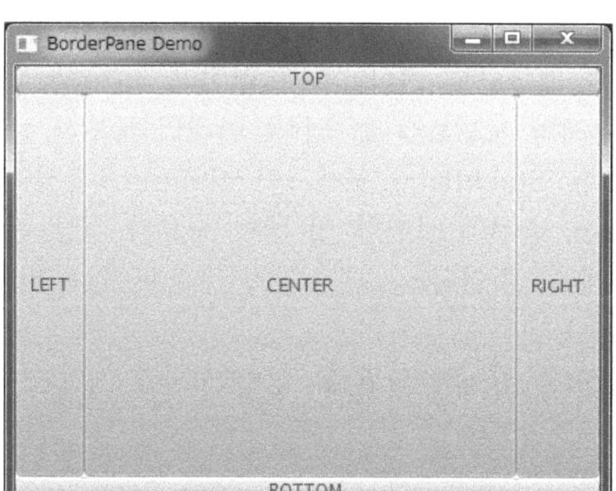

Java 코드를 FXML로 기술하여도 결과는 동일하다.

```
<BorderPane prefHeight="300.0" prefWidth="400.0" xmlns:fx="http://javafx.com/fxml">
  <bottom>
    <Button maxHeight="1.7976931348623157E308"
maxWidth="1.7976931348623157E308" text="BOTTOM" />
  </bottom>
  <center>
    <Button maxHeight="1.7976931348623157E308"
maxWidth="1.7976931348623157E308" text="CENTER" />
  </center>
  <left>
    <Button maxHeight="1.7976931348623157E308"
maxWidth="1.7976931348623157E308" text="LEFT" />
  </left>
  <right>
    <Button maxHeight="1.7976931348623157E308"
maxWidth="1.7976931348623157E308" text="RIGHT" />
  </right>
  <top>
    <Button maxHeight="1.7976931348623157E308"
maxWidth="1.7976931348623157E308" text="TOP" />
  </top>
</BorderPane>
```

BorderPane 클래스의 배치 과정을 보면 마치 머리글, 바닥 글, 사이드 바를 사용하여 표시하는 것처럼 보이며 이러한 배치 형태는 일반적인 응용 프로그램에서 자주 보게 되는 형태이다.

StackPane

StackPane 클래스는 노드를 깊이 방향으로 겹쳐서 표시하는 컨테이너이다. Swing이나 AWT의 java.awt.CardLayout 클래스에 해당하는 레이아웃 방법이다. 깊이 방향으로 겹치기 때문에 위에 놓이는 노드가 아래의 노드보다 큰 경우, 아래의 노드는 보이지 않게 되어 버린다. 노드의 겹침 순서는 StackPane 클래스의 children 속성에 보관한 노드의 순서에 따르게 된다. children 속성에 보관한 첫 번째 노드가 가장 안쪽에 표시되고 마지막 노드가 앞에 나타나게 될 것이다.

이해를 돕기 위해 서로 반경이 다른 동그라미를 연이어 화면에 그려보자.

Example 6.10 StackPane 클래스를 이용하여 겹치는 원 그리기

```
public class StackedCircleDemo extends Application {

    @Override
    public void start(Stage stage) {
        StackPane stackPane = new StackPane();
        stackPane.setPrefSize(400, 400);

        for (int i = 10; i > 0; i--) {
            // 반경이 50+i*10로 계산된 원
            Circle circle = new Circle(50 + i * 10);
            // 청색에서 적색으로 변하도록 한다
            circle.setFill(Color.color(1.0 - i / 10.0, 0, i / 10.0));

            // 먼저 추가된 것은 안쪽에 표시됨
            stackPane.getChildren().add(circle);
        }

        Scene scene = new Scene(stackPane);

        stage.setTitle("Stacked Circle Demo");
        stage.setScene(scene);
        stage.show();
    }

    public static void main(String[] args) {
        launch(args);
    }
}
```

원을 그리기 위해 javafx.scene.shape.Circle 클래스를 사용하였다. 생성자의 인수값은 원의 반경이다. 예제에서 children 속성에 add() 메서드를 이용해 노드를 추가한 경우는 먼저 추가한 노드가 가장 안쪽에 표시되게 된다. 안쪽의 원이 더 크고, 색상은 파란색에서 빨간색으로 변하도록 하였다. 원의 전경색은 fill 속성이다.

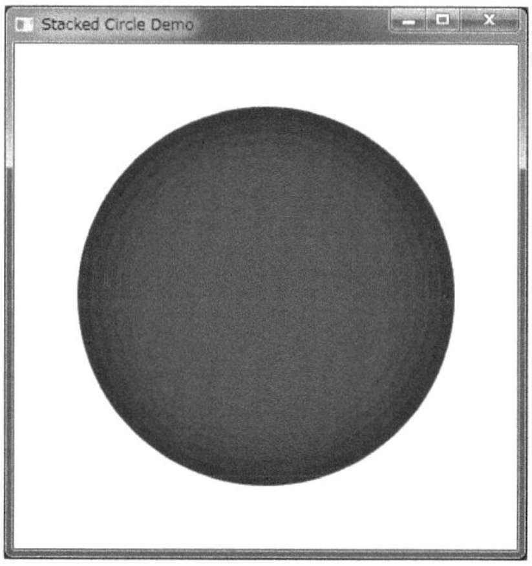

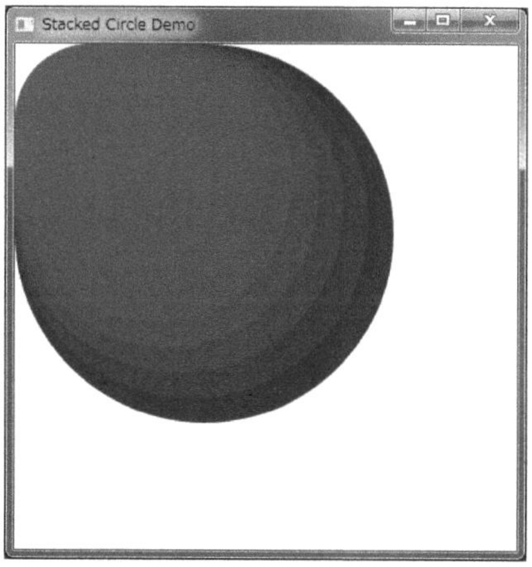

실행 결과에서 알 수 있듯이, StackPane 객체는 기본적으로 노드를 중심으로 배치된다. 이를 변경하려면 setAligment() 메서드를 사용하면 된다. 예를 들어 화면 좌상 위치에 배치시키는 경우에는 stackPane.setAlignment(Pos.TOP_LEFT) 구문을 추가하게 되면 우측의 실행결과로 처리된다.

Java 코드를 FXML로 기술하는 경우는 다음과 같을 것이다.

```
<StackPane alignment="TOP_LEFT" prefHeight="400.0" prefWidth="400.0"
xmlns:fx="http://javafx.com/fxml">
  <children>
    <Circle fill="BLUE" radius="150.0" />
    <Circle fill="#1a00e5" radius="140.0" />
    <Circle fill="#3300cc" radius="130.0" />
    <Circle fill="#4d00b2" radius="120.0" />
    <Circle fill="#660099" radius="110.0" />
    <Circle fill="#800080" radius="100.0" />
    <Circle fill="#990066" radius="90.0" />
    <Circle fill="#b2004d" radius="80.0" />
    <Circle fill="#cc0033" radius="70.0" />
    <Circle fill="#e5001a" radius="60.0" />
  </children>
</StackPane>
```

원의 전경색을 나타내는 fill 속성은 fill 요소와 Color 요소를 사용하여 기술할 수 있다. 주목할 점은 fill 속성 값을 CSS처럼 #으로 시작하는 값으로 작성하고 있다. 참고로 Scene Builder에서도 기본적으로 #을 사용하여 색상을 지정한다.

이처럼 겹치는 노드를 표시하는 StackPane 클래스를 활용하려면 노드의 겹치는 순서를 제어할 필요가 있다. 5개의 이미지를 StackPane 클래스를 사용하여 표시하여 보고 버튼으로 이미지를 전환시키는 코드를 작성하여 보자. 장면 그래프의 루트에는 BorderPane 클래스를 사용하여 center 속성에 StackPane 객체를 등록하고 bottom 속성에 javafx.scnene.control.Button 객체를 배치하였다.

Example 6.11 StackPane 클래스에서 겹치는 노드의 제어

```
public class StackPaneDemo extends Application {

    // StackPane 객체를 저장하는 노드
    private ObservableList<Node> children;

    @Override
    public void start(Stage stage) {
```

```
        BorderPane root = new BorderPane();
        root.setPrefSize(320, 240);

        StackPane stackPane = new StackPane();
        stackPane.setPrefSize(320, 213);
        BorderPane.setAlignment(stackPane, Pos.TOP_CENTER);
        root.setCenter(stackPane);

        children = stackPane.getChildren();

        // 5장의 이미지를 추가
        for (Int I = 0; I < 5; i++) {
            ImageView image = new ImageView(new Image("image"+i+".jpg"));
            children.add(image);
        }

        // 겹치는 순서를 변경하기 위한 버튼
        Button nextButton = new Button("NEXTT");
        BorderPane.setAlignment(nextButton, Pos.CENTER);
        BorderPane.setMargin(nextButton, new Insets(4));
        root.setBottom(nextButton);

        // 버튼을 눌렀을 때의 이벤트 처리
        nextButton.setOnAction(new EventHandler<ActionEvent>() {
            @Override
            public void handle(ActionEvent event) {
                // 맨 앞에 표시되는 노드를 삭제하고,
                // 제일 안쪽으로 추가한다
                Node node = children.remove(children.size() - 1);
                children.add(0, node);
            }
        });

        Scene scene = new Scene(root);
        stage.setTitle("StackPane Demo");
        stage.setScene(scene);
        stage.show();
    }

    public static void main(String[] args) {
        launch(args);
    }
}
```

버튼을 클릭했을 때의 이벤트 처리에서 StackPane 객체가 있는 노드의 겹침 순서를 제어하고 있다. 앞에서 설명한 것처럼 children 속성의 마지막 요소가 맨 위에 표시되므로 먼저 그것을 remove() 메서드를 사용하여 제거한다. remove() 메서드의 반환값은 삭제된 객체이다. 그리고 삭제된 Node 객체를 children 속성의 선두에 추가시켜 최하층에 표시하도록 하고 있다. 예제를 실행시키면 버튼을 클릭할 때마다 순차적으로 표시되는 이미지가 전환될 것이다.

이 정도의 규모의 응용 프로그램에서도 장면 그래프를 구성하는 코드가 복잡하게 되어 버린다. 실무적인 관점에서 보면 장면 그래프의 GUI 내용은 FXML 파일로 작성하고 컨트롤러 클래스에서 이벤트 처리를 하는 것이 훨씬 효율적이다. 이 과정을 다시 한 번 살펴보자.

Example 6.12 StackPaneDemo 클래스의 장면 그래프를 FXML로 작성한 예

```
<BorderPane prefHeight="240.0" prefWidth="320.0" xmlns:fx="http://javafx.com/fxml"
fx:controller="StackPaneDemoController">
  <bottom>
    <Button onAction="#action" text="Button" BorderPane.alignment="CENTER">
      <BorderPane.margin>
        <Insets bottom="4.0" left="4.0" right="4.0" top="4.0" />
      </BorderPane.margin>
    </Button>
  </bottom>
  <center>
    <StackPane fx:id="stackPane" prefHeight="213.0" prefWidth="320.0"
BorderPane.alignment="TOP_CENTER">
      <children>
        <ImageView>
          <image>
            <Image url="@image0.jpg" />
          </image>
        </ImageView>
        <ImageView>
          <image>
            <Image url="@image1.jpg" />
          </image>
        </ImageView>
        <ImageView>
          <image>
            <Image url="@image2.jpg" />
          </image>
        </ImageView>
        <ImageView>
          <image>
            <Image url="@image3.jpg" />
          </image>
        </ImageView>
        <ImageView>
          <image>
```

```
            <Image url="@image4.jpg" />
          </image>
        </ImageView>
      </children>
    </StackPane>
  </center>
</BorderPane>
```

FXML에서 이미지의 URL 기술에서 @는 FXML 파일이 위치하고 있는 URL을 보여주는 용도이다. Java로 작성하는 경우, 자원의 URL은 클래스 로더의 getResource() 메서드를 호출하여 취득한다. 이에 비해 FXML의 경우는 @를 사용한 간결한 기술 방식을 사용한다.

FXML에서 컨트롤러 클래스는 StackPaneDemoController를 지정하고 있다. 그리고 Button 요소의 onAction 속성에서 이벤트 처리 방법을 지정하고 있다. 또한 StackPane 요소 fx:id 속성에서 지정한 변수 이름을 통해 StackPane 객체에 액세스가 가능하다. 컨트롤러 클래스는 다음과 같다.

Example 6.13 이벤트 처리를 위한 StackPaneDemoController 클래스

```
public class StackPaneDemoController {

    @FXML
    private StackPane stackPane;

    @FXML
    public void action(ActionEvent event) {
        /// 맨 앞에 표시되는 노드를 삭제하고,
        // 제일 안쪽으로 추가한다
        ObservableList<Node> children = stackPane.getChildren();
        Node node = children.remove(children.size() - 1);
        children.add(0, node);
    }
}
```

컨트롤러 클래스에서 FXML과 연계되어야 하는 위치에는 @FXML 어노테이션 기술이 필요하다. action() 메서드는 버튼이 클릭되었을 때 호출되는 이벤트 처리를 위한 메서드이다. action() 메서드에 기술한 처리는 Java로 작성된 경우의 이벤트 처리와 동일한 기능을 수행한다.

StackPane 클래스는 일반 컨테이너와 달리 다중 노드 전환과 같은 경우에 적합한 컨테이너이다. 예를 들어, TabPane 클래스와 Pagination 클래스 등은 StackPane 클래스를 사용하여 여러 페이지를 다루는 기능을 제공한다.

AnchorPane

AnchorPane 클래스는 노드의 가장자리와 컨테이너의 가장자리를 묶어 레이아웃을 실시하는 컨테이너이다. Anchor는 선박의 닻을 의미하며 노드를 정해진 위치에 고정하는 의미가 있다. AnchorPane 클래스에 상응하는 Swing/AWT의 레이아웃 매니저는 없지만, javax.swing.SpringLayout 클래스에서 비슷한 배치를 처리할 수 있다.

AnchorPane 객체와 노드를 묶는 방법은 다음의 4종류의 static 메서드를 사용한다.

- setTopAnchor (Node node, Double value)
- setBottomAnchor (Node node, Double value)
- setLeftAnchor (Node node, Double value)
- setRightAnchor (Node node, Double value)

컨테이너의 크기를 변화시켰을 때의 상황에서 AnchorPane 클래스를 이용할 때는 약간 주의가 필요하다. 등록한 노드가 상단 또는 왼쪽에 연결된 상태이면 컨테이너 크기를 조정해도 노드의 크기 및 위치는 변하지 않는다. 오른쪽에 연결하면 가로 크기 조정에 따라 노드의 위치가 변경된다. 마찬가지로 하단에 연결하면 세로 크기 조정에 따라 노드의 위치가 변경된다는 점을 기억할 필요가 있다.

왼쪽과 오른쪽 모두 또는 상단과 하단 모두를 결합하면 컨테이너의 크기 변경에 따라 노드의 크기도 변경된다. 이때 주의해야 점은 노드의 최소 크기가 무시된다는 것이다. 이 상황을 확인하는 예를 다음에 보인다.

Example 6.14 AnchorPaneDemo 클래스

```
public class AnchorPaneDemo extends Application {

    @Override
    public void start(Stage stage) {
        AnchorPane anchorPane = new AnchorPane();
        anchorPane.setPrefSize(400, 300);

        Button button0 = new Button("Button: Top & Left are anchored");
        AnchorPane.setLeftAnchor(button0, 20.0);
        AnchorPane.setTopAnchor(button0, 20.0);
        anchorPane.getChildren().add(button0);

        Button button1 = new Button("Button: Bottom & Right are anchored");
        AnchorPane.setRightAnchor(button1, 20.0);
        AnchorPane.setBottomAnchor(button1, 20.0);
        anchorPane.getChildren().add(button1);
```

```
        Button button2 = new Button("Button: Top, Left & Right are anchored");
        AnchorPane.setLeftAnchor(button2, 60.0);
        AnchorPane.setRightAnchor(button2, 60.0);
        AnchorPane.setTopAnchor(button2, 60.0);
        anchorPane.getChildren().add(button2);

        Button button3 = new Button("Button: Top, Bottom, Left & Right are
anchored");
        AnchorPane.setLeftAnchor(button3, 60.0);
        AnchorPane.setRightAnchor(button3, 60.0);
        AnchorPane.setTopAnchor(button3, 120.0);
        AnchorPane.setBottomAnchor(button3, 120.0);
        anchorPane.getChildren().add(button3);

        Scene scene = new Scene(anchorPane);

        stage.setTitle("AnchorPane Demo");
        stage.setScene(scene);
        stage.show();
    }

    public static void main(String[] args) {
        launch(args);
    }
}
```

예제에서 다음과 같이 4가지 버튼을 AnchorPane 객체에 붙이고 있다.

- 상단 왼쪽 끝을 묶은 버튼
- 하단 오른쪽 끝을 묶은 버튼
- 상단 좌우 끝을 묶은 버튼
- 모든 가장자리를 접목시킨 버튼

예제를 실행하면 다음을 참고하기 바란다.

프로그램을 실행하여 화면을 띄우고 스테이지의 크기를 조정하거나 축소하여 보면 그 변화를 관측할 수 있다. 실행 결과 화면 중에서 왼쪽과 중앙의 결과는 상단 왼쪽을 결합한 버튼은 변화가 없다. 하단 오른쪽이 결합 된 버튼은 크기 조정에 따라 왼쪽으로 이동하고 있다. 상단과 좌우 가장자리가 결합된 버튼은 크기를 조정했을 때 버튼의 폭이 축소되고 있다. 마찬가지로 모든 가장자리가 묶여있는 버튼은 너비와 높이 모두 축소되고 있다.

상단 왼쪽을 결합한 버튼과 하단 오른쪽을 결합한 버튼은 표시 폭이 부족해 컨테이너에서 벗어나 버리고 말았다. 모든 가장자리가 결합된 버튼은 화면 크기를 조정했을 때 선처럼 되어 버렸다. 컨테이너의 크기를 계속 조정하면 이 버튼이 표시되지 않게 되어 버린다.

이처럼 컨테이너에 부착된 노드의 최소 크기가 무시되는 것을 확인할 수 있다. AnchorPane 클래스를 사용할 때는 이 점에 유의하여 AnchorPane 객체 자체의 최소 크기를 설정해 두는 등의 사전 조치를 취할 필요가 있다.

동일하게 예제를 FXML로 작성하여 GUI 구성을 분리하여 보도록 하라.

▌GridPane

GridPane 클래스는 컨테이너의 공간을 격자로 분할하여 지정한 그리드에 노드를 부착 할 수 있는 컨테이너이다. GridPane 클래스의 레이아웃은 Swing/AWT에서는 java.awt.GridBagLayout 클래스와 비슷하다. 다만 사용법이 어려운 GridBagLayout 클래스에 비하면 GridPane 클래스는 매우 쉽게 사용할 수 있다.

GridPane 클래스에서는 노드를 어떻게 그리드에 표시할지 여부를 지정하게 된다. 지정에는 3가지 방법이 있지만, 어느 것을 사용해도 레이아웃 결과는 동일하다. 다음 예는 4 × 5 그리드에 버튼을 배치하고 있다.

Example 6.15 GridPaneDemo 클래스

```
public class GridPaneDemo extends Application {

    @Override
    public void start(Stage stage) {
        GridPane gridPane = new GridPane();
        gridPane.setPrefSize(400, 300);
        gridPane.setPadding(new Insets(10));
        gridPane.setHgap(10);
        gridPane.setVgap(10);
```

```
        // 4×5의 그리드에 버튼을 배치
        for (int i = 0; i < 5; i++) {
            for (int j = 0; j < 4; j++) {
                Button button = new Button("Button" + j + "-" + i);

                // 다음 3종류 어느 방법을 사용해도 결과는 동일
                GridPane.setColumnIndex(button, j);
                GridPane.setRowIndex(button, i);
                gridPane.getChildren().add(button);

//              GridPane.setConstraints(button, j, i);
//              gridPane.getChildren().add(button);

//              gridPane.add(button, j, i);
            }
        }

        Scene scene = new Scene(gridPane);

        stage.setTitle("GridPane Demo");
        stage.setScene(scene);
        stage.show();
    }

    public static void main(String[] args) {
        launch(args);
    }
}
```

화면에 노드를 열과 행을 별도로 지정하는 방법으로 GridPane 클래스의 정적 메서드인 setColumnIndex(), setRawIndex() 메서드를 사용할 수 있다. setConstraints() 메서드는 행과 열을 동시에 지정하는 방법이다. setConstraints() 메서드도 GridPane 클래스의 static 메서드이다.

주석문 처리되어 있는 마지막 add() 메서드는 GridPane 클래스의 인스턴스 메서드로서 컨테이너에 노드를 추가하거나 행 및 열 지정을 동시에 실시할 수 있다. 실행 결과는 다음과 같다.

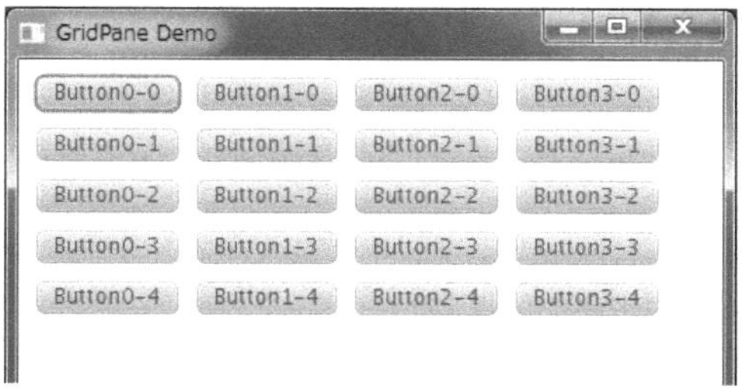

GridPane 클래스에서 기본 격자의 크기는 노드의 최적 크기에 따라 결정된다. 그러나 공간이 부족한 경우는 노드의 최소 크기로 축소된다는 점을 기억해 둘 필요가 있다. 또한 영역 끝까지 노드의 크기를 늘리려면 GridPane 클래스의 static 메서드인 setHgrow(), setVGrow() 메서드로 지정하면 된다.

노드를 여러 행 또는 열에도 배치 할 수 있다. 다음 예를 참고하라.

Example 6.16 노드를 여러 행이나 열에 배치시키는 경우

```
Button button = new Button("Button0-0");
button.setPrefSize(400, 400);
gridPane.add(button, 0, 0, 3, 1);

button = new Button("Button3-0");
button.setPrefSize(400, 400);
gridPane.add(button, 3, 0);

button = new Button("Button0-1");
button.setPrefSize(400, 400);
gridPane.add(button, 0, 1, 1, 2);

button = new Button("Button1-1");
button.setPrefSize(400, 400);
gridPane.add(button, 1, 1);

button = new Button("Button2-1");
button.setPrefSize(400, 400);
gridPane.add(button, 2, 1, 2, 2);

button = new Button("Button1-2");
button.setPrefSize(400, 400);
gridPane.add(button, 1, 2);

button = new Button("Button0-3");
button.setPrefSize(400, 400);
gridPane.add(button, 0, 3, 2, 1);

button = new Button("Button2-3");
button.setPrefSize(400, 400);
gridPane.add(button, 2, 3);

button = new Button("Button3-3");
button.setPrefSize(400, 400);
gridPane.add(button, 3, 3);
```

여러 행이나 열을 붙이는 경우, 3가지 방법을 사용할 수 있다. GridPane 클래스의 static 메서드 setColumnSpan(), setRowSpan() 메서드를 사용하는 방법, 다음으로 static 메서드인 setConstraints() 메서드를 사용하는 방법, 마지막은 add() 메서드를 사용하는 것이다.

위 예제에서는 add() 메서드를 사용했다. add() 메서드의 인수는 열과 행의 정보이다. 세 번째 인수가 수평 격자 수, 네 번째 인수가 수직 방향의 격자의 수가 된다.

■ 행과 열의 크기

GridPane 클래스의 행과 열의 크기는 기본적으로 표시하는 노드에 의해 결정되며 직접 지정할 수도 있다. 이 경우 javafx.scene.layout.ColumnConstrains 클래스 및 javafx.scene.layout.RowConstraints 클래스를 사용한다.

예를 들어, 제 1행이 100픽셀, 제 2행이 50픽셀, 제 1열이 50픽셀, 제 2열이 100픽셀인 경우는 다음과 같을 것이다.

```
GridPane gridPane = new GridPane();

// 열의 크기를 지정
gridPane.getColumnConstraints().add(new ColumnConstraints(100.0));
gridPane.getColumnConstraints().add(new ColumnConstraints(50.0));

// 행의 크기를 지정
gridPane.getRowConstraints().add(new RowConstraints(50.0));
gridPane.getRowConstraints().add(new RowConstraints(100.0));
```

ColumnConstraints 클래스도 RowConstraints 클래스도 생성자의 인수가 다른 경우는 고정 길이의 행 또는 열의 수이기 때문이다. 크기를 조정하려면 인수가 3개인 생성자를 사용한다. 이 경우 인수의 의미는 순서대로 최소, 최적, 최대의 순서가 된다.

또한 크기를 퍼센트로 지정할 수 있다. 예를 들어, 제 1열을 70%, 두 번째 열을 30%로 하고, 제 1행을 60%, 제 2라인을 40%로 하는 경우는 다음과 같다.

```
GridPane gridPane = new GridPane();

// 열의 크기를 퍼센트로 지정
ColumnConstraints columnConstraints1 =  new ColumnConstraints();
columnConstraints1.setPercentWidth(70.0);
ColumnConstraints columnConstraints2 =  new ColumnConstraints();
columnConstraints2.setPercentWidth(30.0);
gridPane.getColumnConstraints().addAll(columnConstraints1,
                                        columnConstraints2);

// 행의 크기를 퍼센트로 지정
RowConstraints rowConstraints1 = new RowConstraints();
rowConstraints1.setPercentHeight(60.0);
```

```
RowConstraints rowConstraints2 = new RowConstraints();
rowConstraints2.setPercentHeight(40.0);
gridPane.getRowConstraints().addAll(rowConstraints1, rowConstraints2);
```

백분율로 지정하는 경우, ColumnConstraints 객체도 RowConstraints 객체도 디폴트 생성자로 생성한다. 그리고 열은 setPercentWidth() 메서드, 행은 setPercentHeight() 메서드로 지정하면 된다.

FXML로 작성할 때는 GridPane 요소의 자식 요소 columnConstraints 요소 및 rowConstraints 요소로 기술한다. 다음 예를 참고하라.

```
<GridPane prefHeight="300.0" prefWidth="400.0" xmlns:fx="http://javafx.com/fxml">
  <columnConstraints>
    <ColumnConstraints percentWidth="70.0" />
    <ColumnConstraints percentWidth="30.0" />
  </columnConstraints>
  <rowConstraints>
    <RowConstraints percentHeight="60.0" />
    <RowConstraints percentHeight="40.0" />
  </rowConstraints>
</GridPane>
```

Chapter 07. CSS를 이용한 스타일링

Swing에서는 구성 요소의 속성에서 글꼴과 색상 등을 설정한다. 그러나 응용 프로그램 전체의 폰트를 설정하고 싶은 경우 의외로 불편해진다. 한편 Swing은 Nimbus Look & Feel와 Metal Look & Feel 등과 같이 Look & Feel을 교환 할 수 있다. 그러나 개발자가 Nimus Look & Feel 같은 Look & Feel를 만드는 것은 쉽지 않다.

물론 Synth Look & Feel를 이용하면 XML에서 Look & Feel를 정의하여 Look & Feel을 비교적 수월하게 만들 수 있다. 그러나 기존의 Look & Feel의 일부만 변경하고 싶은 경우에는 Synth Look & Feel은 적합하지 않을 수도 있다. 이와 같이 Swing에서의 스타일링은 여러 가지 제약이 따르는 문제점이 있었다.

JavaFX는 3가지 방법으로 스타일링을 설정할 수 있다. 특히 CSS를 이용한 스타일링은 JavaFX의 큰 특징 중 하나일 따름이다. 또한 JavaFX는 Swing의 Look & Feel에 상응하는 테마를 변경할 수 있다. CSS를 중심으로 JavaFX의 스타일링을 간단하게 소개한다.

▌스타일링을 결정하는 3가지 방법

JavaFX에서 글꼴과 색상 등을 결정하는 방법에는 다음 세 가지가 있다.

- 속성을 설정
- 외부 CSS 파일
- 인라인 CSS

이제까지 소개한 예제들은 모든 속성에 대한 setter 메서드에서 값을 설정하거나 FXML에서 속성을 설정했다. 다른 방식으로 JavaFX는 CSS를 사용할 수 있게 된 것이다.

CSS 설정은 외부 CSS 파일을 로드하는 방법과 노드에 직접 인라인 방식으로 설정하는 방법을 이용할 수 있다. 외부 CSS 파일을 로드하려면 javafx.scene.Scene 클래스의 stylesheets 속성에 CSS 파일을 설정하면 된다. 여러 CSS 파일을 사용할 수 있도록 stylesheets 속성의 형태는 javafx.colletions.ObservableList 클래스로 처리한다.

예를 들어, style1.css 파일과 style2.css 파일을 로드하려면 다음과 같이 기술하면 된다.

```
Scene scene = ...;
scene.getStylesheets().addAll("style1.css", "style2.css");
```

FXML에서 외부 CSS 파일을 로드하려면 FXML에서 루트 컨테이너의 하위 요소로 기술해 주어야 한다. 예를 들어 루트 컨테이너가 javafx.scene.layout.VBox인 경우에는 다음과 같이 기술해 주면 된다.

```
<VBox>
    ....

  <stylesheets>
    <URL value="@style1.css" />
    <URL value="@style2.css" />
  </stylesheets>
</VBox>
```

인라인 CSS를 작성하려면 javafx.scene.Node 클래스의 style 속성으로 설정하면 된다. 예를 들어, javafx.scene.control.Label 객체의 문자 색상을 빨간색으로 지정할 때는 다음과 같이 기술할 수 있다.

```
Label label = ...;
label.setStyle("-fx-text-fill: red;");
```

비슷하게 FXML로 위 내용을 기술할 때는 다음과 같이 할 수 있다.

```
<Label style="-fx-text-fill: red;" text="Label" />
```

3종류의 지정 방법 중 우선순위가 가장 높은 것이 인라인 CSS이다. 따라서 비록 속성과 외부 CSS 값이 설정되어 있어도 인라인 CSS가 우선된다. 가장 우선순위가 낮은 방법이 속성을 직접 설정하는 경우이다.

스타일링을 지정하는 방법은 목적에 따라 설정 방법을 결정하면 된다. 외부 CSS 파일로 하는 경우는 프로그램의 내용을 변경하지 않고 CSS 파일의 설명만 변경해도 응용 프로그램의 모양을 변경시킬 수 있다. 인라인 CSS를 지정하는 것은 쉽게 할 수 있지만, 대신에 성능은 가장 나쁘다는 점에 유의해야 한다.

JavaFX에서의 CSS 기술 방법

JavaFX에서의 CSS는 HTML에서 사용하는 CSS와 기본적으로 동일하다. 그러나 JavaFX 특유의 약속이 존재한다. CSS는 일반적으로 다음과 같이 기술한다.

```
실렉터 {프로퍼티: 값; 프로퍼티: 값}
```

JavaFX의 CSS 실렉터(selector) 속성이 자신의 것이 된다. 값도 문자열이나 숫자 등이라면 일반 CSS와 동일하지만 약간 다른 것도 있다.

실렉터

JavaFX의 실렉터는 클래스 실렉터 및 ID 실렉터를 사용 할 수 있다. 또한 유사 클래스도 사용할 수 있다.

■ 클래스 실렉터

클래스 실렉터는 JavaFX의 클래스를 그대로 사용 할 수 있다. 예를 Listing 6과 같습니다.

```
.label { }
.button { }
.check-box { }
```

실렉터는 클래스 이름을 소문자로 사용한다. CheckBox 클래스처럼 여러 단어가 포함된 클래스는 하이픈(-)으로 구분하도록 규정하고 있다.

클래스 실렉터로 지정하면 해당 클래스의 전체 객체 속성을 설정할 수 있게 된다. 예를 들어, .label로 지정된 경우 모든 라벨 객체의 속성을 설정할 수 있게 된다.

클래스의 객체 전체가 아닌 일부만 지정하도록 클래스를 설정할 수도 있다. 클래스의 설정은 Node 클래스의 styleClass 속성에서 지정한다. 예를 들어, Label 객체에 customlabel이라는 클래스 이름을 설정하는 경우는 다음과 같다.

```
Label label = ...;

label.getStyleClass().add("customlabel");
```

styleClass 속성의 형태는 ObservableList 클래스이므로 여러 클래스를 추가 할 수 있다는 점을 기억해 둘 필요가 있다. FXML에서도 styleClass 속성을 설정할 수 있는데 다음을 참고하기 바란다.

```
<Label styleClass="customlabel" text="..." />
```

그러나 여러 클래스를 지정하는 경우에도 styleClass 속성은 자식 요소로 하지 않고 styleClass 속성에 쉼표로 구분 된 형태로 여러 번 기술한다.

JavaFX는 모든 객체를 대상으로 실렉터를 사용할 수 없다. 대신, 장면 그래프의 루트 컨테이너에 대한 실렉터로 root 클래스를 사용할 수 있다. root 클래스를 사용하면 루트 컨테이너의 스타일링뿐만 아니라 루트 컨테이너의 자식 노드 전체를 스타일링 처리할 수 있다.

■ ID 실렉터

ID 실렉터는 HTML의 경우와 마찬가지로 #으로 나타낸다.

```
#namelabel { }
#namefield { }
#uppdatebutton { }
```

그리고 노드의 ID를 설정하는 것은 id 속성을 사용한다.

```
Label nameLabel = new Label("Name:");
nameLabel.setId("namelabel");

TextField nameField = new TextField();
nameField.setId("namefield");

Button uppdateButton = new Button("Update");
uppdateButton.setId("uppdatebutton");
```

FXML에서도 동일한 방법으로 설정하면 된다.

```
<Label id="namelabel" text="Name:" />
<TextField id="namefield" prefWidth="100.0" />
<Button id="updatebutton" text="Button" />
```

■ 유사 클래스

유사 클래스도 JavaFX의 CSS에서 사용 할 수 있다. 유사 클래스는 노드의 종류에 따라 사용법이 달라진다. 그러나 Node 클래스에서 사용할 수 있는 다음 유사 클래스는 어느 노드에서도 사용할 수 있다.

- disable 노드가 사용 불가 상태
- focused 포커스가 있는 상태
- hover 마우스 커서가 노드에 있는 상태
- pressed 마우스 클릭이 밀려있는 상태
- show-mnemonic 니모닉(단축키)이 표시되는 상태

예를 들면 버튼의 기본 상태, 마우스가 노드에 있는 상태, 마우스가 클릭 된 상태의 3종류를 CSS로 작성하려면 다음과 같이 기술할 수 있다.

```
.button { }
.button:hover { }
.button:pressed { }
```

■ 선언

JavaFX의 CSS의 선언은 일반 HTML에서 사용되는 CSS와 같다. 그러나 속성의 종류와 값의 기술법이 JavaFX 코드를 기준으로 하고 있는 부분이 다르다. 또한 인라인 CSS를 작성하는 경우, 실렉터는 필요 없이 선언만 기술하게 된다.

■ CSS 프로퍼티

JavaFX의 CSS 속성은 모든 속성 앞에 벤더 접두사 -fx-를 다음과 같이 추가해야 한다.

```
-fx-font-size: 24pt;
-fx-text-fill: red;
-fx-alignment: center;
```

1행의 -fx-font-size 속성은 일반적으로 사용되는 HTML의 font-size 속성과 동일한 의미를 가진다. 그러나 두 번째 행의 -fx-text-fill 속성과 세 번째 줄의 -fx-alignment 속성은 HTML의 CSS에 존재하지 않는 속성이다. HTML에서는 -fx-text-fill 속성에 해당하는 것은 color 속성, -fx-alignment 속성에 해당하는 것

은 horizontal-align 속성 또는 vertical-align 속성이다.

그런데 왜 속성 이름이 다른 것일까? 그 대답은 JavaFX에서 사용하는 CSS 속성은 JavaFX 노드의 속성 이름을 기반으로 하고 있기 때문이다. 예를 들어, javafx.scene.contorl.Label 클래스 등의 클래스는 textFill 속성에서 문자 색상을 설정한다. 이 textFill 속성을 CSS 속성에 대응한 것이 -fx-text-fill 속성이다.

마찬가지로 -fx-alignment 속성도 VBox 등의 컨테이너에서 사용되는 alignment 속성에 해당된다. 이처럼 CSS 속성도 실제로는 JavaFX의 각 클래스의 속성에 해당한다. 따라서 노드의 속성을 이해하지 않으면 스타일링을 할 수 없다는 의미이기도 하다.

■ 프로퍼티의 값

CSS 속성의 값은 숫자나 문자열 등을 사용 할 수 있다. 또한 글꼴과 색상 등도 사용될 수 있다. 여기에서는 글꼴과 색상에 대해 설명하도록 한다.

☞ 폰트
글꼴은 폰트 패밀리 또는 크기 등을 개별적으루 설명하는 방법과 한께 기술한다. 다음 예를 참고하라.

```
-fx-font-family: 'sans-serif';
-fx-font-size: 24pt;
-fx-font-style: itlic;
-fx-font-weight: bold;

-fx-font: italic bold 48pt 'serif';
```

글꼴에는 serif 또는 sans-serif 등의 논리 폰트와 실제로 설치되는 물리 폰트를 모두 기술할 수 있다. 글꼴을 정리해 작성할 때 크기와 패밀리 정보는 필수 사항이다. 스타일과 웨이트(weight)는 필요에 따라 기술한다.

☞ 색상
색을 나타내는 상수를 이용하는 방법으로는 16진수로 지정하는 방법과 함수를 사용하는 방법 등 여러 가지 방법으로 기술할 수 있다.

```
-fx-text-fill: red;
-fx-text-fill: #FF0000;
```

```
-fx-text-fill: rgb(255, 0, 0);
-fx-text-fill: rgb(100%, 0%, 0%);

-fx-text-fill: rgba(255, 0, 0, 1);
-fx-text-fill: rgba(100%, 0%, 0%, 1);
```

red와 blue 등의 정수로 지정하는 방법은 값을 알고 있으면 가장 알기 쉬운 표현이다. 색상 상수는 JavaFX CSS Reference Guide에서 정리하고 있다. 또한 #FF0000과 같이 16진수로 나타내는 방법도 CSS에서는 친숙한 방법이다. 일반적으로 Red, Green, Blue의 순서로 색을 지정한다.

rgb() 함수 또는 rgba() 함수는 색상을 0에서 255 사이의 값 또는 0%에서 100%의 값으로 나타낸다. rgba() 함수는 불투명도를 나타내는 알파채널을 끝에 추가한 것이다. 알파채널 값은 0에서 1의 값을 취하고, 0이면 투명, 1이면 불투명으로 나타낸다.

☞ 그러데이션(gradation)

JavaFX의 CSS는 그러데이션으로 선형 그러데이션 및 방사형 그라디언트를 처리 할 수 있다. 여기에서는 선형 그러데이션을 소개한다.

선형 그러데이션은 linear-gradient 함수를 사용하여 나타낸다. 예를 들어, 빨간색에서 파란색으로 변하는 선형 그러데이션은 다음과 같이 기술할 수 있다.

```
/* 수평 방향의 그러데이션 (좌측: 적색, 우측: 청색) */
-fx-fill: linear-gradient(to right, red, blue);

/* 수평 방향의 그러데이션 (좌측: 청색, 우측: 적색) */
-fx-fill: linear-gradient(to left, red, blue);

/* 수직 방향의 그러데이션 (위: 적색, 아래: 청색) */
-fx-fill: linear-gradient(to bottom, red, blue);

/* 수직 방향의 그러데이션 (위: 청색, 아래: 적색) */
-fx-fill: linear-gradient(to top, red, blue);

/* 기울어진 방향의 그러데이션 (좌상: 적색, 우하: 청색) */
-fx-fill: linear-gradient(to bottom right, red, blue);
```

linear-gradient 함수에서는 먼저 그러데이션의 방향을 결정한다. 그 후, 시작하는 색과 끝부분의 색을 지정한다. 수직과 수평, 대각선 방향 이외의 경우는 from <point> to <point>에서 방향을 지정하면 된다. 또한 여러 색상을 사용하는 경우는 색상의 위치를 지정한다.

예를 들어, 수평 방향으로 적색에서 청색으로 변하고 노란색 위치가 중앙인 경우의 그러데이션은 다음과 같이 기술할 수 있다.

```
-fx-fill: linear-gradient(from 0% 0% to 100% 0%,red 0%, yellow 50%, blue 100%);
```

여기에서는 백분율을 사용하여 위치를 상대적으로 표시하고 있지만 실제 좌표를 사용하는 것도 가능하다. 다음 예는 Rectangle 클래스에 선형 그러데이션을 설정한 결과이다. 현재 그라디언트 제약은 그러데이션의 반복 횟수를 지정할 수 없다는 점이다.

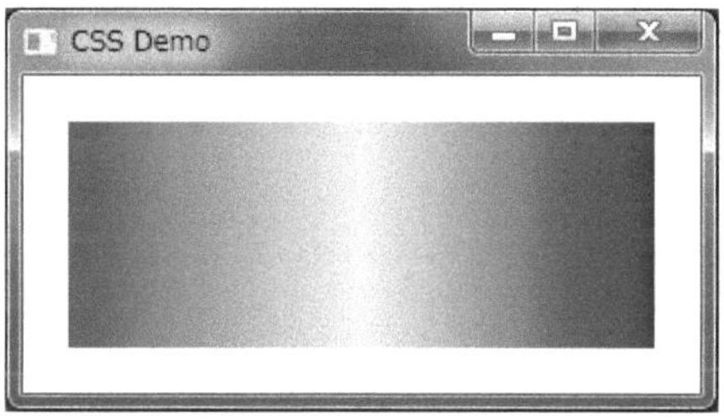

■ 어플리케이션의 스타일링

이번에는 간단한 응용 프로그램을 작성하고 CSS로 스타일링을 해본다. 여기에서는 버튼을 클릭하면 라벨에 표시된 카운터가 증가하는 응용 프로그램을 작성할 것이다.

작성하는 어플리케이션의 메인 클래스는 다음과 같으며 단순히 FXML를 로드하여 표시하고 있을 뿐이다.

Example 7.1 SimpleCounter 클래스

```
public class SimpleCounter extends Application {
    @Override
    public void start(Stage stage) throws IOException {
        VBox root = FXMLLoader.load(getClass().getResource("CounterView.fxml"));

        Scene scene = new Scene(root);

        stage.setTitle("Simple Counter");
        stage.setScene(scene);
        stage.show();
    }

    public static void main(String[] args) {
        launch(args);
    }
}
```

그리고 FXML의 CounterView.fxml은 다음과 같다. 모양에 대한 속성은 CSS로 기술하기 위해 FXML은 최소한의 정의만 되어 있다.

Example 7.2 CounterView.fxml 파일

```
<VBox prefHeight="200.0" prefWidth="200.0"
      xmlns:fx="http://javafx.com/fxml"
      fx:controller="CounterViewController">
  <children>
    <Button onAction="#action" text="+1" />
    <Label id="label" fx:id="countLabel" text="0" />
  </children>
  <stylesheets>
    <URL value="@style.css" />
  </stylesheets>
</VBox>
```

루트 컨테이너는 VBox 클래스, 그리고 Button 클래스와 Label 클래스가 수직으로 늘어선 단순한 구조의 GUI 구성이다. CSS 파일도 FXML로 지정하고 있다.

다음은 이벤트 처리를 위한 컨트롤러 클래스이다. 컨트롤러 클래스에서 버튼을 눌렀을 때 라벨의 text 속성을 업데이트 하게 된다.

Example 7.3 CounterViewController 클래스

```
public class CounterViewController {
    private int count = 0;

    @FXML
    private  Label countLabel;

    @FXML
    private void action(ActionEvent event) {
        count++;
        countLabel.setText(String.valueOf(count));
    }
}
```

프로그램 실행 결과는 다음과 같다. 기본 상태에서는 문자도 작고, 표시 위치도 왼쪽에 치우쳐 있는 것을 볼 수 있다. 이 문제를 CSS로 지정하여 해결하기로 한다.

우선 배경색과 사용되는 글꼴, 그리고 VBox 레이아웃의 설정을 하려고 한다. 이것은 루트 컨테이너에 해당하는 스타일 클래스의 root 클래스에 기술할 것이다.

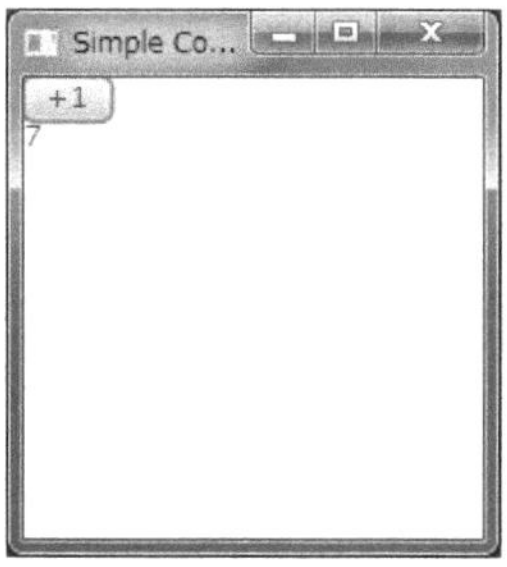

Example 7.4 CSS 내용

```
.root {
  -fx-background-color: linear-gradient(to bottom, white 0%, #DDDDEE 20%, white
100%);
  -fx-spacing: 24px;
  -fx-alignment: center;

  -fx-font: bold 24pt 'sans-serif';
}
```

배경색, 간격 및 정렬이 VBox에 대한 선언이다. 글꼴은 자식 노드에도 적용된다. 배경색은 연한 파란색 선형 그러데이션으로 처리했다. 또한 VBox의 자식 노드는 중앙에 표시하고 노드 사이의 간격은 24픽셀로 지정하였다. 또한 글꼴은 SansSerif의 24포인트에 굵은 문자로 설정했다. 처음보다 풍모가 제법 바뀌었다.

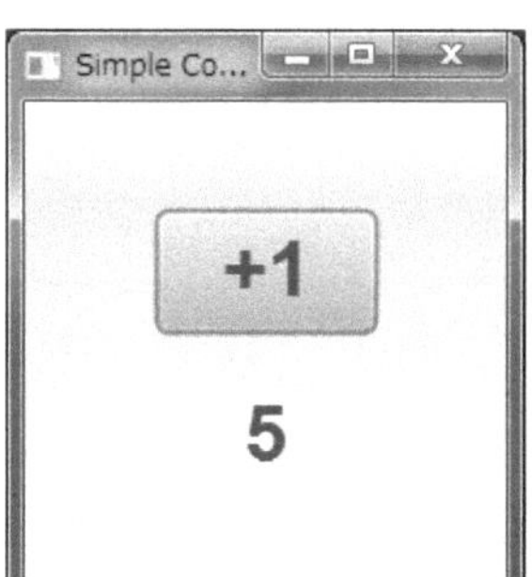

다시 버튼의 표시도 다음과 같이 변경하여 본다.

Example 7.5 CSS 내용

```
.button {
  -fx-background-color: linear-gradient(to bottom, #BBBBCC 0%, #AAAAAA 100%);
  -fx-border-color: #9999CC;
}
```

```
.button:hover {
  -fx-background-color: linear-gradient(to bottom, #CCCCDD 0%, #BBBBBB 100%);
}

.button:pressed {
  -fx-background-color: linear-gradient(to bottom, #9999AA 0%, #888888 100%);
  -fx-border-color: #66666688;
  -fx-text-fill: white;
}
```

기본 상태에서는 파란색이 걸린 회색이지만, 마우스 커서가 있는 상태(hover)는 밝은 회색으로 변하게 된다. 또한 마우스 버튼이 클릭된 상태에서는 색상을 진하게 하고 문자 색도 검은색에서 흰색으로 반전되도록 하였다. 실행 결과를 보면 그 차이를 실감할 수 있을 것이다.

▮ 테마

지금까지 FXML이나 CSS 등의 속성을 지정하는 방법에 대해 알아봤다. 그러나 기본 값에 대해서는 언급하지 않았다. JavaFX에서 속성의 기본 값은 역시 CSS로 작성되어 있다. 이를 JavaFX는 테마라고 부르고 있다.

Chapter 08. 브라우저와 차트

JavaFX의 가장 특징적인 기능으로 내장 브라우저와 차트를 꼽을 수 있다. 이전의 Swing에서는 한정적인 기능만 제공했으나 JavaFX는 브라우저로서의 충분한 기능을 제공한다.

또한 차트는 선이나 그래프 등의 그리는 기능을 제공한다. 당연히 Swing에서는 제공되지 않는 기능으로 개발자는 불편함을 감수하고 JFreeChart 같은 외부 라이브러리를 도입해서 사용해야 했다. 아직 JavaFX가 제공하는 차트의 기능이 충분하다고는 말할 수 없지만 표준 차트를 사용할 수 있게 되었다는 점은 매력적이다.

▌브라우저

응용 프로그램에서 HTML 문서를 표시하고 싶은 경우가 많다. 예를 들어, 도움말을 HTML 문서로 제공하는 경우가 대표적 예이다. Swing에서도 HTML을 처리 할 수 있지만 유감스럽게 현재의 HTML 스펙을 지원하지는 않는다.

JavaFX의 기본 브라우저는 Chrome과 Safari 등과 같은 WebKit을 탑재한 브라우저이다. 완전하다고 할 수 없지만 HTML5를 지원한다. 그리고 Canvas 등을 처리 할 수도 있다. HTML5에 대한 대응은 계속 진행될 예정이며 앞으로 HTML5의 많은 기능을 사용할 수 있게 될 것이다.

■ 기본 사용법

JavaFX가 제공하는 내장 브라우저는 두 개의 클래스로 구성되어 있다. HTML의 표시를 수행하는 javafx.scene.web.WebView 클래스와 HTML을 로드하거나 구문을 분석하는 javafx.scene.web.WebEngine 클래스이다.

WebView 클래스는 javafx.scene.Node 클래스의 서브 클래스로서 하나의 그래픽 부품처럼 장면 그래프에 추가시켜 사용 할 수 있다. 먼저 WebView 클래스에서 http://www.naver.com/을 표시하는 예를 살펴보자.

Example 8.1 URL 주소를 지정하여 브라우저 사용하기

```
public class SimpleBrowser extends Application {

    @Override
```

```
    public void start(Stage stage) {
        BorderPane root = new BorderPane();

        // WebView 객체를 생성하고 장면 그래프에 추가
        WebView view = new WebView();
        root.setCenter(view);

        // WebEngine 객체는 WebView 객체로부터 취득
        WebEngine engine = view.getEngine();

        // Naver 사이트 로딩
        engine.load("http://www.naver.com/");

        Scene scene = new Scene(root, 600, 400);

        stage.setTitle("Simple Browser");
        stage.setScene(scene);
        stage.show();
    }

    public static void main(String... args) {
        launch(args);
    }
}
```

WebView 객체 생성은 매우 단순하다. WebView 객체는 하나의 컨트롤 부품으로 취급하므로 장면 그래프에 등록하면 이를 표시할 수 있다. 여기서는 루트 컨테이너 객체 root에 바로 등록시켰다. 그리고 WebEngine 객체는 WebView 클래스의 getEngine() 메서드로 취득하고 있는 것을 알 수 있다.

Web 페이지 로드는 WebEngine 객체의 load() 메서드를 사용하면 된다. load() 메서드의 인수 값은 Web 페이지의 URL을 문자열로 지정하면 된다. 이 정도만으로 Web 페이지를 표시 할 수 있다. 실행 결과는 다음과 같다.

FXML에서 WebView 클래스를 작성하는 경우에는 WebEngine 오브젝트를 취득하는 과정이 필요하기 때문에 컨트롤러 클래스도 필요하게 된다. FXML를 사용하면 기본 클래스는 FXML를 로드하는 처리만 해주면 되고, WebView 요소 속성으로 fx:id의 값을 컨트롤러 클래스의 이름을 지정해 주면 된다.

Example 8.2 FXML 파일의 내용

```
<BorderPane prefHeight="400.0" prefWidth="600.0"
            xmlns:fx="http://javafx.com/fxml"
            fx:controller="BrowserViewController">
  <center>
    <WebView fx:id="webView" />
  </center>
</BorderPane>
```

Example 8.3 FXML과 연동하기 위한 컨트롤러 클래스 구현

```
public class BrowserViewController implements Initializable {
    @FXML
    private WebView webView;
    private WebEngine webEngine;

    @Override
    public void initialize(URL url, ResourceBundle rb) {
        webEngine = webView.getEngine();
        webEngine.load("http://www.naver.com/");
    }
}
```

컨트롤러 클래스 BrowserViewControler는 javafx.fxml.Initializable 인터페이스를 구현하여 사용한다. Initializable 인터페이스로 정의하는 initialize() 메서드는 장면 그래프가 초기화 된 후 호출되는 메서드이다. GUI를 표시하기 전에 해야 할 어떤 처리(대부분 초기화 과정)를 기술할 때는 이 initialize() 메서드 안에 내용을 기술하면 된다.

그러면 WebEngine 객체를 이용하여 HTML 페이지를 로드하는 프로세스 과정을 간단하게 설명한다.

■ HTML DOM 액세스

위에서 HTML 페이지를 다루는 간단한 방법을 살펴보았지만 HTML의 DOM(Document Object Model)에 액세스하는 것도 가능하다. 당연하지만 WebView와 WebEngine 클래스에서도 DOM에 액세스 할 수 있다.

DOM의 취득에는 WebEngine 클래스의 getDocument() 메서드를 사용하면 된다. 그리고 취득한 DOM을 변경할 수도 있다. 간단한 예를 들어 설명한다. 여기에 Hello, World!의 World 부분을 버튼 클릭 할 때 JavaFX로 대체하는 처리를 DOM에 액세스 하는 형태로 구현해보자.

Example 8.4 DOM에 액세스 하여 표시 문자열 바꾸기

```
import javafx.application.Application;
import static javafx.application.Application.launch;
import javafx.event.ActionEvent;
import javafx.event.EventHandler;
import javafx.geometry.Pos;
import javafx.scene.Scene;
import javafx.scene.control.Button;
import javafx.scene.layout.BorderPane;
import javafx.scene.web.WebEngine;
import javafx.scene.web.WebView;
import javafx.stage.Stage;
import org.w3c.dom.Document;
import org.w3c.dom.Element;

public class SimpleBrowserDOM extends Application {
    @Override
    public void start(Stage stage) {
        BorderPane root = new BorderPane();

        // WebView 객체를 생성하고 장면 그래프에 추가
        WebView view = new WebView();
        root.setCenter(view);

        final WebEngine engine = view.getEngine();

        engine.loadContent(
            "<html><body><h1>Hello, <span
id='name'>World</span>!</h1></body></html>");

        Button updateButton = new Button("Update");
        root.setTop(updateButton);
        root.setAlignment(updateButton, Pos.CENTER);

        updateButton.setOnAction(new EventHandler<ActionEvent>() {
            @Override
            public void handle(ActionEvent t) {
                Document doc = engine.getDocument();

                Element element = doc.getElementById("name");
                element.setTextContent("JavaFX");
            }
        });
```

```
        Scene scene = new Scene(root, 400, 300);

        stage.setTitle("Simple Browser");
        stage.setScene(scene);
        stage.show();
    }

    public static void main(String... args) {
        launch(args);
    }
}
```

첫 번째 예제에서는 WebEngine 클래스의 load() 메서드를 사용했지만, 여기에서는 loadContent() 메서드를 사용하고 있다. loadContent() 메서드의 인수 값은 HTML을 표시하는 문자열로 지정한다. loadContent() 메서드의 인수로는 <h1> 요소에 "Hello, World!"를 표시하도록 지정하고 있다. 또한 World 부분만 <span> 요소에 id를 추가하고 있다.

버튼이 클릭되었을 때의 이벤트 처리에서 이 HTML의 DOM에 액세스 할 수 있다. 이름 클래스에 액세스하기 위해 WebEngine 객체는 final로 정의해야 한다.

HTML의 DOM을 받아들이는 부분이 getDocument() 메서드이다. getDocument() 메서드의 반환 값의 형태는 org.w3c.dom.Document 클래스이다. Document 객체가 취득되었으면 다음은 XML의 DOM과 동일한 절차로 필요에 따른 처리를 추가 할 수 있다. 여기에 <span> 요소의 콘텐츠를 검색하기 위해 getElementById() 메서드에서 해당 Element 객체를 가져온다. 그리고 getTextContent() 메서드로 콘텐츠를 교체하게 된다. 실행결과를 보면 초기 상태에서는 왼쪽 그림과 같이 "Hello, World!"라고 표시되어 있는데, [Update] 버튼을 클릭하면 오른쪽 그림처럼 "Hello, JavaFX!"로 업데이트되는 것을 알 수 있다.

(a) DOM에 액세스 하는 예(초기상태)

(b) DOM에 액세스 하는 예(갱신 후)

■ JavaScript 평가

WebEngine 클래스는 HTML에 포함된 JavaScript의 함수를 평가할 수 있다. 함수의 평가는 executeScript() 메서드를 사용한다. 다음 예는 DOM 변경은 JavaScript 측에서 수행하게 하고 JavaFX에서 호출하도록 하여 변경처리를 하는 경우이다.

```
WebView view = new WebView();
root.setCenter(view);
final WebEngine engine = view.getEngine();

engine.loadContent(
    "<html>"
    + "<script>function update() {"
    + "    name=document.getElementById('name');"
    + "    name.innerHTML='JavaFX';"
    + "}</script>"
    + "<body><h1>Hello, <span id='name'>World</span>!</h1>"
    + "</body></html>"
);

Button updateButton = new Button("Update");
root.setTop(updateButton);
root.setAlignment(updateButton, Pos.CENTER);

updateButton.setOnAction(new EventHandler<ActionEvent>() {
    @Override
    public void handle(ActionEvent t) {
        engine.executeScript("update()");
    }
});
```

먼저 loadContent() 메서드의 인수에서 HTML에 JavaScript로 update() 함수를 정의해 둔다. 버튼이 클릭되었을 때 이 update() 함수를 호출하도록 한다. update() 함수를 호출하는 부분이 executeScript() 메서드이다. executeScript() 메서드는 인수로서 내용을 스크립트로 평가할 대상을 지정하는데 여기에서는 update() 함수를 호출하는 것으로 하였다.

마찬가지로 JavaScript에서 Java에 액세스 할 수 있다. Java에 액세스하기 위해서는 미리 HTML의 window의 구성원으로 Java의 객체를 등록 해 둘 필요가 있다.

Example 8.5 Java 스크립트에서 Java에서 액세스하기

```
...

public class SimpleBrowser extends Application {
```

```
private WebEngine engine;

@Override
public void start(Stage stage) throws IOException {

    ...

    engine.loadContent(
        "<html>"
        + "<script>function update() {"
        + "    app.update();"
        + "}</script>"
        + "<body><h1>Hello, <span id='name'>World</span>!</h1>"
        + "</body></html>"
    );

    ...

    updateButton.setOnAction(new EventHandler<ActionEvent>() {
        @Override
        public void handle(ActionEvent t) {
            // HTML의 window를 취득하고 Java 객체를 멤버로서 추가한다
            JSObject window = (JSObject) engine.executeScript("window");
            window.setMember("app", SimpleBrowser.this);

            // JavaScript의 update 함수를 호출
            engine.executeScript("update()");
        }
    });

    ...
}

// JavaScript로부터 호출되는 메서드
public void update() {
    Document doc = engine.getDocument();
    Element element = doc.getElementById("name");
    element.setTextContent("JavaFX");
}

...
}
```

window에 멤버를 설정하기 전에 window를 먼저 취득해야 한다. 여기에는 앞서와 마찬가지로 WebEngine 클래스의 executeScript() 메서드를 사용한다. executeScript() 메서드는 스크립트 평가 결과를 결과 값으로 반환하는데 다음과 같이 window를 얻을 수 있다.

```
JSObject window = (JSObject) engine.executeScript("window");
```

executeScript() 메서드의 반환 형식은 Object형이지만, JavaScript의 객체를 Java로 처리하는 클래스로서 netscape.javascript.JSObject가 제공되고 있기 때문에 Object 형으로 캐스팅을 하지 않았다. 다음으로 setMember() 메서드로 자바 클래스 자신을 app이라는 이름으로 window에 등록하면 된다.

이제 JavaScript에서 Java에 액세스 할 준비가 되었다. JavaScript에서는 app에서 SimpleBrowser 객체에 액세스 할 수 있다. SimpleBrowser 클래스의 update() 메서드는 앞서와 마찬가지로 HTML의 DOM에 액세스하여 World를 JavaFX로 업데이트 하는 작업을 수행한다.

■ 로드 상태

WebEngine 클래스에서 HTML을 로드하는 경우, 그 상태에 따라 이벤트를 처리 할 수 있다. 여기에서는 텍스트필드에 입력된 URL의 HTML을 로드하도록 한다. 입력한 URL 리다이렉션(redirection) 등에 따라 실제 표시되는 URL과 다를 수 있다.

로드가 완료되면 HTML에서 URL을 검색하고 텍스트필드를 업데이트하는 것을 확인 할 수 있다. 여기에서는 FXML 내용을 컨트롤러 클래스에서 이벤트 처리하도록 하였다. 물론 Java로 작성하는 경우도 마찬가지로 행할 수 있다. 텍스트필드는 ID를 urlField로 하고 리턴 키가 입력된 경우 load() 메서드를 호출하도록 onAction 속성을 지정하였다.

Example 8.6 FXML 내용

```
<BorderPane prefHeight="400.0" prefWidth="600.0" xmlns:fx="http://javafx.com/fxml"
    fx:controller="BrowserViewController">
    <center>
        <WebView fx:id="webView" prefHeight="300.0" prefWidth="600.0" />
    </center>
    <stylesheets>
        <URL value="@browser.css" />
    </stylesheets>
    <top>
        <TextField fx:id="urlField" onAction="#load" prefWidth="200.0" />
    </top>
</BorderPane>
```

Example 8.7 FXML에 대응하는 컨트롤러 클래스

```
public class BrowserViewController implements Initializable {
    @FXML
    private TextField urlField;
    @FXML
```

```
    private WebView webView;
    private WebEngine webEngine;

    @FXML
    public void load(ActionEvent event) {
        String url = urlField.getText();
        webEngine.load(url);
    }

    @Override
    public void initialize(URL url, ResourceBundle rb) {
        webEngine = webView.getEngine();

        // 페이지의 로드 상태에 대응한 처리
        Worker<Void> worker = webEngine.getLoadWorker();

        worker.stateProperty().addListener(new ChangeListener() {
            @Override
            public void changed(ObservableValue<? extends Worker.State> value,
                                Worker.State oldState, Worker.State newState) {
                if (newState == Worker.State.SUCCEEDED) {
                    // 페이지 로드에 성공하면 URL을 텍스트필드에 표시
                    urlField.setText(webEngine.getLocation());
                } else if (newState == Worker.State.FAILED) {
                    // 페이지 로드에 실패하면 Google 검색을 수행
                    webEngine.load("https://www.google.co.kr/search?&q="
                                   + urlField.getText());
                }
            }
        });
    }
}
```

텍스트필드에서 엔터키를 눌렀을 경우, 콜백(callback) 타입의 load() 메서드는 텍스트필드의 문자열을 검색하여 WebEngine 객체에 로드를 수행하게 된다.

javafx.concurrent.Worker 인터페이스로 주어진 Worker는 범용 비동기 처리를 위한 대표적인 인터페이스이다. Worker 인터페이스는 HTML의 로드를 처리하는 클래스로 구현되고 이 객체를 얻기 위해서는 WebEngine 클래스의 getLoadWorker() 메서드를 사용한다.

Worker 인터페이스에서는 비동기 처리 상태를 나타내는 state 속성이 정의되어 있다. 이 state 속성에 대해 javafx.beans.value.ChangeListener 인터페이스를 구현한 객체를 등록함으로써 상태에 따른 처리를 수행 할 수 있게 된다. state 속성 값이 업데이트되면 ChangeListener 객체 changed() 메서드가 호출된다. 이때 새로운 상태가 Worker.State.SUCCEEDED라면 HTML의 로드가 성공했다는 것을 의미한다.

상태 값이 SUCCEEDED의 경우, WebEngine 객체에서 로드된 HTML의 URL을 getLocation() 메서드로 취득하고 텍스트필드에 그 내용을 설정하고 있다. 반대로 로드에 실패(FAILED)한 경우, Google에서 텍스트필드에 입력된 문자열을 검색하도록 처리하고 있다. 속성의 상태에 관해서는 앞 장의 속성과 바인딩을 참조하라.

■ 히스토리

히스토리는 Web 페이지 전환 기록이다. 일반 브라우저이면 뒤로 가기 버튼과 앞으로 가기 버튼에서 기록을 조작 할 수 있다. JavaFX의 WebView, WebEngine 클래스에서도 같은 일이 가능하다.

히스토리를 다루는 클래스는 javafx.scene.web.WebHistory 클래스이며 WebHistory 객체는 WebEngine 객체에서 가져온다.

여기에서는 앞에서 작성한 SimpleBrowser 클래스에 앞으로 가기 버튼과 뒤로 가기 버튼을 달아 보자. 여기에서는 이미지에서 버튼을 나타내는 전회 설명한 CSS의 상태에 따라 이미지의 교체를 실시하고 있습니다.

Example 8.8 FXML 수정 내용

```
<BorderPane fx:id="root" prefHeight="400.0" prefWidth="600.0"
            xmlns:fx="http://javafx.com/fxml"
            fx:controller="BrowserViewController">
  <center>
    <WebView fx:id="webView" prefHeight="300.0" prefWidth="600.0" />
  </center>
  <stylesheets>
    <URL value="@browser.css" />
  </stylesheets>
  <top>
    <HBox id="hbox" prefHeight="100.0" prefWidth="200.0">
      <children>
        <ImageView id="backImage" onMousePressed="#backward"
```

```
pickOnBounds="true" preserveRatio="true" />
        <ImageView id="forwardImage" onMousePressed="#forward"
pickOnBounds="true" preserveRatio="true" />
        <TextField fx:id="urlField" onAction="#load" prefWidth="200.0" />
      </children>
    </HBox>
  </top>
</BorderPane>
```

앞에서 소개한 예제에서는 BorderPane 클래스의 top 속성에 TextField 클래스만을 기술하였지만, HBox 클래스를 사용하여 이미지와 텍스트필드를 나란히 표시하도록 하였다.

또한 이미지를 클릭했을 때 콜백 메서드를 호출하게 되는데 뒤로 가기 버튼의 경우가 backward 메서드, 그리고 앞으로 가기 버튼의 경우 forward() 메서드가 이를 처리하게 된다. 수정된 컨트롤러 클래스는 다음과 같다.

Example 8.9 수정된 컨트롤러 클래스

```
public class BrowserViewController implements Initializable {
    @FXML
    private BorderPane root;
    @FXML
    private TextField urlField;
    @FXML
    private WebView webView;
    private WebEngine webEngine;
    private WebHistory webHistory;

    @FXML
    public void load(ActionEvent event) {
        String url = urlField.getText();
        webEngine.load(url);
    }

    @FXML
    public void backward(MouseEvent event) {
        // 히스토리가 있는 경우에는 페이지를 되돌린다
        if (webHistory.getCurrentIndex() > 0) {
            webHistory.go(-1);
        }
    }

    @FXML
    public void forward(MouseEvent event) {
        // 히스토리 현재 위치보다 앞에 페이지가 존재하면
        // 앞의 페이지로 진행
        if (webHistory.getCurrentIndex() < webHistory.getEntries().size()) {
            webHistory.go(1);
```

```
        }
    }

    @Override
    public void initialize(URL url, ResourceBundle rb) {
        webEngine = webView.getEngine();

        // 히스토리 취득
        webHistory = webEngine.getHistory();

        ...
    }
}
```

WebHistory 객체는 전술한 바와 같이 WebEngine 객체에서 가져오게 된다. 여기에는 getHistory() 메서드를 사용하고 있다.

히스토리의 취소 및 진행에는 WebHistory 클래스의 go() 메서드를 사용하고 있다. go() 메서드의 인수는 진행 페이지 수이다. 예를 들어, 1 페이지 되돌리려면 인수를 -1로, 호출한 페이지 앞으로 이동하려는 경우에는 인수를 1로 지정하면 된다.

WebHistory 객체는 현재 위치를 currentIndex 속성에서 보유하고 있다. 따라서 currentIndex의 값이 0인데도 불구하고 webHistory.go(-1)과 같이 호출하게 되면 java.lang.IndexOutOfBoundsException 예외가 발생하게 된다. 예제에서는 페이지를 되돌아가거나 진행 여부를 확인하고 go() 메서드를 호출하도록 처리하고 있다. 실행 결과는 다음과 같다.

참고로 HTML 링크의 target을 _blank로 한 경우와 JavaScript에서 alert 함수를 호출한 경우 등은 WebView, WebEngine 클래스만으로는 해결할 수 없다. 대신에 각각의 상황에 맞는 이벤트가 발생하므로 이러한 이벤트에 따라 처리를 기술하는 것으로 처리를 가능하게 할 수 있다.

▌Chart

차트(Chart)는 꺾은선 그래프, 파이 그래프 등과 같은 그래프를 그리는 기능을 제공한다. JavaFX에서 제공하는 차트는 다음의 8가지이다. 이 클래스들은 모두 Chart 클래스의 서브 클래스에서 javafx.scene.chart 패키지로 정의되어 있다.

- 영역 차트: AreaChart
- 막대 차트: BarChart
- 버블 차트: BubbleChart)
- 선형 차트: LineChart
- 파이 차트: PieChart
- 산포도: ScatterChart
- 스택 영역 차트: StackedAreaChart
- 스택 막 대형: StackedBarChart

대표적으로 사용 빈도가 높은 파이 차트와 선형 그래프를 중심으로 설명한다.

■ 파이 차트

파이 차트를 그릴 때는 PieChart 클래스를 이용할 수 있으며 표시되는 데이터는 PieChart.Data 클래스로 데이터를 정의할 필요가 있다. 다음은 간단한 사용 방법을 나타내는 예제이다.

```
PieChart chart = new PieChart();
chart.setTitle("PieChart Sample");

chart.getData().addAll(
    new PieChart.Data("A", 30),
    new PieChart.Data("B", 10),
    new PieChart.Data("C", 20),
    new PieChart.Data("D", 50)
);
```

PieChart 클래스에서 표시되는 데이터는 data 속성에서 보유하고 있다. data 속성의 형태는 javafx.collection.ObservableList 클래스이다. 따라서 data 속성에서 PieChart.Data 객체를 추가하면 된다.

데이터를 추가하기 위해 PieChart.Data 객체를 생성할 때는 이름과 값을 지정한다. 또한 PieChart.Data 객체의 값은 퍼센트가 아니므로 입력되는 값의 총 합이 100이

될 필요가 없다. 다음은 실행 결과이다.

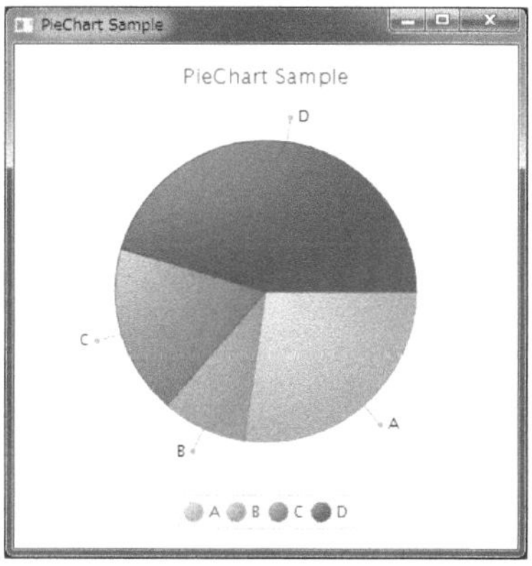

실행 결과를 보면 차트의 시작 각도가 0에서 시작하는 것이 신경 쓰일 수 있다. 시작 각도는 PieChart 클래스의 setStartAngle() 메서드로 지정하여 변경할 수 있으므로 참고 바란다.

또한 범례 표시의 유무나 위치 등을 지정할 수도 있다. 그러나 영역의 색상을 지정하기 위한 수단은 아직 제공되지 않고 있다. 영역의 색상 등은 CSS에서만 지정할 수 있게 되어 있으므로 CSS를 기술하여 보자. 다음 예제는 힙 사용량을 파이 차트로 나타내기 위한 것이다. 힙 사용량을 파이 차트로 나타내기 위해 PieChart.Data 객체로 변환하는 부분만 먼저 살펴보면 다음과 같다.

```
private void initMemoryUsage(PieChart chart) {
    // 메모리 영역에 대응한 MXBean을 취득
    List<MemoryPoolMXBean> pools =
        ManagementFactory.getMemoryPoolMXBeans();

    // 메모리 영역의 사용량과 미사용량을 차트의 데이터로 추가한다
    for (MemoryPoolMXBean pool: pools) {
        MemoryUsage usage = pool.getUsage();

        chart.getData().addAll(
            new PieChart.Data(pool.getName() + ":used",
                              usage.getUsed()),
            new PieChart.Data(pool.getName() + ":nonuse",
                              usage.getCommitted() - usage.getUsed())
        );
    }
}
```

일반적으로 힙 사용량을 파악하기 위해서 MXBean의 MemoryPoolMXBean 인터페이

스를 사용하며 사용량은 MemoryUsage 클래스에 보관되어 있다.

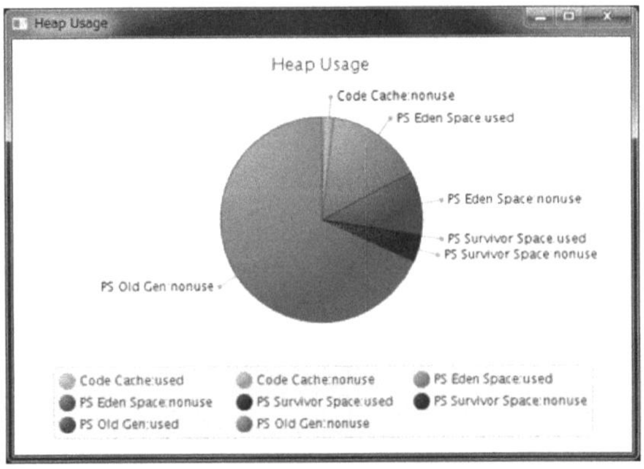

그러면 CSS에서 색상 등을 변경하여 보자.

```
.default-color0.chart-pie { -fx-pie-color: royalblue; }
.default-color1.chart-pie { -fx-pie-color: yellow; }
.default-color2.chart-pie { -fx-pie-color: aquamarine; }
.default-color3.chart-pie { -fx-pie-color: lightsalmon ; }
.default-color4.chart-pie { -fx-pie-color: darkseagreen; }
.default-color5.chart-pie { -fx-pie-color: lightskyblue ; }
.default-color6.chart-pie { -fx-pie-color: mediumseagreen; }
.default-color7.chart-pie { -fx-pie-color: orange; }

.chart-pie-label-line {
     -fx-stroke: #000099;
}

.chart-pie-label {
     -fx-fill: blue;
     -fx-font-size: 8pt;
}

.chart-legend {
    -fx-background-color: #EEEEFF;
    -fx-stroke: blue;
}
```

파이 차트의 클래스 실렉터는 .pie-chart 대신 .chart-pie가 된다. 이것은 다른 차트에서도 동일하므로 주의가 필요하다. 파이 차트 영역의 색상을 나타내는 클래스 실렉터가 .default-color[n]이다. [n] 부분은 0부터 시작하는 숫자이다. 다시 프로그램을 실행하면 다음과 같이 색상이 반영된 것을 확인할 수 있을 것이다.

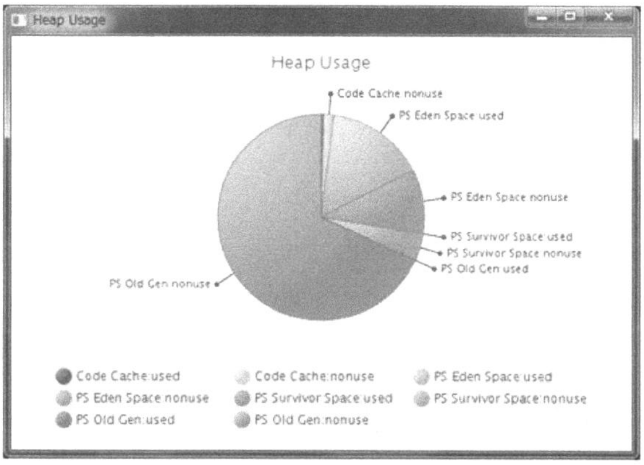

■ 선형 차트

선형 차트와 같은 XY 평면에 표시하는 차트는 모두 XYChart 클래스의 서브 클래스이다. 물론 XYChart 클래스는 Chart 클래스의 서브 클래스이기도 하다. 따라서 선형 차트에서도 막대 차트에서도 사용법은 거의 동일하다. 여기에서는 어떤 지역의 평균 온도를 선형 차트로 표시하여 보자. 다음은 차트를 작성하는 부분을 나타내었다.

```
// x축
// 축의 최솟값은 0, 최댓값은 12.5, 눈금 간격은 1로 설정
NumberAxis xAxis = new NumberAxis(0, 12.5, 1);
xAxis.setLabel("Number of Month");

// y축
NumberAxis yAxis = new NumberAxis();
yAxis.setLabel("Temperature");

// 꺾은선 그래프
LineChart<Number, Number> lineChart = new LineChart<>(xAxis, yAxis);
lineChart.setTitle("Average Temperature");

// 지역의 월별온도
XYChart.Series<Number, Number> tokyoTemp = new XYChart.Series<>();
tokyoTemp.setName("Tokyo");
tokyoTemp.getData().addAll(
    new XYChart.Data<Number, Number>(1, 6.1),
    new XYChart.Data<Number, Number>(2, 6.5),
    new XYChart.Data<Number, Number>(3, 9.4),
    new XYChart.Data<Number, Number>(4, 14.6),
    new XYChart.Data<Number, Number>(5, 18.9),
    new XYChart.Data<Number, Number>(6, 22.1),
    new XYChart.Data<Number, Number>(7, 25.8),
    new XYChart.Data<Number, Number>(8, 27.4),
    new XYChart.Data<Number, Number>(9, 23.8),
```

```
            new XYChart.Data<Number, Number>(10, 18.5),
            new XYChart.Data<Number, Number>(11, 13.3),
            new XYChart.Data<Number, Number>(12, 8.7)
    );
    lineChart.getData().add(tokyoTemp);
```

XYChart 클래스는 XY 평면에서 차트를 나타내기 때문에 먼저 축을 설정해야 한다. 축은 Axis 클래스로 나타내지만 실제로 사용하는 것은 Axis 클래스의 서브 클래스들을 사용하게 된다. 서브 클래스는 수치로 축을 나타내는 NumberAxis 클래스와 범주를 나타내는 CategoryAxis 클래스가 제공되고 있다.

여기에서는 수치로 나타내기 위해 NumberAxis 클래스를 사용하였다. NumberAxis 객체를 기본 생성자로 생성하는 경우, 축의 최솟값, 최댓값, 눈금의 간격이 자동으로 계산된다. 예제에서는 이들 값을 생성자의 인자로 지정하였고 x축을 0에서 12.5까지로 하고 눈금의 간격은 1로 설정했다.

축을 표현하는 객체를 생성 한 후, LineChart 객체를 생성한다. XYChart 클래스는 제네릭에서 x축 형태, y축 형식을 지정한다. NumberAxis 클래스를 사용하는 경우는 Number 클래스를 지정하고 CategoryAxis 클래스를 사용하는 경우는 String 클래스를 지정하는 것이 일반적이다. 여기에서 x축, y축 모두 NumberAxis 클래스를 사용하고 있기 때문에 제네릭 매개 변수는 모두 Number 클래스로 지정하였다.

다음에는 차트에 표시 할 데이터를 설정하여야 한다. 선형 차트의 선은 XYChart.Series 클래스로 나타낸다. 선이 여러 개 있는 경우는 XYChartSeries 객체를 여러 개 준비하여 사용하면 된다. 꺽은 선 그래프를 그릴 때는 XYChart.Data 클래스로 나타낸다. XYChart.Series 클래스도 XYChart.Date 클래스도 XYChart 클래스의 제네릭과 같은 제네릭을 사용한다.

마지막으로 생성한 XYChart.Series 객체를 LineChart 객체의 data 속성에 추가하면 된다. 실행 결과는 다음과 같다.

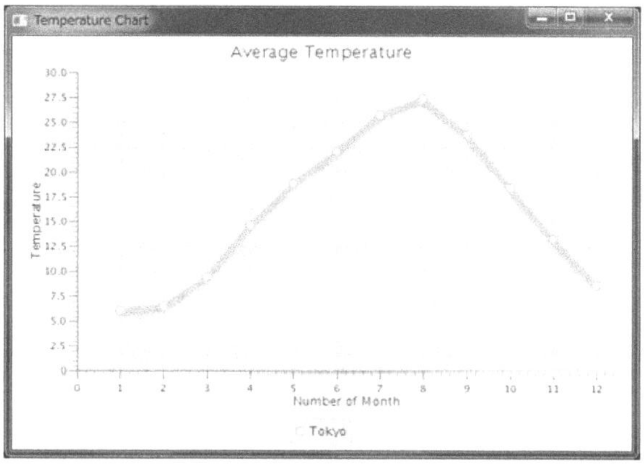

LineChart 클래스도 선이나 그래프의 색상 등은 PieChart 클래스와 마찬가지로 CSS로 지정하면 변경할 수 있다.

```
.chart-series-line { -fx-stroke-width: 2px; }

.default-color0.chart-series-line { -fx-stroke: blue; }
.default-color1.chart-series-line { -fx-stroke: green; }
.default-color2.chart-series-line { -fx-stroke: red; }

.default-color0.chart-line-symbol { -fx-background-color: blue; }
.default-color1.chart-line-symbol { -fx-background-color: green, white; }
.default-color2.chart-line-symbol { -fx-background-color: red, white; }
```

.chart-series-line이 선을 나타내는 실렉터, .chart-line-symbol이 그래프의 기호를 나타내는 실렉터이다. 이 CSS를 사용하여 각 지역 등의 온도를 추가하여 선형 차트를 그린 결과는 다음과 같다.

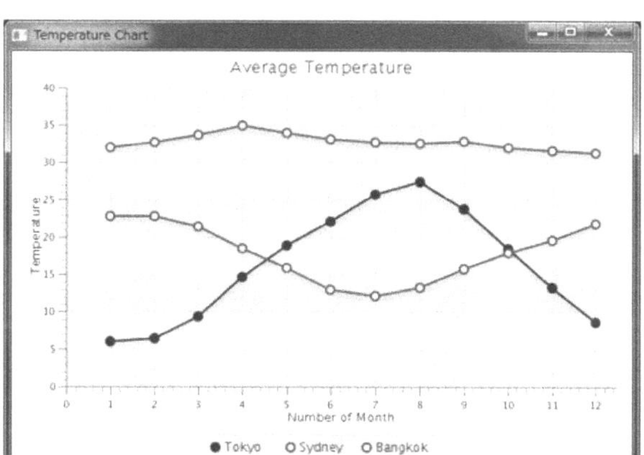

참고로 예제에서 사용한 CSS 실렉터와 속성은 매우 많으므로 관심 있는 사람은 다음 사이트를 참고하기 바란다.

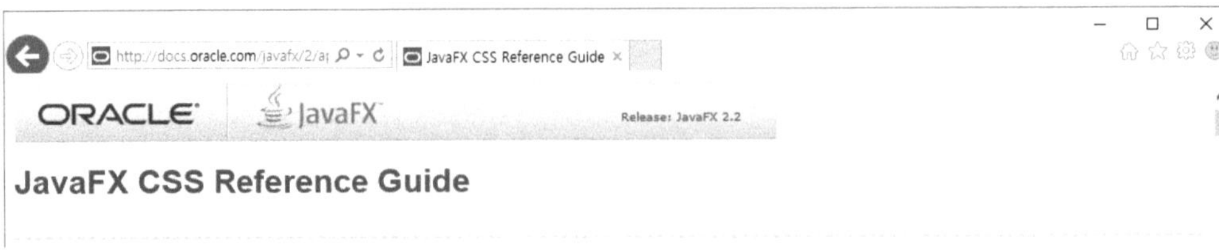

☞ http://docs.oracle.com/javafx/2/api/javafx/scene/doc-files/cssref.html

Chapter 09. 효과와 변형

많은 경우 GUI에서 그리기 요소에 그림자를 붙이거나 분위기가 있는 엠보싱 효과를 처리하는 경우가 있다. JavaFX는 이와 같은 장식을 효과(Effect)라고 부르는 기능으로 제공하고 있다. 먼저 효과에 대해 알아보고 후반부에서는 노드의 회전과 스케일링 등의 변형 방법에 대해서도 설명한다.

▌Effect 개요

이미 설명한 것처럼 효과는 노드에 장식을 추가하는 기능을 말한다. 표준으로 제공되는 효과를 다음 표에 정리해 두었다. 그러나 단독으로 사용되지 않는 효과도 있기 때문에 이러한 경우는 제외하였다. 노드에 장식 효과를 주기 위해서 사용하는 클래스는 javafx.scene.effect.Effect로 제공되고 있다.

클래스	설명
Blend	두 종류의 효과를 섞기
Bloom	노드를 빛나게 함
BoxBlur	구형 보카시
ColorAdjust	색 조정
DisplacementMap	지오메트리 조정(요철을 붙임)
DropShadow	드롭 섀도
GaussianBlur	가우시안 보카시
Glow	노드를 빛나도록
InnerShadow	노드 안쪽에 그림자를 붙임
Lighting	엠보싱 등 라이트에 관련된 효과
MotionBlur	움직임이 있는 보카시
PerspectiveTransform	원근법을 이용한 변환
Reflection	반사
SepiaTone	세피아 색상으로 변환
Shadow	그림자

Bloom 클래스와 Glow 클래스는 같은 효과이지만, Bloom 노드의 외부에 방사광이 그려지는 반면에 Glow의 경우는 단순히 밝게 그려지는 차이가 있다.

또한 Blur만 3종류가 제공된다. BoxBlur 클래스는 품질보다 성능을 우선시하는 경우에 사용하고, GaussianBlur 클래스는 품질을 우선시하는 경우에 주로 사용된다. MotionBlur 클래스는 노드가 움직이고 있는 것 같이 흐려지는 애니메이션 등과 함께 속도감을 자아내는데 사용할 수 있다. 참고로 Blur의 사전적 의미는 흐릿한 형체 또는 흐릿해지는 것을 의미하며 「보카시」라는 상투적인 표현을 많이 쓰고 있다.

모든 효과를 소개하기에는 어렵기 때문에 GaussianBlur 클래스, DropShadow 클래스, Reflection 클래스, Lighting 클래스에 대한 사용법을 중심으로 소개한다.

■ GaussianBlur 클래스

GaussianBlur 클래스는 노드에 가우시안 Blur 효과를 주는 클래스이다. 효과의 기본적인 사용법은 다른 효과 처리와 거의 동일하다. 우선 효과의 객체를 생성하고 그것을 Node 클래스의 setEffect() 메서드에서 노드로 설정하면 된다.

효과는 각각 고유한 속성을 가지고 있기 때문에 객체의 생성과 설정 방법은 약간 다르다. 그러나 객체를 생성하고 설정 과정을 끝내면 나머지는 동일하다. 먼저 사용법을 익히기 위해 GaussianBlur 클래스를 소개한다.

```
Node node = ...;

// 블러 량이 10인 가우시안 블러를 생성
GaussianBlur blur = new GaussianBlur(10.0);

// 노드에 가우시안 블러를 설정
node.setEffect(blur);
```

GaussianBlur 클래스는 흐릿한 정도를 radius 속성으로 보유하고 있다. 여기에서는 생성자에서 10으로 설정하고 있다. 그리고 setEffect() 메서드에서 노드로 지정해 주면 설정이 완료된다.

이미지를 사용하여 이러한 블러 효과를 지정하여 보자. BlurDemo 클래스를 실행하면 이미지와 슬라이더가 표시된다. 그 슬라이더를 사용하여 이미지의 흐릿한 정도를 변화시킬 수 있도록 하였다. GUI의 구조는 FXML의 view.fxml에서 정의하고, 이미지에 블러 효과를 처리하는 컨트롤러는 ViewControler 클래스에서 정의하고 있다.

Example 9.1 FXML 파일(view.fxml)

```
<?xml version="1.0" encoding="UTF-8"?>

<?import java.lang.*?>
<?import java.util.*?>
<?import javafx.scene.*?>
<?import javafx.scene.control.*?>
<?import javafx.scene.image.*?>
<?import javafx.scene.layout.*?>

<BorderPane prefHeight="300.0" prefWidth="400.0" xmlns:fx="http://javafx.com/fxml"
```

```
fx:controller="ViewController">
  <bottom>
    <Slider fx:id="slider" majorTickUnit="10.0" max="20.0" maxHeight="50.0"
maxWidth="300.0" minHeight="50.0" minWidth="300.0" minorTickCount="1"
prefHeight="50.0" prefWidth="300.0" showTickLabels="true" showTickMarks="true"
BorderPane.alignment="CENTER" />
  </bottom>
  <center>
    <ImageView fx:id="imageview" preserveRatio="true"
BorderPane.alignment="CENTER">
       <image>
          <Image url="@javaonebus.jpg" />
       </image>
    </ImageView>
  </center>
</BorderPane>
```

Example 9.2 컨트롤러 클래스

```
import java.net.URL;
import java.util.ResourceBundle;
import javafx.fxml.FXML;
import javafx.fxml.Initializable;
import javafx.scene.control.Slider;
import javafx.scene.effect.GaussianBlur;
import javafx.scene.image.ImageView;

public class ViewController implements Initializable {

    @FXML
    private Slider slider;
    @FXML
    private ImageView imageview;

    @Override
    public void initialize(URL url, ResourceBundle rb) {
        // 가우시안 블러의 생성
        GaussianBlur blur = new GaussianBlur();
        // 블러 량을 슬라이더에 바인딩 처리
        blur.radiusProperty().bind(slider.valueProperty());

        // 노드에 가우시안 블러를 설정
        imageview.setEffect(blur);
    }
}
```

Example 9.3 메인 클래스

```
import java.io.IOException;
import javafx.application.Application;
import javafx.fxml.FXMLLoader;
import javafx.scene.Scene;
```

```
import javafx.scene.layout.BorderPane;
import javafx.stage.Stage;

public class BlurDemo extends Application {

    @Override
    public void start(Stage stage) throws IOException {
        BorderPane root = FXMLLoader.load(getClass().getResource("view.fxml"));
        Scene scene = new Scene(root);

        stage.setTitle("Blur Demo");
        stage.setScene(scene);
        stage.show();
    }

    public static void main(String... args) {
        launch(args);
    }

}
```

GaussianBlur 클래스의 블러 효과를 나타내는 radius 속성의 값은 노드에 효과를 설정한 뒤에도 변경할 수 있다. 예제에서는 radius 속성을 슬라이더의 위치에 바인딩 시켜 변경이 가능하도록 처리하고 있다. 실행 결과는 다음과 같다.

(a) 보카시량 0으로 설정

(b) 보카시량을 10으로 설정

예제에서는 이미지를 대상으로 블러 효과를 적용시켰지만 노드(control 부품들)이면 무엇이든 흐리게 할 수 있다. 물론 버튼이나 라벨 등의 컨트롤도 흐리게 할 수 있다.

■ DropShadow 클래스

DropShadow 클래스의 속성에는 그림자의 색상, 그림자의 블러 유형, 블러 효과, 그림자 퍼짐, 오프셋 등이 있다. 이전과 마찬가지로 슬라이더에서 이러한 속성을 변화시켜 보자. 여기에서는 라벨 노드에 그림자 효과를 적용시키려고 한다. 이전 예제와 마찬가지로 슬라이더와 속성을 바인딩 시키고 있다.

Example 9.4 FXML 파일(view.fxml)

```
<?xml version="1.0" encoding="UTF-8"?>

<?import java.lang.*?>
<?import java.util.*?>
<?import javafx.geometry.*?>
<?import javafx.scene.*?>
<?import javafx.scene.control.*?>
<?import javafx.scene.layout.*?>
<?import javafx.scene.text.*?>

<BorderPane prefHeight="300.0" prefWidth="400.0" xmlns:fx="http://javafx.com/fxml"
fx:controller="ViewController">
  <bottom>
    <GridPane prefHeight="160.0" prefWidth="400.0">
      <children>
        <Label text="Radius" GridPane.columnIndex="0" GridPane.rowIndex="0" />
        <Label text="Spread" GridPane.columnIndex="0" GridPane.rowIndex="1" />
        <Label text="Offset X" GridPane.columnIndex="0" GridPane.rowIndex="2" />
        <Label text="Offset Y" GridPane.columnIndex="0" GridPane.rowIndex="3" />
        <Slider fx:id="radius" majorTickUnit="10.0" max="20.0" maxWidth="280.0"
minWidth="280.0" minorTickCount="5" prefWidth="280.0" showTickLabels="true"
showTickMarks="true" GridPane.columnIndex="1" GridPane.halignment="CENTER"
GridPane.rowIndex="0" GridPane.valignment="CENTER" />
        <Slider fx:id="spread" majorTickUnit="0.5" max="1.0" maxWidth="280.0"
minWidth="280.0" minorTickCount="4" prefWidth="280.0" showTickLabels="true"
showTickMarks="true" GridPane.columnIndex="1" GridPane.halignment="CENTER"
GridPane.rowIndex="1" GridPane.valignment="CENTER" />
        <Slider fx:id="offsetX" majorTickUnit="10.0" max="20.0" maxWidth="280.0"
minWidth="280.0" minorTickCount="4" prefWidth="280.0" showTickLabels="true"
showTickMarks="true" GridPane.columnIndex="1" GridPane.halignment="CENTER"
GridPane.rowIndex="2" GridPane.valignment="CENTER" />
        <Slider fx:id="offsetY" majorTickUnit="10.0" max="20.0" maxWidth="280.0"
minWidth="280.0" minorTickCount="4" prefWidth="280.0" showTickLabels="true"
showTickMarks="true" GridPane.columnIndex="1" GridPane.halignment="CENTER"
GridPane.rowIndex="3" GridPane.valignment="CENTER" />
      </children>
      <columnConstraints>
        <ColumnConstraints hgrow="SOMETIMES" maxWidth="100.0" minWidth="10.0"
prefWidth="100.0" />
        <ColumnConstraints hgrow="SOMETIMES" maxWidth="300.0" minWidth="10.0"
prefWidth="300.0" />
      </columnConstraints>
      <padding>
        <Insets bottom="8.0" left="8.0" right="8.0" top="8.0" />
      </padding>
      <rowConstraints>
        <RowConstraints minHeight="10.0" prefHeight="30.0" vgrow="SOMETIMES" />
        <RowConstraints minHeight="10.0" prefHeight="30.0" vgrow="SOMETIMES" />
        <RowConstraints minHeight="10.0" prefHeight="30.0" vgrow="SOMETIMES" />
        <RowConstraints minHeight="10.0" prefHeight="30.0" vgrow="SOMETIMES" />
      </rowConstraints>
    </GridPane>
```

```
  </bottom>
  <center>
    <Label fx:id="label" text="Drop Shadow">
      <font>
        <Font name="Arial Black" size="36.0" />
      </font>
    </Label>
  </center>
</BorderPane>
```

Example 9.5 컨트롤러 클래스

```
import java.net.URL;
import java.util.ResourceBundle;
import javafx.fxml.FXML;
import javafx.fxml.Initializable;
import javafx.scene.control.Label;
import javafx.scene.control.Slider;
import javafx.scene.effect.DropShadow;
import javafx.scene.paint.Color;

public class ViewController implements Initializable {

    @FXML
    private Label label;
    @FXML
    private Slider radius;
    @FXML
    private Slider spread;
    @FXML
    private Slider offsetX;
    @FXML
    private Slider offsetY;

    @Override
    public void initialize(URL url, ResourceBundle rb) {
        DropShadow shadow = new DropShadow();
        shadow.setColor(Color.GRAY);

        // 그림자의 블러 량
        shadow.radiusProperty().bind(radius.valueProperty());
        // 그림자의 블러의 퍼짐 정도
        shadow.spreadProperty().bind(spread.valueProperty());
        // 그림자의 x축 방향의 객체
        shadow.offsetXProperty().bind(offsetX.valueProperty());
        // 그림자의 y축 방향의 객체
        shadow.offsetYProperty().bind(offsetY.valueProperty());

        label.setEffect(shadow);
    }
}
```

Example 9.6 메인 클래스

```
import javafx.application.Application;
import javafx.fxml.FXMLLoader;
import javafx.scene.Parent;
import javafx.scene.Scene;
import javafx.stage.Stage;

public class DropShadowDemo extends Application {

    @Override
    public void start(Stage stage) throws Exception {
        Parent root = FXMLLoader.load(getClass().getResource("view.fxml"));

        Scene scene = new Scene(root);

        stage.setTitle("DropShadow Demo");
        stage.setScene(scene);
        stage.show();
    }

    public static void main(String... args) {
        launch(args);
    }
}
```

예제에서 4개의 준비된 슬라이더로 radius 속성, 흐림 확산 정도를 결정하는 spred 속성, 그리고 오프셋 offsetX 속성과 offsetY 속성을 제어한다. 실행 결과는 다음과 같다. 왼쪽 결과는 오프셋만을 설정했기 때문에 하나의 그림자만 보인다. 오른쪽 결과는 그림자에 블러 효과를 추가한 경우이다. 그림자가 흐릿해져 상대적으로 부드러운 느낌을 준다.

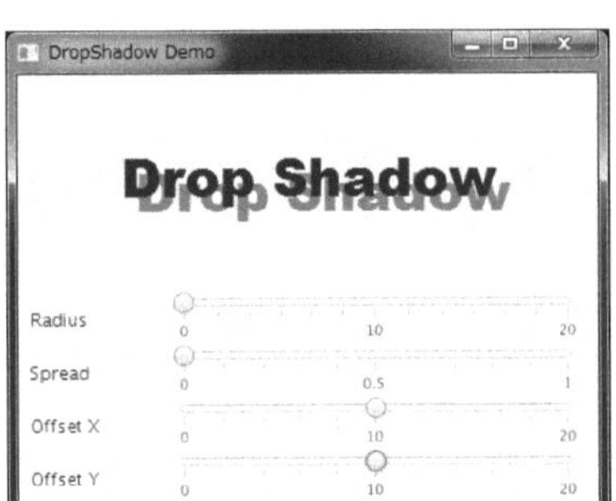

a) 오프셋만 설정

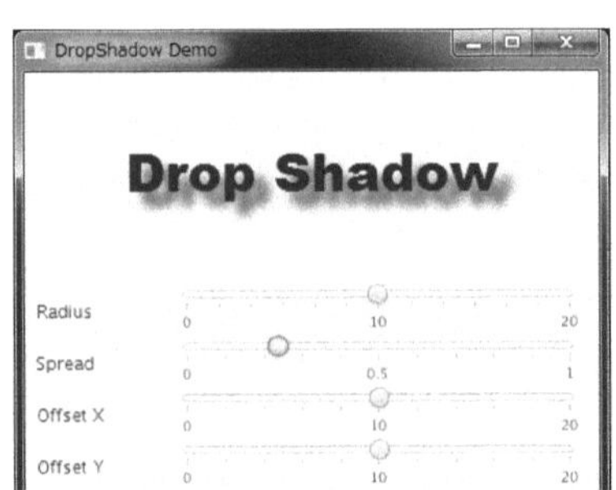

b) 블러 향을 조정

■ Reflection 클래스

Reflcetion 클래스는 노드 아래에 이미지의 미러 이미지를 표시하는 효과를 제공한다. Reflection 클래스의 속성은 상단과 하단의 투명도이다 topOpacity 속성과 bottomOpacity 속성, 반사의 비율을 나타내는 fraction 속성, 반사 위치의 오프셋은 topOffset이다.

이번에도 슬라이더를 이용하여 효과를 변화시킬 수 있도록 하였으며 앞의 예제와 마찬가지로 슬라이더와 속성을 바인딩 시키고 있다.

Example 9.7 FXML 파일(view.fxml)

```
<?xml version="1.0" encoding="UTF-8"?>

<?import java.lang.*?>
<?import java.util.*?>
<?import javafx.geometry.*?>
<?import javafx.scene.*?>
<?import javafx.scene.control.*?>
<?import javafx.scene.layout.*?>
<?import javafx.scene.text.*?>

<BorderPane prefHeight="300.0" prefWidth="400.0" xmlns:fx="http://javafx.com/fxml"
fx:controller="ViewController">
  <bottom>
    <GridPane prefHeight="160.0" prefWidth="400.0">
      <children>
        <Label text="Top Opacity" GridPane.columnIndex="0" GridPane.rowIndex="0"
/>
        <Label text="Bottom Opacity" GridPane.columnIndex="0"
GridPane.rowIndex="1" />
        <Label text="Fraction" GridPane.columnIndex="0" GridPane.rowIndex="2" />
        <Label text="Top Offset" GridPane.columnIndex="0" GridPane.rowIndex="3" />
        <Slider fx:id="topOpacity" majorTickUnit="0.5" max="1.0" maxWidth="280.0"
minWidth="280.0" minorTickCount="4" prefWidth="280.0" showTickLabels="true"
showTickMarks="true" value="0.5" GridPane.columnIndex="1"
GridPane.halignment="CENTER" GridPane.rowIndex="0"
GridPane.valignment="CENTER" />
        <Slider fx:id="bottomOpacity" majorTickUnit="0.5" max="1.0" maxWidth="280.0"
minWidth="280.0" minorTickCount="4" prefWidth="280.0" showTickLabels="true"
showTickMarks="true" GridPane.columnIndex="1" GridPane.halignment="CENTER"
GridPane.rowIndex="1" GridPane.valignment="CENTER" />
        <Slider fx:id="fraction" majorTickUnit="0.5" max="1.0" maxWidth="280.0"
minWidth="280.0" minorTickCount="4" prefWidth="280.0" showTickLabels="true"
showTickMarks="true" value="0.75" GridPane.columnIndex="1"
GridPane.halignment="CENTER" GridPane.rowIndex="2"
GridPane.valignment="CENTER" />
        <Slider fx:id="topOffset" majorTickUnit="10.0" max="20.0" maxWidth="280.0"
min="-20.0" minWidth="280.0" minorTickCount="1" prefWidth="280.0"
```

```
showTickLabels="true" showTickMarks="true" GridPane.columnIndex="1"
GridPane.halignment="CENTER" GridPane.rowIndex="3"
GridPane.valignment="CENTER" />
         </children>
         <columnConstraints>
            <ColumnConstraints hgrow="SOMETIMES" maxWidth="100.0" minWidth="10.0"
prefWidth="100.0" />
            <ColumnConstraints hgrow="SOMETIMES" maxWidth="300.0" minWidth="10.0"
prefWidth="300.0" />
         </columnConstraints>
         <padding>
            <Insets bottom="8.0" left="8.0" right="8.0" top="8.0" />
         </padding>
         <rowConstraints>
            <RowConstraints minHeight="10.0" prefHeight="30.0" vgrow="SOMETIMES" />
            <RowConstraints minHeight="10.0" prefHeight="30.0" vgrow="SOMETIMES" />
            <RowConstraints minHeight="10.0" prefHeight="30.0" vgrow="SOMETIMES" />
            <RowConstraints minHeight="10.0" prefHeight="30.0" vgrow="SOMETIMES" />
         </rowConstraints>
      </GridPane>
   </bottom>
   <center>
      <Label fx:id="label" text="Reflection" BorderPane.alignment="TOP_CENTER">
         <font>
            <Font name="Arial Black" size="36.0" />
         </font>
      </Label>
   </center>
</BorderPane>
```

Example 9.8 컨트롤러 클래스

```
import java.net.URL;
import java.util.ResourceBundle;
import javafx.fxml.FXML;
import javafx.fxml.Initializable;
import javafx.scene.control.Label;
import javafx.scene.control.Slider;
import javafx.scene.effect.DropShadow;
import javafx.scene.effect.Reflection;
import javafx.scene.paint.Color;

public class ViewController implements Initializable {

    @FXML
    private Label label;
    @FXML
    private Slider topOpacity;
    @FXML
    private Slider bottomOpacity;
    @FXML
    private Slider fraction;
    @FXML
```

```
    private Slider topOffset;

    @Override
    public void initialize(URL url, ResourceBundle rb) {
        Reflection reflection = new Reflection();

        // 상단부 투명도
        reflection.topOpacityProperty().bind(topOpacity.valueProperty());
        // 하단부 투명도
        reflection.bottomOpacityProperty().bind(bottomOpacity.valueProperty());
        // 반사 비율
        reflection.fractionProperty().bind(fraction.valueProperty());
        // 상단부 오프셋
        reflection.topOffsetProperty().bind(topOffset.valueProperty());

        label.setEffect(reflection);
    }
}
```

Example 9.9 메인 클래스

```
import javafx.application.Application;
import javafx.fxml.FXMLLoader;
import javafx.scene.Parent;
import javafx.scene.Scene;
import javafx.stage.Stage;

public class ReflectionDemo extends Application {

    @Override
    public void start(Stage stage) throws Exception {
        Parent root = FXMLLoader.load(getClass().getResource("view.fxml"));

        Scene scene = new Scene(root);

        stage.setTitle("Reflection Demo");
        stage.setScene(scene);
        stage.show();
    }

    public static void main(String... args) {
        launch(args);
    }
}
```

실행 결과는 다음과 같다.

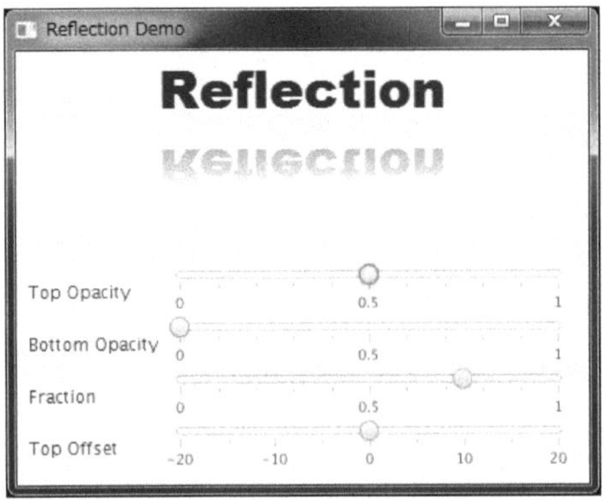

■ Lighting 클래스

Lighting 클래스는 빛에 대한 효과를 제공한다. Lighting 클래스는 단독으로 사용할 수 없으며 반드시 광원을 지정해 주어야 한다. 광원은 추상 클래스인 Light 클래스로 표현할 수 있으며 현재 제공되고 있는 것은 다음 3종류이다.

- Light.Distant: 먼 곳의 빛
- Light.Point: 점 광원
- Light.Spot: 스포트라이트

Light.Distant 클래스는 태양광과 같은 자연광을 나타낸다. Light 클래스도 각각 속성이 정의되어 있으며, 또한 Lighting 클래스에도 속성이 정의되어 있다. 예를 들어, Light.Distant 클래스는 빛이 내리 쬐는 각도를 나타내는 azimuth 속성을 가지고 있다.

또한 Lighting 클래스는 노드의 표면에 대한 속성을 정의하고 있다. 예를 들어, 노드 표면의 축척(scale)을 나타내는 surfaceScale 속성, 표면의 빛의 확산 정도를 나타내는 diffuseConstant 속성, 표면의 반사 정도를 나타내는 specularConstant 속성과 specularExponent 속성이 있다.

여기에서는 Light.Distant 클래스를 사용하여 azimuth 속성과 surfaceScale을 변화시켜 보자. 마찬가지로 슬라이더와 속성을 바인딩 시키고 있다.

Example 9.10 FXML 파일(view.fxml)

```
<?xml version="1.0" encoding="UTF-8"?>

<?import java.lang.*?>
```

```
<?import java.util.*?>
<?import javafx.geometry.*?>
<?import javafx.scene.*?>
<?import javafx.scene.control.*?>
<?import javafx.scene.layout.*?>
<?import javafx.scene.text.*?>

<BorderPane prefHeight="300.0" prefWidth="400.0" xmlns:fx="http://javafx.com/fxml"
fx:controller="ViewController">
  <bottom>
    <GridPane prefHeight="-1.0" prefWidth="-1.0">
      <children>
        <Label text="Azimuth" GridPane.columnIndex="0" GridPane.rowIndex="0" />
        <Label text="Surface Scale" GridPane.columnIndex="0" GridPane.rowIndex="2"
/>
        <Slider fx:id="azimuth" majorTickUnit="90.0" max="360.0" maxWidth="240.0"
minWidth="240.0" minorTickCount="2" prefWidth="240.0" showTickLabels="true"
showTickMarks="true" value="45.0" GridPane.columnIndex="1"
GridPane.halignment="CENTER" GridPane.rowIndex="0"
GridPane.valignment="CENTER" />
        <Slider fx:id="surfaceScale" majorTickUnit="2.0" max="10.0" maxWidth="240.0"
minWidth="240.0" minorTickCount="1" prefWidth="240.0" showTickLabels="true"
showTickMarks="true" value="1.5" GridPane.columnIndex="1"
GridPane.halignment="CENTER" GridPane.rowIndex="2"
GridPane.valignment="CENTER" />
        <Separator prefWidth="200.0" GridPane.columnIndex="0"
GridPane.columnSpan="2147483647" GridPane.rowIndex="1" />
      </children>
      <columnConstraints>
        <ColumnConstraints hgrow="SOMETIMES" maxWidth="140.0" minWidth="10.0"
prefWidth="140.0" />
        <ColumnConstraints hgrow="SOMETIMES" maxWidth="260.0" minWidth="10.0"
prefWidth="260.0" />
      </columnConstraints>
      <padding>
        <Insets bottom="8.0" left="8.0" right="8.0" top="8.0" />
      </padding>
      <rowConstraints>
        <RowConstraints maxHeight="42.0" minHeight="10.0" prefHeight="42.0"
vgrow="SOMETIMES" />
        <RowConstraints maxHeight="10.0" minHeight="10.0" prefHeight="10.0"
vgrow="SOMETIMES" />
        <RowConstraints maxHeight="42.0" minHeight="10.0" prefHeight="42.0"
vgrow="SOMETIMES" />
      </rowConstraints>
    </GridPane>
  </bottom>
  <center>
    <Label fx:id="label" text="Lighting" textFill="#66a3ff"
BorderPane.alignment="CENTER">
      <font>
        <Font name="Arial Black" size="80.0" />
      </font>
    </Label>
```

```
  </center>
</BorderPane>
```

Example 9.11 컨트롤러 클래스

```
import java.net.URL;
import java.util.ResourceBundle;
import javafx.fxml.FXML;
import javafx.fxml.Initializable;
import javafx.scene.control.Label;
import javafx.scene.control.Slider;
import javafx.scene.effect.Light;
import javafx.scene.effect.Lighting;
import javafx.scene.paint.Color;

public class ViewController implements Initializable {

    @FXML
    private Label label;
    @FXML
    private Slider azimuth;
    @FXML
    private Slider surfaceScale;

    @Override
    public void initialize(URL url, ResourceBundle rb) {
        Light.Distant light = new Light.Distant();
        // 과원의 조사 각도
        light.azimuthProperty().bind(azimuth.valueProperty());

        Lighting lighting = new Lighting();
        // 광원 설정
        lighting.setLight(light);

        // 표면의 축척
        lighting.surfaceScaleProperty().bind(surfaceScale.valueProperty());

        label.setEffect(lighting);
    }
}
```

Example 9.12 메인 클래스

```
import javafx.application.Application;
import javafx.fxml.FXMLLoader;
import javafx.scene.Parent;
import javafx.scene.Scene;
import javafx.stage.Stage;

public class LightingDemo extends Application {
```

```
    @Override
    public void start(Stage stage) throws Exception {
        Parent root = FXMLLoader.load(getClass().getResource("view.fxml"));

        Scene scene = new Scene(root);

        stage.setTitle("Lighting Demo");
        stage.setScene(scene);
        stage.show();
    }

    public static void main(String... args) {
        launch(args);
    }
}
```

Lighting 객체에 Light 객체를 설정할 때는 setLight() 메서드를 사용하면 된다. 또한 Light.Distant 클래스의 속성이 파란색, Lighting 클래스의 속성을 주황색으로 보여준다. Light.Distant 클래스를 사용하면 노드가 불룩 솟은 것 같은 엠보싱 처리가 가능하다.

실행 결과에서 a)는 azimuth 속성의 기본 값을 45.0도, b)는 225.0로 설정한 결과 화면이다. a)는 오른쪽 하단에서 빛을 맞고 있는 반면, b)는 왼쪽에서 빛이 들어오는 상황이다. 엠보싱과 같이 부푼 상태는 surfaceScale 속성으로 변경할 수 있으며 c)와 같이 효과가 적용된다.

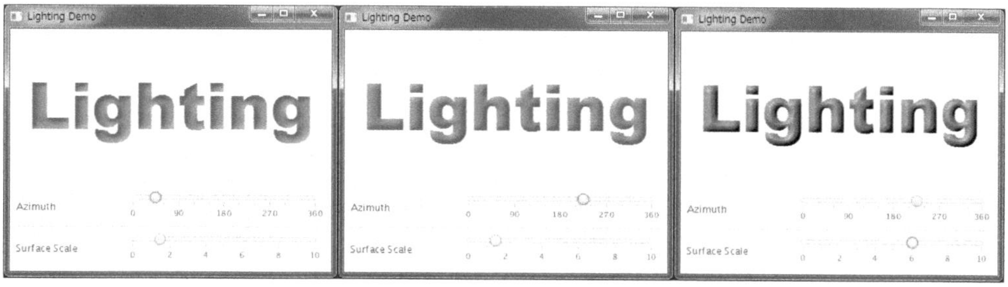

a) azimuth=45로 설정　b) azimuth=225로 설정　c) surfaceScale=6으로 설정

■ 다중 효과

이제까지는 단일 효과를 사용했지만 효과를 여러 개 중첩하여 사용하는 것도 가능하다. 효과를 여러 개 사용하는 경우, Effect 클래스의 setInput() 메서드를 사용하면 된다. setInput() 메서드의 인수로는 다른 효과를 실시하는 객체를 지정하면 된다. 다음 예의 경우는 Reflection 클래스의 예제에서 그림자를 효과를 함께 사용하려고 한

다.

```
DropShadow shadow = new DropShadow(2.0, 5.0, 5.0, Color.GRAY);

Reflection reflection = new Reflection();

// 반사시키기 전에 드롭 새도우 효과를 적용
reflection.setInput(shadow);
```

실행 결과는 다음과 같다. 그림자 효과가 적용된 다음에 함께 반사 처리가 되는 것을 알 수 있다.

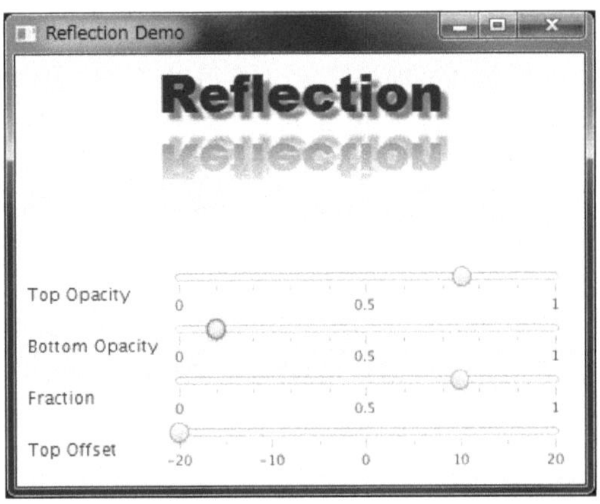

▮변환

변환(Transform)을 사용하면 노드를 변형시킬 수 있다. 현재 지원되는 변환은 이동, 회전, 스케일링, 변형 등이 있다. 스케일링은 확대·축소, 변형은 찌그러짐과 같은 변형 처리를 의미한다. 이러한 변환은 나중에 설명하는 애니메이션에도 적용될 수 있다. 변환은 일반적인 방법과 간이로 시행하는 2종류의 방법을 이용할 수 있다.

일반적인 방법은 javafx.scene.transform.Transform 클래스의 서브 클래스를 사용하여 변환을 나타내는 방법을 들 수 있다. 다른 간이적인 방법은 Node 클래스에서 정의하는 속성을 사용한다. 그러나 찌그럼짐과 같은 변형의 경우는 간이적인 방법으로 실현 될 수 없으므로 참고하기 바란다. 우선 간이적인 방법을 시도해 보자.

■ 노드의 이동

노드를 이동하려면 Node 클래스의 translateX 속성, translateY 속성, translateZ

속성을 사용하여야 한다. 속성 이름에서 알 수 있듯이 각각 x축 방향의 이동, y축 방향의 이동, z축 방향의 이동을 나타낸다.

마찬가지로 옮기는 속성으로 layoutX 속성과 layoutY 속성이 있다. 그러나 layoutX 속성과 layoutY 속성은 컨테이너의 레이아웃 방법에 의해 무시 될 수도 있다. 한편 translateX 속성, translateY 속성, translateZ 속성은 레이아웃에 관계없이 이동이 가능하다.

그러나 z축 방향의 translateZ 속성 값을 설정해도 렌더링에는 변화가 없을 것이다. 그 이유는 JavaFX는 기본적으로 평행 좌표계가 사용되기 때문에 z축 방향으로 이동했다 하더라도 외형의 크기가 변하지 않기 때문이다. z축 방향의 이동을 파악하려면 투시법의 좌표계(PerspectiveCamera 클래스)를 이용할 필요가 있다.

우선 사각형을 x축과 y축 방향으로 이동시켜 보도록 하자. 이를 위해 슬라이더를 2개 사용하여 각각 translateX 속성과 translateY 속성에 바인딩 시킨다. translateX 속성과 translateY 속성에 바인딩 시키는 컨트롤러는 ViewController 클래스가 담당하고 있다.

Example 9.13 FXML 파일(view.fxml)

```
<?xml version="1.0" encoding="UTF-8"?>

<?import java.lang.*?>
<?import java.util.*?>
<?import javafx.geometry.*?>
<?import javafx.scene.*?>
<?import javafx.scene.control.*?>
<?import javafx.scene.layout.*?>
<?import javafx.scene.shape.*?>
<?import javafx.scene.text.*?>

<BorderPane prefHeight="300.0" prefWidth="400.0" xmlns:fx="http://javafx.com/fxml"
fx:controller="ViewController">
  <bottom>
    <HBox alignment="CENTER" prefHeight="50.0" prefWidth="200.0" spacing="10.0">
      <children>
        <Label text="x" />
        <Slider fx:id="xTrans" majorTickUnit="50.0" max="100.0" maxWidth="360.0"
min="-100.0" minorTickCount="4" prefWidth="360.0" showTickMarks="true" value="0.0"
/>
      </children>
    </HBox>
  </bottom>
  <center>
    <Rectangle fx:id="rectangle" fill="DODGERBLUE" height="50.0" stroke="BLACK"
```

```
strokeType="INSIDE" width="100.0" />
  </center>
  <right>
    <VBox alignment="CENTER" prefHeight="200.0" prefWidth="50.0" spacing="5.0">
      <children>
        <Label text="y" />
        <Slider fx:id="yTrans" majorTickUnit="50.0" max="100.0" maxHeight="220.0"
min="-100.0" minorTickCount="4" orientation="VERTICAL" prefHeight="220.0"
showTickMarks="true" value="0.0" />
      </children>
    </VBox>
  </right>
</BorderPane>
```

Example 9.14 컨트롤러 클래스

```
import java.net.URL;
import java.util.ResourceBundle;
import javafx.beans.binding.Bindings;
import javafx.fxml.FXML;
import javafx.fxml.Initializable;
import javafx.scene.control.Slider;
import javafx.scene.shape.Rectangle;

public class ViewController implements Initializable {

    @FXML
    private Rectangle rectangle;
    @FXML
    private Slider xTrans;
    @FXML
    private Slider yTrans;

    @Override
    public void initialize(URL url, ResourceBundle rb) {
        rectangle.translateXProperty().bind(xTrans.valueProperty());
        // 슬라이더 위쪽이 큰 값이지만, 좌표는 아래 방향으로 변하므로
        // 슬라이더의 이동방향과 맞추기 위해 슬라이더 값을 뒤집은 뒤에
        // 바인딩을 실시한다.
        rectangle.translateYProperty().bind(Bindings.negate(yTrans.valueProperty()));
    }
}
```

Example 9.15 메인 클래스

```
import javafx.application.Application;
import javafx.fxml.FXMLLoader;
import javafx.scene.Parent;
import javafx.scene.Scene;
import javafx.stage.Stage;

public class SimpleTranslateDemo extends Application {
```

```
    @Override
    public void start(Stage stage) throws Exception {
        Parent root = FXMLLoader.load(getClass().getResource("view.fxml"));

        Scene scene = new Scene(root);

        stage.setTitle("Translate Demo");
        stage.setScene(scene);
        stage.show();
    }

    public static void main(String... args) {
        launch(args);
    }
}
```

화면 좌표계를 고려하면 y축 방향으로 배치된 슬라이더의 경우, 조정 탭을 움직이게 되면 y 좌표의 값과 반대의 결과를 가져오게 된다. 따라서 바인딩하기 전에 이 값을 조정해 주어야 하는데 javafx.beans.binding.Bindings 클래스의 negate() 메서드를 사용하여 부호를 반전시킨 후에 translateY 속성에 바인딩 하도록 하고 있다.

실행 결과를 보면 슬라이더를 조정할 때마다 화면의 사각형 도형이 이동되는 것을 알 수 있다.

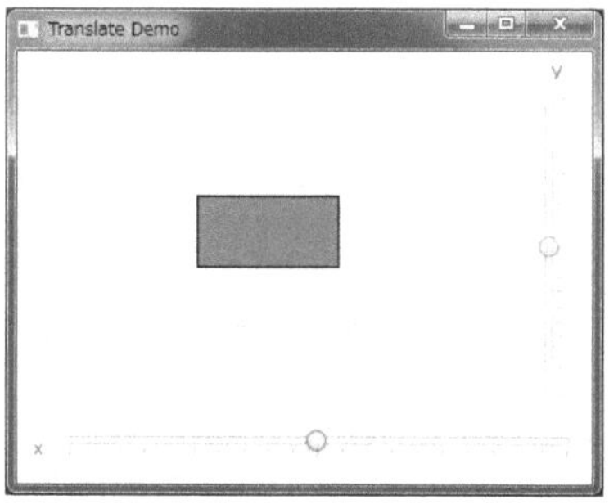

(a) 초기 상태

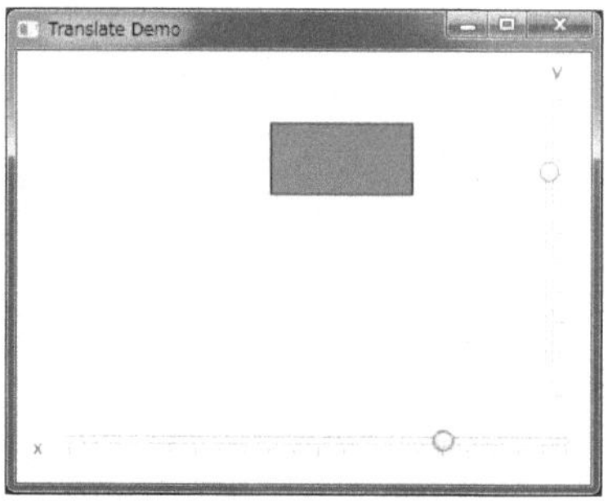

(b) 이동 후

■ 회전과 스케일링

회전과 스케일링도 노드의 이동과 마찬가지로 시도해볼 수 있다. 회전은 rotate 속성과 rotationAxis 속성으로 지정하여 제어한다. rotate 속성은 회전의 각도를 나타내며 지정하는 값은 라디안이 아니다. 회전은 시계 방향으로 이루어진다. rotationAxis 속성은 회전축을 나타낸다. 기본적으로 z축이 기본 회전축이 되며 XY 평면상에서 회전하게 된다. 그러나 회전의 중심은 항상 노드의 중심이다. 만약 노드의 중심 이외를 회전의 중심으로 원한다면 뒤에 설명하는 Transform 클래스를 사용할 필요가 있다.

스케일링은 scaleX 속성, scaleY 속성, scaleZ 속성으로 지정하면 된다. 각각 1.0 보다 큰 값은 확대를, 1.0 보다 작으면 축소를 의미한다. 회전 각도에 따른 회전, 그리고 x축과 y축 스케일링을 처리하여 보자.

Example 9.16 FXML 파일(view.fxml)

```
<?xml version="1.0" encoding="UTF-8"?>

<?import java.lang.*?>
<?import java.util.*?>
<?import javafx.geometry.*?>
<?import javafx.scene.*?>
<?import javafx.scene.control.*?>
<?import javafx.scene.layout.*?>
<?import javafx.scene.shape.*?>
<?import javafx.scene.text.*?>

<BorderPane prefHeight="300.0" prefWidth="400.0" xmlns:fx="http://javafx.com/fxml"
fx:controller="ViewController">
  <bottom>
    <HBox alignment="CENTER" prefHeight="50.0" prefWidth="200.0" spacing="10.0">
      <children>
        <Label alignment="CENTER_LEFT" text="Scale X" />
        <Slider id="xTrans" fx:id="xScale" majorTickUnit="1.0" max="2.0"
maxWidth="300.0" min="0.0" minorTickCount="4" prefWidth="300.0"
showTickLabels="true" showTickMarks="true" value="1.0" />
      </children>
    </HBox>
  </bottom>
  <center>
    <Rectangle fx:id="rectangle" fill="DODGERBLUE" height="50.0" stroke="BLACK"
strokeType="INSIDE" width="100.0" />
  </center>
  <right>
    <VBox alignment="CENTER" prefHeight="200.0" prefWidth="50.0" spacing="4.0">
      <children>
        <Label text="Scale Y" />
        <Slider id="yTrans" fx:id="yScale" majorTickUnit="1.0" max="2.0"
maxHeight="240.0" min="0.0" minorTickCount="4" orientation="VERTICAL"
prefHeight="240.0" showTickLabels="true" showTickMarks="true" value="1.0" />
      </children>
    </VBox>
  </right>
  <top>
    <HBox alignment="CENTER" prefHeight="50.0" prefWidth="200.0" spacing="10.0"
BorderPane.alignment="CENTER">
      <children>
        <Label text="Rotate" />
        <Slider fx:id="rotate" majorTickUnit="90.0" max="360.0" maxWidth="300.0"
```

```
minorTickCount="2" prefWidth="300.0" showTickLabels="true" showTickMarks="true" />
        </children>
      </HBox>
   </top>
</BorderPane>
```

Example 9.17 컨트롤러 클래스

```
import java.net.URL;
import java.util.ResourceBundle;
import javafx.beans.binding.Bindings;
import javafx.fxml.FXML;
import javafx.fxml.Initializable;
import javafx.scene.control.Slider;
import javafx.scene.shape.Rectangle;

public class ViewController implements Initializable {

    @FXML
    private Rectangle rectangle;
    @FXML
    private Slider rotate;
    @FXML
    private Slider xScale;
    @FXML
    private Slider yScale;

    @Override
    public void initialize(URL url, ResourceBundle rb) {
        // 회전 각도
        rectangle.rotateProperty().bind(rotate.valueProperty());

        // x축 방향의 스케일링
        // 슬라이더의 값이 0.01보다 작으면 0.01로 고정
        // 0.01보다 큰 경우는 그대로 값을 사용
        rectangle.scaleXProperty().bind(
            Bindings.when(Bindings.equal(0.0, xScale.valueProperty(), 0.01))
                    .then(0.01)
                    .otherwise(xScale.valueProperty())
        );

        // y축 방향의 스케일링
        // 슬라이더의 값이 0.01보다 작으면 0.01로 고정
        // 0.01보다 큰 경우는 그대로 값을 사용
        rectangle.scaleYProperty().bind(
            Bindings.when(Bindings.equal(0.0, yScale.valueProperty(), 0.01))
                    .then(0.01)
                    .otherwise(yScale.valueProperty())
        );
    }
}
```

Example 9.18 메인 클래스

```
import javafx.application.Application;
import javafx.fxml.FXMLLoader;
import javafx.scene.Parent;
import javafx.scene.Scene;
import javafx.stage.Stage;

public class SimpleRotateScaleDemo extends Application {

    @Override
    public void start(Stage stage) throws Exception {
        Parent root = FXMLLoader.load(getClass().getResource("view.fxml"));

        Scene scene = new Scene(root);

        stage.setTitle("Roate & Scale Demo");
        stage.setScene(scene);
        stage.show();
    }

    public static void main(String... args) {
        launch(args);
    }
}
```

회전은 0도에서 360도로, 스케일링은 0.01에서 1.0까지 처리하는 것으로 하였다. 그러나 슬라이더는 0에서 1까지 표시되므로 바인딩에 조건문을 삽입하여 값을 재조정하도록 하였다.

바인딩에 조건을 넣으려면 Bindings 클래스의 when() 메서드, then() 메서드, otherwise() 메서드를 사용하면 된다. when() 메서드의 인수에 조건을 기술하고 그 조건이 성립할 때 then() 메서드의 인수가 처리되고, 성립하지 않는 경우에는 otherwise() 메서드의 인수가 처리된다.

여기에서는 when() 메서드의 인수에 Bindings 클래스의 equal() 메서드의 반환 값을 지정하고 있다. equal() 메서드는 임의의 속성을 서로 비교할 수 있다. 하지만 여기에서는 원시의 double형과 속성을 비교하고 있기 때문에 세 번째 인수에 오차 성분의 0.01을 지정하고 있다.

이 equal() 메서드의 반환 값이 true이면 then() 메서드의 인수가 반환되며 여기서는 0.01이다. 만약 false이면 슬라이더의 값으로 반환될 것이다. 이 값이 scaleX 속성 또는 scaleY 속성에 바인딩 될 대상이다. 실행 초기에서 x축 방향으로 확대하고 회전시킨 결과는 b)와 같을 것이다.

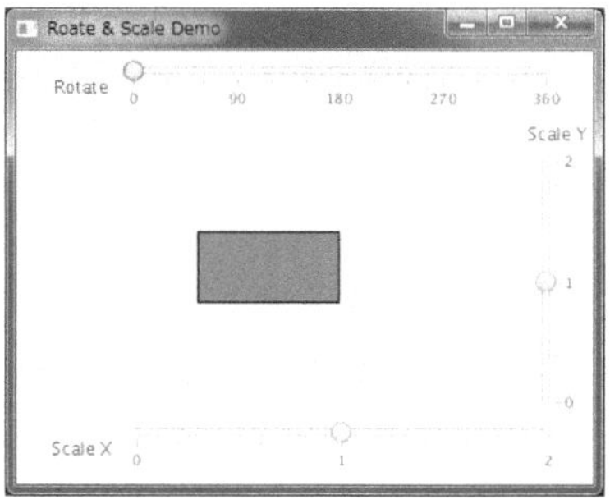

(a) 초기 상태

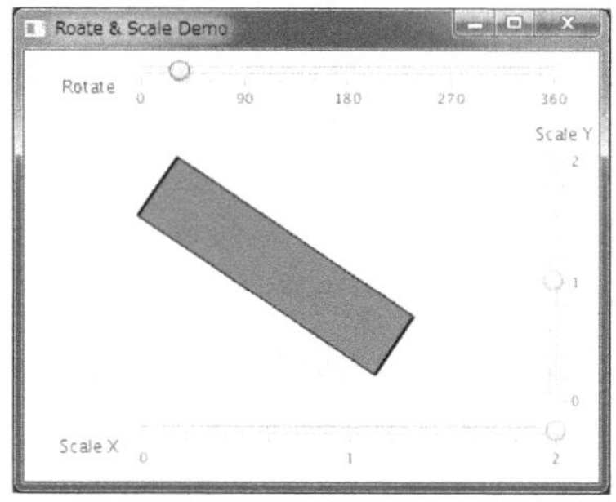

(b) 회전과 x축 방향의 스케일링

그림 b)를 보면 스케일링과 함께 회전을 행하고 있는 것을 알 수 있다. 회전을 행하고 나서 스케일링한 경우에는 사각형이 왜곡되어 변형되는 것을 확인할 수 있을 것이다.

이와 같이 Node 클래스의 속성으로 이동, 회전, 스케일링을 하는 경우에는 변환을 행하는 순서에 주의해야 한다. 도형의 변형을 방지하려면 스케일링→회전→이동의 순서로 처리하는 것이 바람직하다. 이 순서를 바꾸고 싶은 경우는 다음에 설명하는 Transform 클래스를 사용하면 된다.

■ Transform 클래스

Transform 클래스는 변형을 나타내기 위한 클래스로서 다음과 같은 하위 클래스를 가지고 있다. 이들 클래스는 new 연산자를 이용하여 객체를 생성 할 수 있지만 Transform 클래스의 팩토리 메서드를 사용하는 것이 더 편리하다.

- Affine
- Rotate
- Scale
- Shear
- Translate

Affine 클래스는 아핀 변환을 수행하는 클래스이다. 아핀 변환은 선형 변환으로서 변환은 행렬 연산으로 구할 수 있다. 이동, 회전, 스케일링, 변형도 아핀 변환의 특별한 경우로 볼 수 있다. Affine 클래스를 사용하면 이러한 변환이 가능하지만, 행렬의 모든 요소를 지정해야 하므로 사용하려면 조금 번잡스럽게 느낄 것이다.

Rotate 클래스는 회전을 수행하는 클래스이다. Rotate 클래스는 회전 각도를 나타내는 angle 속성, 회전 중심을 나타내는 pivotX, pivotY, pivotZ 속성, 그리고 회전축을 나타내는 axis 속성을 가지고 있다. Node 클래스의 rotate 속성은 회전의 중심이 항상 노드의 중심이었지만 Rotate 클래스를 사용하면 임의의 회전 중심을 설정할 수 있게 된다.

Scale 클래스는 스케일링을 처리한다. 속성으로 각 축마다의 스케일을 나타내는 x, y, z 속성, 스케일링의 중심을 나타내는 pivotX, pivotY, pivotZ 속성이 있다.

Shear 클래스는 변형을 담당한다. x축 방향의 기울기를 나타내는 x 속성뿐만 아니라 y축 방향의 기울기를 나타내는 y 속성, 기울기의 중심을 나타내는 pivotX, pivotY 속성을 가지고 있다.

마지막으로 Translate 클래스는 이동을 담당한다. 이 클래스에서도 각 축마다의 이동량을 나타내는 x, y, z 속성을 가지고 있다.

이들 변환을 노드에 적용할 수 있다. 따라서 Node 클래스의 getTransforms() 메서드를 호출하여 javafx.collections.ObservableList 오브젝트를 취득하고 이에 대해 Transform 객체를 추가하는 방법을 취한다. 예를 들어, x축 방향으로 10만큼 이동하는 Translate 객체를 노드로 설정하려면 다음과 같이 하면 된다.

```
Node node = ...;

// x축 방향으로 10만큼 이동
Translate translate = Transform.translate(10.0, 0.0);

// translate 객체를 노드로 설정
node.getTransforms().add(translate);
```

노드에 Transform 객체의 추가하는 순서에 따라 변환 순서를 결정하게 된다. 마지막에 추가된 변환이 가장 먼저 처리된다. 이것을 실제로 확인해 보도록 하자. 다음 예제는 2개의 사각형을 그리고 각각 회전과 스케일링 변환을 수행한다. 그러나 왼쪽 사각형은 스케일링하고 회전, 오른쪽 사각형은 회전한 다음에 확장하는 경우이다.

Example 9.19 TransformDemo 클래스

```
import javafx.application.Application;
import javafx.scene.Group;
import javafx.scene.Scene;
import javafx.scene.paint.Color;
import javafx.scene.shape.Rectangle;
import javafx.scene.transform.Rotate;
import javafx.scene.transform.Scale;
```

```
import javafx.scene.transform.Transform;
import javafx.stage.Stage;

public class TransformDemo extends Application {

    @Override
    public void start(Stage stage) throws Exception {
//          Parent root = FXMLLoader.load(getClass().getResource("view.fxml"));

        Group root = new Group();
        Scene scene = new Scene(root, 400, 200);

        initRectangle(root);

        stage.setTitle("Transform Demo");
        stage.setScene(scene);
        stage.show();
    }

    private void initRectangle(Group root) {
        // 좌상의 좌표가 (50, 75)이고 폭이 100, 높이 50인 사각형 정의
        Rectangle rect1 = new Rectangle(50.0, 75.0, 100.0, 50.0);
        rect1.setFill(Color.DODGERBLUE);
        rect1.setStroke(Color.BLACK);
        root.getChildren().add(rect1);

        // 좌상의 좌표가 (250, 75)이고 폭이 100, 높이 50인 사각형 정의
        Rectangle rect2 = new Rectangle(250.0, 75.0, 100.0, 50.0);
        rect2.setFill(Color.DODGERBLUE);
        rect2.setStroke(Color.BLACK);
        root.getChildren().add(rect2);

        // 왼쪽 사각형에 대한 변환
        // 회전각은 30도, 회전 중심을 사각형의 중심으로 회전
        Rotate rotate1 = Transform.rotate(30.0, 100.0, 100.0);
        // x축 방향으로 1.5배, 스케일링의 중심을 사각형의 중심으로 설정
        Scale scale1 = Transform.scale(1.5, 1.0, 100.0, 100.0);
        // 순서는 스케일링을 하고 회전 처리
        rect1.getTransforms().addAll(rotate1, scale1);

        // 우측 사각형에 대한 변환
        // 회전각은 30도, 회전의 중심을 사각형의 중심으로 회전
        Rotate rotate2 = Transform.rotate(30.0, 300.0, 100.0);
        // x축 방향으로 1.5배, 스케일링의 중심을 사각형의 중심으로 스케일링 처리
        Scale scale2 = Transform.scale(1.5, 1.0, 300.0, 100.0);
        // 순서는 회전시킨 다음에 스케일링 처리
        rect2.getTransforms().addAll(scale2, rotate2);
    }

    public static void main(String... args) {
        launch(args);
    }

}
```

실행 결과는 다음과 같으며 2개의 사각형의 변형 방법은 서로 반대로 되어 있다. 그 차이를 확인할 필요가 있다.

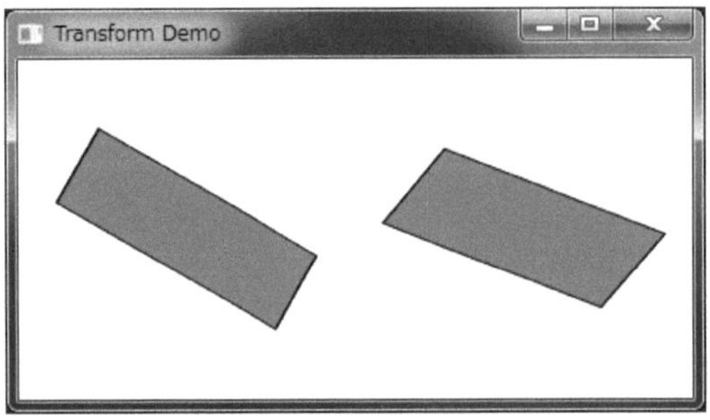

왼쪽의 사각형은 스케일링을 먼저 행하고 있기 때문에 왜곡이 없이 직사각형 모양이 남아 있다. 한편 오른쪽 사각형은 먼저 회전을 수행한 후 x축 방향으로 확대했기 때문에 사각형이 왜곡된 모양으로 표시되었다. 변환의 순서에 따라 이처럼 차이를 보일 수 있으므로 주의가 필요하다.

또한 Transform 클래스를 사용하여 변환과 Node 클래스의 속성으로 변환을 모두 수행한 경우에는 Transform 클래스의 변환이 먼저 처리된다.

Chapter 10. Animation

애니메이션은 잘 사용하면 GUI의 표현력을 향상시키는데 도움이 된다. 최근에는 CSS 3에서도 애니메이션이 가능하게 되는 등의 변화도 있으며 GUI를 구성하는데 애니메이션이 필수적인 요소가 되고 있다.

당연히 JavaFX에서도 애니메이션이 가능하다. JavaFX는 애니메이션을 고수준 API로서 Transition 클래스를, 저수준 API에 해당하는 Timeline 클래스 두 가지 방법으로 작성할 수 있다.

▮애니메이션 기본 원리

애니메이션은 일정 시간마다 표시 요소를 전환시킴으로써 움직임을 표현하는 방법이다. 예를 들어, 다음과 같이 9개의 이미지를 시간마다 전환시키게 되면 맨 우측과 같이 연속적인 동작을 하는 애니메이션을 구현할 수 있다.

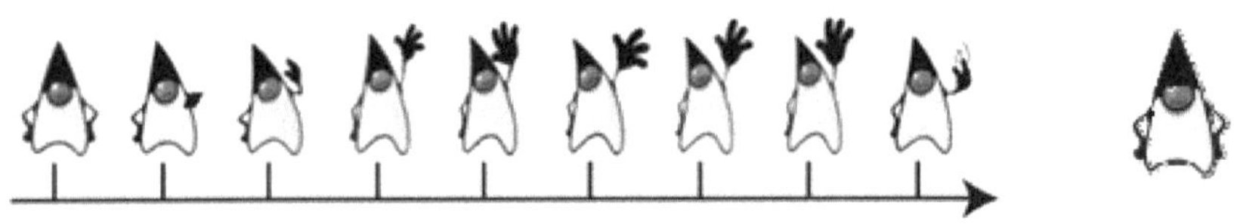

컴퓨터에서 애니메이션을 처리할 때도 이렇게 표시하는 요소를 시간마다 변화시켜 화면을 전환시키는 방법을 사용한다. 그러나 모든 요소를 지정하는 것은 상당히 고된 작업이다. 따라서 이동과 스케일링 등의 애니메이션은 시작 상태와 최종 상태만 지정하고 나면 컴퓨터에서 중간 상태를 보간 처리함으로써 애니메이션 작성을 용이하게 처리한다.

다음 예를 생각해 보자. Duke의 이미지를 점차 확대하는 상황을 고려하면 시작 크기와 끝 크기를 지정할 수 있다. 중간 상태는 자동으로 보간하여 표시하면 될 것이다.

JavaFX 애니메이션에서는 이와 같은 방법으로 애니메이션을 처리한다. Transition 클래스는 비교적 간단한 애니메이션에 적합하며, Timeline 클래스는 복잡한 애니메이션을 작성하는 경우에 사용된다.

애니메이션을 위한 클래스들은 javafx.animation.Animation 클래스의 서브 클래스로서 제공되며 javafx.animation.Transition, javafx.animation.Timeline를 이용할 수 있다.

▌Transition 클래스

이 클래스는 앞에서 설명한 것처럼 시간의 천이에 따른 화면 전환을 이용하고 처음 상태와 마지막 상태를 지정하여 애니메이션을 구현한다. Transition 클래스는 추상 클래스로 제공되므로 애니메이션의 종류마다 제공되는 서브 클래스를 선택하여 사용할 필요가 있다. 일반적으로 사용할 수 있는 Transition 클래스의 하위 클래스들은 다음과 같다.

클래스	설명
FadeTransition	투명도를 변화시켜 페이드인/페이드아웃 시키는 애니메이션
FillTransition	노드의 그리기 색을 변화시킴
PathTransition	곡선을 따라 노드를 이동시킴
RotateTransition	회전 수행 애니메이션
ScaleTransition	스케일링 수행 애니메이션
StrokeTransition	선 색을 변화시킴
TranslateTransition	노드를 이동시킴

그 외 특수한 경우에는 다음 클래스들을 이용할 수 있다.

클래스	설명
SequentialTransition	여러 애니메이션을 순차적으로 실행
ParallelTransition	여러 애니메이션을 동시에 실행
PauseTransition	일시 정지

마지막의 PauseTransition 클래스는 SequentialTransition 클래스와 함께 일련의 애니메이션 사이에 pause 기능을 넣고 싶을 때 사용한다.

▌TranslateTransition 클래스

TranslateTransition 클래스는 노드의 이동시키는 애니메이션을 표현한다. 다음 예는 Duke의 이미지를 4초 동안 이동시키는 경우이다. 또한 화면 전환은 어떤 클래스를 사용해도 동일하므로 하나의 전환을 사용할 수 있게 되면 다른 전환 방법에도 적용할 수 있을 것이다.

주의할 것은 최소한 지정하지 말아야 하는 속성이 있다. 애니메이션의 대상이 되는 노드를 나타내는 node 속성과 애니메이션의 시간을 나타내는 duration 속성이다. 이 값은 속성에 직접 설정할 수 있으며, 생성자의 인수로 지정할 수도 있다.

```
// 애니메이션 대상이 되는 노드 설정
ImageView duke =  new ImageView(new Image("duke.png"));
duke.setLayoutX(20);
duke.setLayoutY(50);
root.getChildren().add(duke);

// 이동을 수행하는 애니메이션
transition = new TranslateTransition();

// 애니메이션 대상을 설정
transition.setNode(duke);

// 애니메이션 시간을 4000 밀리초로 설정
transition.setDuration(Duration.millis(4_000L));
```

속성의 설정을 실시하는 setNode() 메서드의 인수는 javafx.scene.Node 클래스형으로 지정하면 된다. setDuration() 메서드의 인수는 시간 간격을 나타내는 javafx.util.Duration 클래스형이다. Duration 클래스는 new 연산자로 객체를 생성할 수 있으며 시간 단위는 밀리 초(mili seconds)로 지정하면 된다.

이 밖에 시간 단위에 따라 정적 타입의 메서드로 객체를 생성 할 수 있다. 예에서는 밀리 초를 나타내는 millis() 메서드를 사용하고 있지만, 이 밖에 seconds() 메서드와 minutes() 메서드, hours() 메서드를 이용할 수 있다.

다음으로 애니메이션의 시작 상태와 마지막 상태를 지정한다. 시작 상태를 지정하려면 fromXX, 끝 상태를 지정하려면 toXX 혹은 fromXX에서의 차이를 표현하는 byXX을 사용하면 된다. 여기서 XX 부분은 사용하는 Transition 클래스에 따라 다르다. 예를 들어, TranslateTransition 클래스는 좌표를 지정하기 위해 시작 상태의 경우에는 fromX, fromY, fromZ의 3가지 속성을 이용한다. FadeTransition 클래스의 경우는 불투명도를 fromValue 속성에서 toValue로 지정하게 된다.

다음 예는 수평 방향으로 300픽셀 이동하는 애니메이션을 나타내고 있다.

```
        // 개시 위치 설정
        transition.setFromX(0.0);

        // 종료 위치 설정
        transition.setToX(300.0);
```

이 경우에 수평이동만 생각하고 있으므로 fromY 속성과 toY 속성 등은 지정하지 않았다. 또한 현재의 위치에서 애니메이션을 행하는 경우, 시작 위치 지정을 생략 할 수 있다.

애니메이션을 시작하려면 play() 메서드, 정지는 stop() 메서드에서 수행한다. 도중에 일시 중지하려면 pause() 메서드를 사용하면 된다. 다음 예는 버튼을 클릭했을 때 애니메이션을 시작하도록 하는 경우이다.

```
        button.setOnAction(new EventHandler() {
            @Override
            public void handle(ActionEvent event) {
                // 애니메이션을 시작한다
                transition.play();
            }
        });
```

전체 완성된 코드는 다음과 같다.

Example 10.1 TranslateTransitionDemo 클래스

```
import javafx.animation.Animation;
import javafx.animation.Transition;
import javafx.animation.TranslateTransition;
import javafx.application.Application;
import javafx.event.ActionEvent;
import javafx.event.EventHandler;
import javafx.scene.Group;
import javafx.scene.Scene;
import javafx.scene.control.Button;
import javafx.scene.image.Image;
import javafx.scene.image.ImageView;
import javafx.stage.Stage;
import javafx.util.Duration;

public class TranslateTransitionDemo extends Application {
    private static final String START = "Start";
    private static final String PAUSE = "Pause";

    private TranslateTransition transition;
```

```
@Override
public void start(Stage stage) {
    Group root = new Group();

    Button button = new Button(START);
    button.setLayoutX(20);
    button.setLayoutY(10);
    root.getChildren().add(button);

    button.setOnAction(new EventHandler<ActionEvent>() {
        @Override
        public void handle(ActionEvent event) {
            if (transition.getStatus() != Animation.Status.RUNNING) {
                // 애니메이션 개시
                startAnimation();

                // 애니메이션 중이면 문자열을 변경
                ((Button)event.getSource()).setText(PAUSE);
            } else {
                // 애니메이션을 일시 정지시킴
                pauseAnimation();

                // 버튼의 문자열을 원래대로 복원
                ((Button)event.getSource()).setText(START);
            }
        }
    });

    initAnimation(root, button);

    Scene scene = new Scene(root, 400, 180);

    stage.setTitle("Translate Transition Demo");
    stage.setScene(scene);
    stage.show();
}

private void initAnimation(Group root, final Button button) {
    // 애니메이션 대상 노드
    ImageView duke =  new ImageView(new Image("duke.png"));
    duke.setLayoutX(20);
    duke.setLayoutY(50);
    root.getChildren().add(duke);

    // 이동을 시키는 애니메이션
    transition = new TranslateTransition();
    // 애니메이션 대상을 지정
    transition.setNode(duke);
    // 애니메이션 시간은 4000 밀리 초로 설정
    transition.setDuration(Duration.millis(4_000L));
    // 개시 위치 설정
    transition.setFromX(0.0);
    //종료 위치 설정
    transition.setToX(300.0);
```

```
        // 반복 횟수 설정
        transition.setCycleCount(Animation.INDEFINITE);
        // 애니메이션을 반전시킴
        transition.setAutoReverse(true);

        System.out.println(transition.getInterpolator());

        // 애니메이션이 종료되면 버튼의 문자열을 복원
        transition.setOnFinished(new EventHandler<ActionEvent>() {
            @Override
            public void handle(ActionEvent event) {
                button.setText(START);
            }
        });
    }

    private void startAnimation() {
        // 애니메이션을 시작시킴
        transition.play();
    }

    private void pauseAnimation() {
        // 일시 정지
        transition.pause();
    }

    public static void main(String... args) {
        launch(args);
    }
}
```

실행 결과는 다음과 같다. 애니메이션 종료 후 다시 Start 버튼을 클릭하면 시작 위치에서 다시 애니메이션을 시작한다.

(a) 초기 상태

(b) 애니메이션 상태

그런데 애니메이션이 진행되고 있는 상태에서 [Start] 버튼을 클릭하여도 애니메이션에는 변화가 일어나지 않고 그대로 애니메이션이 계속 실행되어 버린다. 만약 클릭할 때마다 애니메이션을 다시 시작하려면 play() 메서드가 아닌 playFromStart() 메서드를 사용하여야 한다.

■ 애니메이션을 위한 공통 설정

위 예에서 애니메이션을 최소한의 속성 지정만으로 구현하였다. from, to, by 속성만이 Transition의 종류에 따라 변한다. 그러나 이외에도 애니메이션에 공통되는 속성이 존재한다. 여기에서 소개하는 속성은 Animation 클래스에 정의되어 있기 때문에 공통으로 사용할 수 있다.

예를 들어, 애니메이션의 반복 횟수와 애니메이션의 반전을 추가하여 보자. 반복 횟수는 cycleCount 속성, 반전은 autoReverse 속성으로 지정하면 되고 다음과 같이 할 수 있다.

```
// 반복 횟수 설정
transition.setCycleCount(Animation.INDEFINITE);
// 애니메이션을 반전시킴
transition.setAutoReverse(true);
```

반복 횟수 설정으로 Animation.INDEFINITE을 지정하였는데 이는 무한 반복하는 애니메이션에 유용하다. 그 외의 경우는 int형 양의 정수를 지정하면 된다.

setAutoReverse() 메서드의 인수는 boolean 타입으로 기본 값은 false이지만 true로 설정하면 애니메이션이 반전된다. 그리고 반전을 시키는 경우에는 cycleCount 속성에 2 이상의 정수를 설정해 주어야 한다. 또한 반전시켜서 처음 상태로 복원하고 종료시키려면 cycleCount 속성에 짝수 값을 설정해 주면 된다. 그 이유는 왕복으로 1회의 애니메이션이라고 생각하는 것이 아니라 진행도 복귀도 각각 1회의 애니메이션으로 카운트하기 때문이다.

■ 애니메이션 상태

애니메이션의 상태는 status 속성으로 취득할 수 있다. status 속성의 자료형은 enum 타입의 Animation.Status이며 다음 3가지 값을 사용할 수 있다.

- RUNNING: 애니메이션을 행하고 있는 상태
- PAUSUED: 일시 정지 상태
- STOPPED: 정지 상태

status 속성을 참조하면 애니메이션 중에 버튼의 문자열을 변화 시키거나 버튼을 클릭했을 때 일시 정지하는 등의 동작의 변화를 부여할 수 있게 된다. 다음은 버튼을 클릭했을 때의 이벤트 처리를 수정한 것이다.

```
button.setOnAction(new EventHandler<ActionEvent>() {
    @Override
    public void handle(ActionEvent event) {
        if (transition.getStatus() != Animation.Status.RUNNING) {
            // 애니메이션 개시
            startAnimation();

            // 애니메이션 중이면 문자열을 변경
            ((Button)event.getSource()).setText(PAUSE);
        } else {
            // 애니메이션을 일시 정지시킴
            pauseAnimation();

            // 버튼의 문자열을 원래대로 복원
            ((Button)event.getSource()).setText(START);
        }
    }
});
```

현재 애니메이션의 상태를 얻기 위해 getStatus() 메서드를 사용하였다. 이 상태 값이 RUNNING이 아닌 경우(즉 PAUSED 또는 STOPPED의 경우), 애니메이션을 시작시킨다. 그리고 버튼의 문자열도 Pause로 변경한다. 반대로 RUNNING이면 애니메이션을 일시 정지시키고 버튼의 문자열도 Start로 되돌린다.

다시 프로그램을 실행하면 애니메이션 중에 버튼의 문자열이 변하는 것을 알 수 있다. 또한 pause() 메서드를 사용하여 애니메이션 중에 버튼을 클릭하면 Duke가 그 위치에서 멈추게 된다. 다시 버튼을 클릭하면 play() 메서드가 호출되어 그 위치에서 애니메이션을 다시 시작하게 된다.

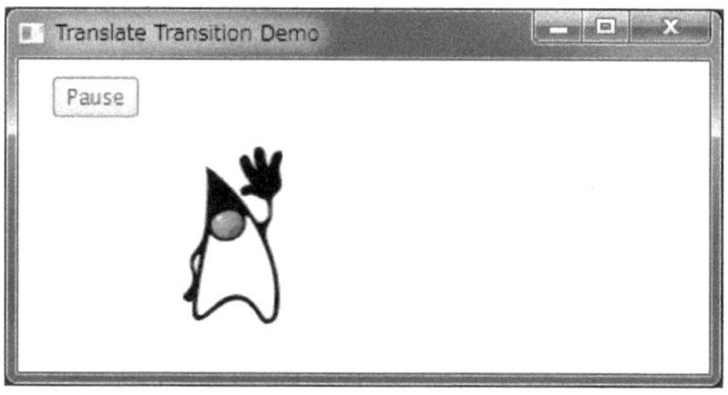

■ 애니메이션 종료에 따른 이벤트 처리

이제까지는 애니메이션의 상태에 따라 버튼의 문자열을 변경하도록 수정하였다. 그런데 마우스를 클릭할 때만 상태를 체크하고 있기 때문에 애니메이션이 완료되었을 때는 버튼의 문자열이 변경되지 않을 것이다.

애니메이션이 종료되었을 때 버튼의 문자열을 변경하려면 애니메이션의 종료를 감지해야 한다. 다시 바인딩 기능을 활용하여야 한다. status 속성을 바인딩하고 값이 변경되었을 때를 감시하면 된다. 이를 위해서 setOnFinished() 메서드에 이벤트 핸들러를 등록해 두면 애니메이션 종료되었을 때에 이벤트 핸들러의 handle() 메서드가 호출되도록 만드는 것이다. 다음은 애니메이션 종료 이벤트 처리를 추가한 예이다.

```
// 애니메이션이 종료되면 버튼의 문자열을 복원
transition.setOnFinished(new EventHandler<ActionEvent>() {
    @Override
    public void handle(ActionEvent event) {
        button.setText(START);
    }
});
```

■ 자연스런 움직임

지금까지 애니메이션의 시작 상태와 종료 상태는 지정했지만 어떻게 보간을 수행할지는 결정하지 못했다. 간단한 보간 방법으로서 일정 속도로 처리하는 것을 생각해 볼 수 있다. 그러나 이동 애니메이션 수행 시 일정한 속도로 움직이는 것은 부자연스러운 느낌을 줄 것이다.

예를 들어 자동차가 이동하는 것을 생각하여 보자.
움직이기 시작할 때 액셀을 밟고 서서히 속도가 올라간다. 적당한 속도에 도달하면 가속을 유지하고 대체로 같은 속도로 달리게 될 것이다. 멈출 때도 급격히 속도가 0이 되는 것이 아니라 브레이크를 밟아 서서히 속도가 줄어들 것이다.

이렇게 처음은 천천히 시작하거나 종료 단계에서도 서서히 끝나도록 하는 변화를 천이(easing)라고 부른다. JavaFX에서도 천이 효과를 부여할 수 있다. 이를 지정하려면 보간 방법을 나타내는 javafx.animation.Interpolator 클래스를 사용한다.

일반적으로 Interpolator 클래스가 정의하는 상수를 사용하여 보간 방법을 나타낸다. 일정 속도로 보간하는 경우는 LINEAR, 천천히 시작하려면 EASE_IN, 천천히 끝내기에는 EASE_OUT을 지정한다. 또한 느리게 시작하여 천천히 끝내는 경우에는 EASE_BOTH를 지정하면 된다.

Interpolator 오브젝트를 애니메이션에 지정하는 방법은 Transition과 Timeline에서 서로 달라진다. 장면 전환의 경우, Transition 클래스의 interpolator 속성에서 보간 방법을 지정한다. interpolator 속성의 자료형은 물론 Interpolator 클래스이다.

Example 10.2 InterpolateDemo 클래스

```
import javafx.animation.Animation;
import javafx.animation.Interpolator;
import javafx.animation.TranslateTransition;
import javafx.application.Application;
import javafx.event.ActionEvent;
import javafx.event.EventHandler;
import javafx.scene.Group;
import javafx.scene.Scene;
import javafx.scene.control.Button;
import javafx.scene.control.Label;
import javafx.scene.image.Image;
import javafx.scene.image.ImageView;
import javafx.stage.Stage;
import javafx.util.Duration;

public class InterpolatorDemo extends Application {
    private static final String START = "Start";
    private static final String PAUSE = "Pause";
    private static final int SIZE = 3;

    private TranslateTransition[] transitions = new TranslateTransition[SIZE];

    @Override
    public void start(Stage stage) {
        Group root = new Group();

        Button button = new Button(START);
        button.setLayoutX(20.0);
        button.setLayoutY(5.0);
        root.getChildren().add(button);

        Label linear = new Label("LINEAR");
        linear.setLayoutX(20.0);
        linear.setLayoutY(35.0);
        root.getChildren().add(linear);

        Label easeIn = new Label("EASE_IN");
        easeIn.setLayoutX(20.0);
        easeIn.setLayoutY(155.0);
        root.getChildren().add(easeIn);

        Label easeOut = new Label("EASE_OUT");
        easeOut.setLayoutX(20.0);
        easeOut.setLayoutY(275.0);
        root.getChildren().add(easeOut);

        button.setOnAction(new EventHandler<ActionEvent>() {
            @Override
            public void handle(ActionEvent event) {
                if (transitions[0].getStatus() != Animation.Status.RUNNING) {
                    // 애니메이션을 시작
                    startAnimation();
```

```
                ((Button)event.getSource()).setText(PAUSE);
            } else {
                // 애니메이션을 일시 정지
                pauseAnimation();
                ((Button)event.getSource()).setText(START);
            }
        }
    });

    initAnimation(root, button);

    Scene scene = new Scene(root, 400, 400);

    stage.setTitle("Interpolator Demo");
    stage.setScene(scene);
    stage.show();
}

private void initAnimation(Group root, final Button button) {
    for (int i = 0; i < SIZE; i++) {
        // 애니메이션 대상 노드 설정
        ImageView duke =  new ImageView(new Image("duke.png"));
        duke.setLayoutX(20);
        duke.setLayoutY(50 + i * 120);
        root.getChildren().add(duke);

        // 이동 애니메이션
        TranslateTransition transition = new TranslateTransition();
        // 애니메이션 시간은 4000 밀리 초로 설정
        transition.setDuration(Duration.millis(4_000L));
        // 애니메이션 대상을 설정
        transition.setNode(duke);
        // 개시 위치 설정
        transition.setFromX(0.0);
        // 종료 위치 설정
        transition.setToX(300.0);
        // 반복 횟수의 설정
        transition.setCycleCount(2);
        // 애니메이션을 반전시킴
        transition.setAutoReverse(true);

        transitions[i] = transition;
    }

    // 애니메이션이 종료되면 문자열을 복원
    transitions[0].setOnFinished(new EventHandler<ActionEvent>() {
        @Override
        public void handle(ActionEvent t) {
            button.setText(START);
        }
    });

    // 일정 속도
    transitions[0].setInterpolator(Interpolator.LINEAR);
```

```
        // 시작은 천천히
        transitions[1].setInterpolator(Interpolator.EASE_IN);
        // 시작은 천천히, 끝에서도 천천히
        transitions[2].setInterpolator(Interpolator.EASE_BOTH);
    }

    private void startAnimation() {
        // 애니메이션을 시작한다
        for (int i = 0; i < SIZE; i++) {
            transitions[i].play();
        }
    }

    private void pauseAnimation() {
        // 애니메이션을 일시 정지시킴
        for (int i = 0; i < SIZE; i++) {
            transitions[i].pause();
        }
    }

    public static void main(String... args) {
        launch(args);
    }
}
```

3개의 Duke가 수평 방향으로 이동하지만 각각의 보간 방법으로 움직이게 된다. 3 종류의 장면 전환은 transitions라는 배열에 저장해 두었다. 다음에 보간 방법을 지정하고 있는 부분만 나타내었다.

```
        // 일정 속도
        transitions[0].setInterpolator(Interpolator.LINEAR);
        // 시작은 천천히
        transitions[1].setInterpolator(Interpolator.EASE_IN);
        // 시작은 천천히, 끝에서도 천천히
        transitions[2].setInterpolator(Interpolator.EASE_BOTH);
```

실행 결과를 살펴보면 그 차이를 이해할 수 있을 것이다.

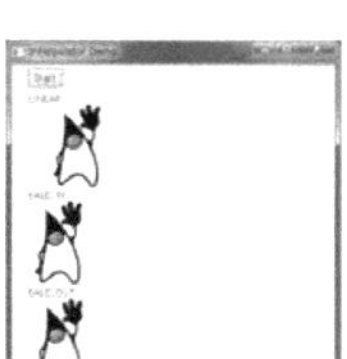
(a) 개시 직후

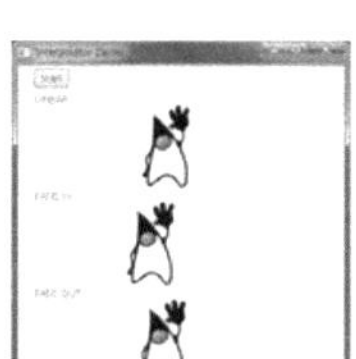
(b) 중간

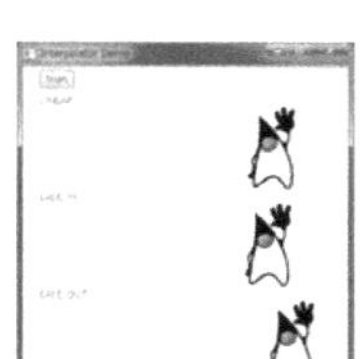
(c) 종료 시

애니메이션을 시작한 직후에는 LINEAR의 Duke가 가장 빨리 튀어 나오고 있다. 중간 지점에서는 LINEAR와 EASE_BOTH로 보간 하였기 때문에 나열된 상태로 보인다. 즉 EASE_BOTH는 시작도 끝도 천천히 전환시키므로 중간 지점에서의 속도는 가장 빠른 것을 알 수 있다.

보간 방법은 애니메이션의 움직임과 의도에 따라 선택하면 된다. 또한 장면 전환의 보간 방법의 기본은 EASE_BOTH이다.

PathTransition 클래스

PathTransition 클래스는 임의의 곡선, 즉 경로에 따라 이동시키는 효과를 제공한다. 따라서 시작 위치는 경로의 시작, 종료 위치는 경로의 끝이 된다. 즉 시작 위치와 종료 위치를 지정할 필요가 없다. 경로는 PathTransition 클래스의 path 속성에서 지정하면 된다.

경로 지정에는 주로 javafx.scene.shape.Shape 클래스를 사용한다. Shape 클래스의 서브 클래스는 사각형을 표현하는 Rectangle 클래스, 원을 나타내는 Circle 클래스, 곡선을 나타내는 Path 클래스 등이 있다. 여기에서는 Rectangle 클래스를 사용하여 노드를 사각형으로 이동시켜 보자. 먼저 완성된 코드를 다음에 나타내었다.

Example 10.3 PathTransitionDemo 클래스

```
import javafx.animation.Animation;
import javafx.animation.PathTransition;
import javafx.application.Application;
import javafx.event.ActionEvent;
import javafx.event.EventHandler;
import javafx.scene.Group;
import javafx.scene.Scene;
import javafx.scene.control.Button;
import javafx.scene.image.Image;
import javafx.scene.image.ImageView;
import javafx.scene.paint.Color;
import javafx.scene.shape.Rectangle;
import javafx.stage.Stage;
import javafx.util.Duration;

public class PathTransitionDemo extends Application {
    private static final String START = "Start";
    private static final String PAUSE = "Pause";

    private PathTransition transition;

    @Override
```

```java
public void start(Stage stage) {
    Group root = new Group();

    Button button = new Button(START);
    button.setLayoutX(180);
    button.setLayoutY(140);
    root.getChildren().add(button);

    button.setOnAction(new EventHandler<ActionEvent>() {
        @Override
        public void handle(ActionEvent event) {
            if (transition.getStatus() != Animation.Status.RUNNING) {
                // 애니메이션의 시작
                startAnimation();
                ((Button)event.getSource()).setText(PAUSE);
            } else {
                // 일시 정지
                pauseAnimation();
                ((Button)event.getSource()).setText(START);
            }
        }
    });

    initAnimation(root, button);

    Scene scene = new Scene(root, 400, 360);

    stage.setTitle("Path Transition Demo");
    stage.setScene(scene);
    stage.show();
}

private void initAnimation(Group root, final Button button) {
    Rectangle rect = new Rectangle(80, 80, 250, 200);
    rect.setStroke(Color.GRAY);
    rect.setFill(null);
    root.getChildren().add(rect);

    // 애니메이션 대상 노드
    Image dukeImage = new Image("duke.png");
    ImageView duke =  new ImageView(dukeImage);
    root.getChildren().add(duke);

    // 애니메이션을 실시하기 위한 경로 준비
    Rectangle path = new Rectangle(80, 80, 250, 200);

    // 애니메이션의 개시점으로 이동시킴
    duke.setTranslateX(80.0 - dukeImage.getWidth()/2.0);
    duke.setTranslateY(80.0 - dukeImage.getHeight()/2.0);
    duke.setRotate(135.0);

    // 이동 애니메이션
    transition = new PathTransition();
    // 애니메이션 시간은 4000 밀리 초로 설정
```

```
        transition.setDuration(Duration.millis(4_000L));
        // 애니메이션 대상을 설정
        transition.setNode(duke);
        // 애니메이션을 수행할 경로 지정
        transition.setPath(path);
        // 경로에 따라 회전시킴
transition.setOrientation(PathTransition.OrientationType.ORTHOGONAL_TO_TANGENT);
        // 반복 횟수 설정
        transition.setCycleCount(2);

        // 애니메이션이 종료되면 문자열 복원
        transition.setOnFinished(new EventHandler<ActionEvent>() {
            @Override
            public void handle(ActionEvent t) {
                button.setText(START);
            }
        });
    }

    private void startAnimation() {
        // 애니메이션 시작
        transition.play();
    }

    private void pauseAnimation() {
        // 일시 정지
        transition.pause();
    }

    public static void main(String... args) {
        launch(args);
    }
}
```

PathTransition 객체를 생성하는 부분을 다음과 같다.

```
        // 애니메이션 대상 노드
        Image dukeImage = new Image("duke.png");
        ImageView duke =  new ImageView(dukeImage);
        root.getChildren().add(duke);

        // 애니메이션을 실시하기 위한 경로 준비
        Rectangle path = new Rectangle(80, 80, 250, 200);

        // 애니메이션의 개시점으로 이동시킴
        duke.setTranslateX(80.0 - dukeImage.getWidth()/2.0);
        duke.setTranslateY(80.0 - dukeImage.getHeight()/2.0);
        duke.setRotate(135.0);

        // 이동 애니메이션
```

```
transition = new PathTransition();
// 애니메이션 시간은 4000 밀리 초로 설정
transition.setDuration(Duration.millis(4_000L));
// 애니메이션 대상을 설정
transition.setNode(duke);
// 애니메이션을 수행할 경로 지정
transition.setPath(path);
// 경로에 따라 회전시킴
```

실행시키면 Duke가 사각형의 이동 경로를 따라 움직이게 되는 것을 알 수 있다.

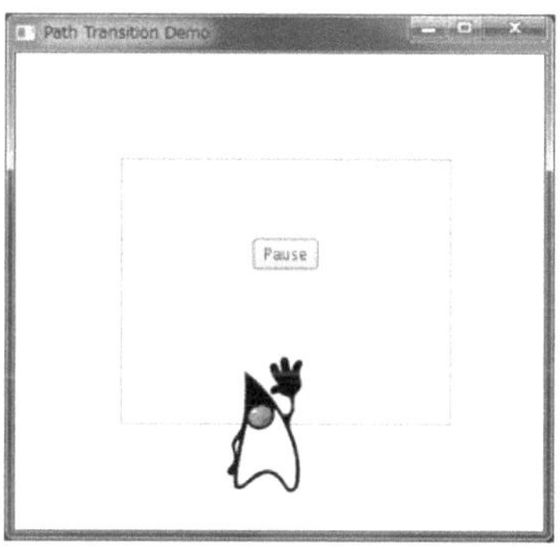

주의 깊게 살펴보면 이미지의 폭과 높이를 취득하여 그 절반 위치로 이동시키고 있는 것은 PathTransition 클래스가 노드의 중심을 경로에 따라 이동시키기 때문이다. 그리고 PathTransition 객체에 경로를 설정하는 것은 setPath() 메서드이다.

■ 경로에 따라 회전

노드를 경로에 따라 이동시킬 때, 경로의 접선 방향에 따라 노드를 회전시키고 싶은 경우도 있다.

이러한 경우 PathTransition 클래스의 orientation 속성에서 지정한다. orientation 속성도 enum 타입의 PathTransition.OrientationType이다. OrientationType은 NONE과 ORTHOGONAL_TO_TANGENT를 지정할 수 있다. 회전시키는 경우는 다음과 같이 ORTHOGONAL_TO_TANGENT를 지정한다.

```
// 애니메이션의 초기 상태까지 회전시킴
duke.setRotate(135.0);

// 경로를 따라 회전시킴
transition.setOrientation(
        PathTransition.OrientationType.ORTHOGONAL_TO_TANGENT);
```

setRotate(135.0) 메서드로 노드를 회전시키는 것은 앞에서 초기 위치로 이동시킨 것과 마찬가지로 애니메이션의 개시점에서의 각도에 맞추었기 때문이다. 회전을 수행하도록 ORTHOGONAL_TO_TANGENT를 지정한 것에 주목하라. 실행 결과를 보면 모서리 부분에서 Duke가 회전하고 있는 것을 알 수 있다.

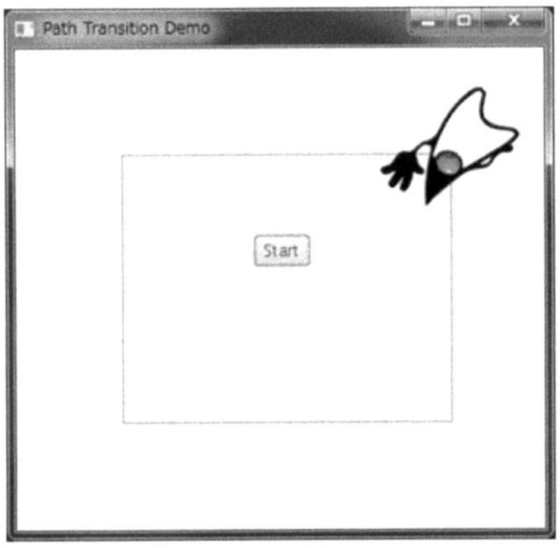

▌SequentialTransition 클래스

SequentialTransition 클래스와 ParallelTransition 클래스는 직접 애니메이션을 정의하지 않고 자식 애니메이션을 실행하는 Transition이다. SequentialTransition 클래스가 자식 애니메이션을 순차적으로 실행하고 ParallelTransition 클래스가 자식 애니메이션을 동시에 수행한다는 차이가 있을 뿐이다.

2개의 Duke가 교대로 이동하는 애니메이션을 구현한 예는 다음과 같다. 2개의 Duke가 이동하는 2종류의 애니메이션을 순차적으로 실행시키는 경우이다. 완성된 코드를 실행시켜 보고 체감한 뒤에 필용한 부분을 점검하면 이해에 도움이 될 것이다.

Example 10.4 SequentialTransitionDemo 클래스

```
import javafx.animation.Animation;
import javafx.animation.PauseTransition;
import javafx.animation.SequentialTransition;
import javafx.animation.TranslateTransition;
import javafx.application.Application;
import javafx.event.ActionEvent;
import javafx.event.EventHandler;
import javafx.scene.Group;
import javafx.scene.Scene;
import javafx.scene.control.Button;
import javafx.scene.image.Image;
import javafx.scene.image.ImageView;
```

```
import javafx.scene.paint.Color;
import javafx.scene.shape.Line;
import javafx.stage.Stage;
import javafx.util.Duration;

public class SequentialTransitionDemo extends Application {
    private static final String START = "Start";
    private static final String PAUSE = "Pause";

    private SequentialTransition transition;

    @Override
    public void start(Stage stage) {
        Group root = new Group();

        Button button = new Button(START);
        button.setLayoutX(20);
        button.setLayoutY(10);
        root.getChildren().add(button);

        button.setOnAction(new EventHandler<ActionEvent>() {
            @Override
            public void handle(ActionEvent event) {
                if (transition.getStatus() != Animation.Status.RUNNING) {
                    // 애니메이션 시작
                    startAnimation();
//                   ((Button)event.getSource()).setText(PAUSE);
                } else {
                    // 애니메이션 일시 정지
                    pauseAnimation();
                    ((Button)event.getSource()).setText(START);
                }
            }
        });

        initAnimation(root, button);

        Scene scene = new Scene(root, 400, 400);

        stage.setTitle("Translate Transition Demo");
        stage.setScene(scene);
        stage.show();
    }

    private void initAnimation(Group root, final Button button) {
        Line line1 = new Line(28+20, 51+50, 28+320, 51+250);
        line1.setStroke(Color.GRAY);
        root.getChildren().add(line1);

        Line line2 = new Line(28+320, 51+50, 28+20, 51+250);
        line2.setStroke(Color.GRAY);
        root.getChildren().add(line2);

        ImageView duke1 =  new ImageView(new Image("duke.png"));
```

```
        duke1.setLayoutX(20);
        duke1.setLayoutY(50);
        root.getChildren().add(duke1);

        ImageView duke2 =  new ImageView(new Image("duke.png"));
        duke2.setLayoutX(320);
        duke2.setLayoutY(50);
        root.getChildren().add(duke2);

        // 애니메이션 #1
        TranslateTransition transition1 = new
                TranslateTransition(Duration.millis(1_000), duke1);
        transition1.setToX(300);
        transition1.setToY(200);

        // 애니메이션 #2
        TranslateTransition transition2 = new
                TranslateTransition(Duration.millis(1_000), duke2);
        transition2.setToX(-300);
        transition2.setToY(200);

        // 다수 애니메이션을 도중에 일시 정지시키고
        // 순차적으로 처리
        transition = new SequentialTransition(
            transition1,
            new PauseTransition(Duration.millis(200)),
            transition2,
            new PauseTransition(Duration.millis(200))
        );
        transition.setCycleCount(2);
        transition.setAutoReverse(true);

        // 애니메이션이 종료되면 버튼의 문자열을 복원
        transition.setOnFinished(new EventHandler<ActionEvent>() {
            @Override
            public void handle(ActionEvent t) {
                button.setText(START);
            }
        });
    }

    private void startAnimation() {
        // 애니메이션 개시
        transition.play();
    }

    private void pauseAnimation() {
        // 일시 정지
        transition.pause();
    }

    public static void main(String... args) {
        launch(args);
    }
```

```
}
```

SequentialTransition 클래스가 수행할 애니메이션은 생성자에서 지정한다. 혹은 getChildren() 메서드에서 자식 애니메이션의 ObservableList 객체를 취득할 수 있기 때문에 거기에 추가시켜 나가면 된다.

```
// 애니메이션 #1
TranslateTransition transition1 = new
        TranslateTransition(Duration.millis(1_000), duke1);
transition1.setToX(300);
transition1.setToY(200);

// 애니메이션 #2
TranslateTransition transition2 = new
        TranslateTransition(Duration.millis(1_000), duke2);
transition2.setToX(-300);
transition2.setToY(200);

// 다수 애니메이션을 도중에 일시 정지시키고
// 순차적으로 처리
transition = new SequentialTransition(
    transition1,
    new PauseTransition(Duration.millis(200)),
    transition2,
    new PauseTransition(Duration.millis(200))
);
```

SequentialTransition 클래스의 생성자의 인수로 순차적으로 행할 애니메이션을 지정하고 있다. 순차적으로 애니메이션을 실행하는 동안 애니메이션을 행하지 않는 잠깐 동안의 시간이 필용한 경우가 있다.

예를 들어, 2개의 이미지를 이동시키는 경우에도 하나의 이동이 끝난 직후에 다른 쪽이 갑작스럽게 움직이게 되면 약간 부자연스러울 것이다. 이러한 경우 애니메이션 사이에 약간의 포즈를 넣는 것으로 보다 부드러운 애니메이션을 보여줄 수 있다.

이럴 때 사용하는 것이 PauseTransition 클래스로서 일시 정지하는 시간은 duration 속성에서 지정하거나 생성자의 인수로 지정하면 된다. 예제에서는 200ms의 포즈 타임을 취하도록 지정하고 있다.

프로그램을 실행하면 2개의 Duke는 직선을 따라 이동합니다. 한쪽의 애니메이션 끝나면 200ms 후에 다른 Duke가 움직이기 시작할 것이다.

▌ParallelTransition 클래스

ParallelTransition 클래스를 이용하면 다수의 자식 애니메이션을 동시에 실행시킬 수 있다. 자식 애니메이션의 지정은 SequentialTransition 클래스와 마찬가지로 생성자에서 직접 지정하거나 getChildren() 메서드를 호출하여 반환 값으로 자식 애니메이션을 추가하여 나가면 된다.

다음 예는 Duke의 이미지를 스케일링하면서 회전시키는 경우에 해당한다.

Example 10.5 ParallelTransitionDemo 클래스

```
import javafx.animation.Animation;
import javafx.animation.ParallelTransition;
import javafx.animation.RotateTransition;
import javafx.animation.ScaleTransition;
import javafx.application.Application;
import javafx.event.ActionEvent;
import javafx.event.EventHandler;
import javafx.scene.Group;
import javafx.scene.Scene;
import javafx.scene.control.Button;
import javafx.scene.image.Image;
import javafx.scene.image.ImageView;
import javafx.stage.Stage;
import javafx.util.Duration;

public class ParallelTransitionDemo extends Application {
    private static final String START = "Start";
    private static final String PAUSE = "Pause";

    private ParallelTransition transition;

    @Override
    public void start(Stage stage) {
        Group root = new Group();
```

```
        Button button = new Button(START);
        button.setLayoutX(20);
        button.setLayoutY(10);
        root.getChildren().add(button);

        button.setOnAction(new EventHandler<ActionEvent>() {
            @Override
            public void handle(ActionEvent event) {
                if (transition.getStatus() != Animation.Status.RUNNING) {
                    // 애니메이션 시작
                    startAnimation();
                    ((Button)event.getSource()).setText(PAUSE);
                } else {
                    // 애니메이션 일시 정지
                    pauseAnimation();
                    ((Button)event.getSource()).setText(START);
                }
            }
        });

        initAnimation(root, button);

        Scene scene = new Scene(root, 400, 400);

        stage.setTitle("Translate Transition Demo");
        stage.setScene(scene);
        stage.show();
    }

    private void initAnimation(Group root, final Button button) {
        // 애니메이션 대상 노드 설정
        ImageView duke =  new ImageView(new Image("duke.png"));
        duke.setLayoutX(160);
        duke.setLayoutY(140);
        duke.setScaleX(0.1);
        duke.setScaleY(0.1);
        root.getChildren().add(duke);

        // 스케일링 애니메이션
        ScaleTransition scale = new ScaleTransition(Duration.millis(4_000), duke);
        scale.setFromX(0.1);
        scale.setFromY(0.1);
        scale.setToX(2.0);
        scale.setToY(2.0);

        // 회전하는 애니메이션
        RotateTransition rotate = new RotateTransition(Duration.millis(4_000), duke);
        rotate.setFromAngle(0.0);
        rotate.setToAngle(1440.0);

        // 다수의 애니메이션을 동시에 처리
        transition = new ParallelTransition(scale, rotate);
        transition.setCycleCount(4);
        transition.setAutoReverse(true);
```

```
        // 애니메이션이 종료되면 버튼의 문자열 복원
        transition.setOnFinished(new EventHandler<ActionEvent>() {
            @Override
            public void handle(ActionEvent t) {
                button.setText(START);
            }
        });
    }

    private void startAnimation() {
        // 애니메이션 개시
        transition.play();
    }

    private void pauseAnimation() {
        // 일시 정지
        transition.pause();
    }

    public static void main(String... args) {
        launch(args);
    }
}
```

스케일링시키는 경우는 ScaleTransition 클래스, 회전은 RoateTransition 클래스를 이용한다. ScaleTransition 클래스의 시작 상태와 종료 상태는 축마다의 확대/축소율이다. RotateTransition 클래스의 경우는 시작 각도와 종료 각도를 지정한다. 각도의 단위는 라디안(radian)이 아니다.

두 가지 애니메이션을 대상으로 하는 노드는 동일하지만 문제없이 실행될 것이다. 마지막으로 ParallelTransition 객체를 생성합니다. 자식 애니메이션은 생성자에서 지정했다.

실행한 결과는 다음과 같다. 사진 이미지로 보여 이해하기 어렵지만, 회전하면서 커지는 것을 알 수 있을 것이다.

▮Timeline을 이용한 애니메이션

이미 애니메이션의 원리를 간단한 설명하였지만, 가로 축을 시간을 볼 때 이 축 위에서 순차적으로 움직일 개개인 소재(대부분은 이미지)를 프레임이라고 부른다. 애니메이션의 시작과 끝을 지정하고 중간 지점에서는 적절한 보간을 통해 부드러운 애니메이션을 구현해 낼 수 있다는 점도 이미 설명하였다.

여기서는 javafx.animation.Timeline 클래스와 핵심 키 프레임의 처리를 전담하는 javafx.animation.KeyFrame 클래스를 이용하는 방법에 대해 알아본다.

Transition을 이용한 경우와 마찬가지로 시작과 끝만을 키 프레임으로 표시하는 애니메이션을 구현할 수 있다. Duke가 회전하는 애니메이션이다. 여기서 회전이라고 하면 RotateTransition 클래스를 떠올리겠지만 이 클래스의 문제점은 회전의 중심이 노드의 중심이라는 점이다. 임의의 점을 중심으로 회전시키기 위해서는 Timeline 클래스를 사용해야 한다.

마찬가지로 ScaleTransition 클래스에서 스케일링을 하는 경우도 스케일링의 중심이 노드의 중심이 되어 버린다. 임의의 점을 스케일링 중심으로 하려면 역시 Timeline 클래스를 이용해야 한다. 여기에서는 Duke의 머리 부분을 중심으로 두고 회전시키도록 한 경우이다.

Example 10.6 TimelineDemo 클래스

```
import javafx.animation.Interpolator;
import javafx.animation.KeyFrame;
import javafx.animation.KeyValue;
import javafx.animation.Timeline;
import javafx.application.Application;
import javafx.event.ActionEvent;
import javafx.event.EventHandler;
import javafx.scene.Group;
import javafx.scene.Node;
import javafx.scene.Scene;
import javafx.scene.control.Label;
import javafx.scene.image.Image;
import javafx.scene.image.ImageView;
import javafx.scene.transform.Rotate;
import javafx.scene.transform.Transform;
import javafx.stage.Stage;
import javafx.util.Duration;

public class TimelineDemo extends Application {
    private static final String DUKE_IMG_FILE = "duke.png";
```

```
    private int counter = 0;
    private Label counterLabel;

    @Override
    public void start(Stage stage) {
        Group root = new Group();

        Node node = initAnimation();
        node.setLayoutX(150);
        node.setLayoutY(80);
        root.getChildren().add(node);

        counterLabel = new Label(String.valueOf(counter));
        counterLabel.setLayoutX(20);
        counterLabel.setLayoutY(20);
        root.getChildren().add(counterLabel);

        Scene scene = new Scene(root, 400, 300);

        stage.setTitle("Timeline Demo");
        stage.setScene(scene);
        stage.show();
    }

    private Node initAnimation() {
        // Duke의 이미지를 로드
        Image image = new
            Image(getClass().getResource(DUKE_IMG_FILE).toString());
        ImageView view = new ImageView(image);

        // Duke의 머리(26, 23)를 중심으로 회전시킴
        // 초기 상태의 각도로 –60도 지정
        Rotate rotate = Transform.rotate(-60, 26, 23);
        view.getTransforms().add(rotate);

        // 타임라인 생성
        Timeline timeline = new Timeline(
            // 초기 상태에서는 -60도
            new KeyFrame(Duration.ZERO,
                         new KeyValue(rotate.angleProperty(), -60)),
            // 1초에 60도까지 회전
            // Easing 처리
            new KeyFrame(Duration.millis(1_000),
                         new EventHandler<ActionEvent>() {
                             @Override
                             public void handle(ActionEvent t) {
                                 // 카운터의 증가
                                 // 최대값에 도달하면 0으로 리셋
                                 if (counter == Integer.MAX_VALUE) {
                                     counter = 0;
                                 } else {
                                     counter++;
                                 }
                                 // 라벨의 문자열 갱신
```

```
                            counterLabel.setText(String.valueOf(counter));
                        }
                    },
                    new KeyValue(rotate.angleProperty(), 60,
                                Interpolator.EASE_BOTH))
        );

        timeline.setCycleCount(Timeline.INDEFINITE);
        timeline.setAutoReverse(true);
        timeline.play();

        return view;
    }

    public static void main(String... args) {
        launch(args);
    }
}
```

Duke의 머리를 중심으로 하는 회전에는 javafx.scene.transform.Roate 클래스를 사용하고 있다. 그리고 rotate() 메서드는 첫 번째 인수는 회전각도, 다음 인수들은 회전 중심을 나타낸다. 여기에서 -60도 회전에서 회전 중심의 좌표가 (26, 23)라는 형태로 설정하였다.

Timeline 클래스의 생성자에는 네 가지가 있지만 KeyFrame 객체를 지정하는 생성자가 자주 사용된다. 가변 인수로 되어 있기 때문에 여러 KeyFrame 객체를 지정할 수 있다.

KeyFrame 클래스의 생성자는 두 개의 인수 설정이 필요한데 첫 번째 인수가 키 프레임의 시간에 해당하는 javafx.util.Duration 클래스로 지정한다. 여기에서는 0초와 1초 키 프레임을 만들고 있다. 두 번째 인수는 javafx.animation.KeyValue 클래스로 지정한다. KeyValue 클래스는 지정된 속성과 그 값을 유지하는 클래스이다. KeyFrame 객체에서는 시간과 그 때의 속성과 그 값을 지정하는 것으로 보면 된다. 그리고 Rotate 객체의 각 속성을 변경하고 있기 때문에 rotate.angleProperty()를 사용하여 애니메이션 각도를 -60도에서 60도까지 변화시키고 있다.

Timeline 객체를 생성 한 후 반복 횟수와 반전의 지정 등은 이전의 Transition 사용과 동일하다. 또한 애니메이션의 시작이나 정지 등도 동일하다. 실행 결과는 다음과 같다.

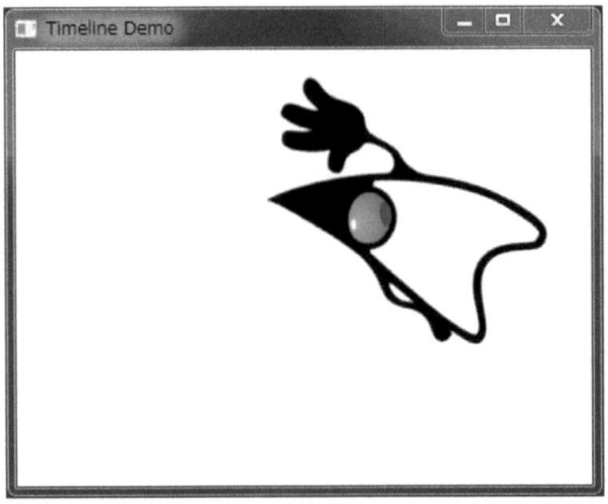

위 예를 이해하였다면 좀 더 복잡한 애니메이션 작성도 할 수 있을 것이다. Duke가 머리를 중심으로 -60도에서 60도까지 회전하는 모습은 마치 진자(후리코)가 움직이는 모습과 비슷하다. 실제 응용에서는 다양한 상황이 발생할 수 있지만 기본 원리만 잘 이해하면 자신만의 애니메이션을 작성할 수 있을 것이다.

Chapter 11. 비동기 처리

▌일반적인 문제점

현재 사용되는 대부분의 윈도우 시스템은 이벤트 구동으로 작동한다. 마우스 클릭이나 키보드 입력뿐만 아니라 렌더링 요구 등도 이벤트로 처리된다. 이벤트는 큐에 보관되어 순차적으로 처리되는데 대부분의 윈도우 시스템에서는 큐에 액세스할 때 이벤트를 처리하는 단일 스레드에 한정된다.

물론 이것은 윈도우 시스템에서 실행되는 응용 프로그램에 적용되는 얘기다. 예를 들어 Swing의 경우 이벤트를 처리하는 스레드는 Event Dispatch Thread(EDT)라고 한다. 이것은 JavaFX에도 마찬가지이다. JavaFX의 경우 이벤트를 처리하는 스레드는 JavaFX Application Thread이다. 이것은 그리기 노드도 JavaFX Application Thread 안에서만 취급 할 수 있다는 것을 의미한다.

JavaFX 응용 프로그램은 메인 클래스의 main() 메서드에서 launch() 메서드를 작성한다. 이 launch() 메서드가 JavaFX Application Thread를 시작하는 방법이다. 시작된 JavaFX Application Thread가 메인 클래스의 객체를 생성하고 start() 메서드를 호출하게 된다. 다시 말하면 start() 메서드는 JavaFX Application Thread에서 동작하는 것이다.

여기서 문제가 되는 것이 모든 처리를 JavaFX Application Thread에서 해도 괜찮은지에 의문이 든다. 예를 들어 파일의 읽기와 쓰기, 통신, DB와의 교환 등 GUI의 처리에 비교하면 시간이 걸리는 처리들이다. 다음 예를 통해 무슨 일이 일어나는지 확인해 보기 바란다.

Example 11.1 GUI 환경에서 시간이 많이 걸리는 처리를 하는 예

```
public class LongTermTask extends Application {

    @Override
    public void start(Stage stage) {
        BorderPane root = new BorderPane();
        root.setPadding(new Insets(10.0));

        root.setTop(initButton());

        // 이미지를 회전시키는 애니메이션
        ImageView image = new ImageView(new Image("duke.png"));
```

```
        RotateTransition transition = new RotateTransition(Duration.millis(2_000),
            image);
        transition.setToAngle(360);
        transition.setInterpolator(Interpolator.LINEAR);
        transition.setCycleCount(Animation.INDEFINITE);
        transition.play();
        root.setCenter(image);

        Scene scene = new Scene(root, 300, 250);

        stage.setTitle("Long Time Task Demo");
        stage.setScene(scene);
        stage.show();
    }

    private Button initButton() {
        // 시간이 많이 걸리는 태스크를 실행하는 버튼
        Button button = new Button("Long Term Task");

        button.setOnAction(new EventHandler<ActionEvent>() {
            @Override
            public void handle(ActionEvent t) {
                // 시간이 소요되는 처리
                longExecution();
            }
        });

        return button;
    }

    // 시간이 소요되는 처리
    private void longExecution() {
        try {
            Thread.sleep(10_000);
        } catch (InterruptedException ex) {}
    }

    public static void main(String... args) {
        launch(args);
    }
}
```

예제 응용 프로그램은 버튼과 회전하는 이미지를 표시한다. 버튼을 클릭하면 longExecution() 메서드를 호출하는데 이는 시간이 걸리는 처리내용을 담고 있다. 여기에서는 문제를 단순화하기 위해 일정 시간 동안 Thread의 sleep() 메서드를 호출하는 것으로 모델링 하였다.

프로그램을 실행하고 버튼을 클릭한 상태의 결과는 다음과 같다. 애니메이션을 동작하지 않는 것은 사진이기 때문이 아니라 클릭하자마자 애니메이션이 멈춰 버리기 때문이다. 뿐만 아니라 버튼을 클릭한 상태 그대로 남아 있게 된다.

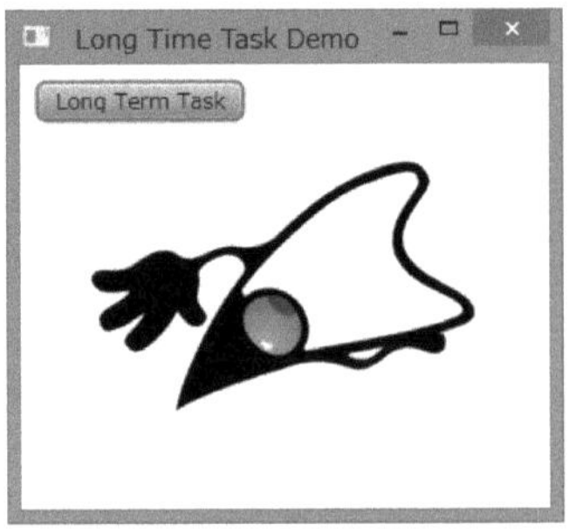

10초 후에 longExecution() 메서드로부터 복귀하게 되면 다시 애니메이션을 시작하게 되고 버튼도 정상 상태로 돌아갈 것이다. 이로부터 알 수 있는 사실은 JavaFX Application Thread에서 시간이 걸리는 처리를 하면 그 처리를 수행하는 동안 다른 작업이 모두 멈춰 버린다는 것이다.

그렇다고 통신 등 시간이 걸리는 처리를 피해 갈 수도 없다. 그럼 어떻게 하면 좋을까? 결국 별도의 스레드에서 비동기적으로 처리하는 것이 바람직할 것이다. 예를 들어 **Example 11.1** 예제의 내용에서 initButton() 메서드를 다음과 같이 변경하여 보자.

```
// 스레드 풀 작성
private ExecutorService service = Executors.newSingleThreadExecutor();

private Button initiButton() {
    // 시간이 많이 걸리는 태스크를 실행하는 버튼
    Button button = new Button("Long Term Task");

    button.setOnAction(new EventHandler<ActionEvent>() {
        @Override
        public void handle(ActionEvent t) {
            // 비동기 태스크를 실행
            Runnable task = new Runnable() {
                @Override
                public void run() {
                    // 시간이 소요되는 처리
                    longExecution();
                }
            };
            service.submit(task);
        }
    });

    return button;
}
```

시간이 걸리는 처리를 Rnnable 객체에서 수행하도록 수정하였다. 그리고 Runnable 객체를 실행하는 것은 java.util.concurrent.ExecutorService 객체이다. 여기에서는 java.util.concurrent.Executors 클래스의 newSingleThreadExecutor() 메서드를 사용하여 스레드 수가 한 개인 스레드 풀 ExecutorService 객체를 사용하고 있다. 그리고 ExecutorService 객체에 대해서 Runnable 객체로 나타낸 태스크를 실행시키기 위해서 submit() 메서드를 호출한다.

실행 해 보면 알 수 있지만, 이전과는 달리 애니메이션이 멈추지도 않고 버튼이 클릭된 상태로 남아있지도 않은 것을 알 수 있을 것이다. 이처럼 시간이 걸리는 처리는 다른 스레드에서 비동기적으로 처리하면 좋다.

반대로 다른 스레드에서 JavaFX Application Thread에 액세스 할 수 있다. 이러한 경우 javafx.application.Platform 클래스의 runLater() 메서드를 사용해야 한다. Swing에서는 javax.swing.SwingUtilities 클래스의 invokeLater() 메서드에서 Swing EDT에 액세스 할 수 있었지만, runLater() 메서드는 이에 상응하는 기능을 제공한다. 이번에는 시간이 걸리는 처리를 수행하는 동안 버튼을 클릭 할 수 없도록 만들어 보자.

```
    private Button initiButton() {
        // 시간이 많이 걸리는 태스크를 실행하는 버튼
        final Button button = new Button("Long Term Task");

        button.setOnAction(new EventHandler() {
            @Override
            public void handle(ActionEvent t) {
                // 버튼을 사용할 수 없도록 한다
                button.setDisable(true);

                // 비동기 태스크를 실행
                Runnable task = new Runnable() {
                    @Override
                    public void run() {
                        // 시간이 소요되는 처리
                        longExecution();

                        // JavaFX Application Thread에 액세스
                        Platform.runLater(new Runnable() {
                            @Override
                            public void run() {
                                // 버튼을 사용 가능한 상태로 만듬
                                button.setDisable(false);
                            }
                        });
                    }
                };
```

```
                    service.submit(task);
                }
            });

            return button;
        }
```

run() 메서드는 JavaFX Application Thread와 다른 스레드에서 실행된다. 그러나 runLater() 메서드를 사용하면 JavaFX Application Thread에 액세스 할 수 있게 된다.

그런데 비동기 처리에 J2SE 5.0에서부터 제공되는 Concurrency Utilities를 그대로 사용하였다. 물론 이것은 괜찮은 방법이다. 그러나 GUI에 특유의 기능이 필요할 수도 있다. 따라서 JavaFX는 Concurrency Utilities에 GUI에 필요한 기능을 추가한 비동기 처리의 API를 제공하고 있다.

▌Task 클래스

JavaFX의 비동기 처리에서 중심이 되는 클래스가 javafx.concurrent.Task 클래스이다. Task 클래스는 비동기적으로 실행하는 태스크를 기술한다.

Task 클래스는 Concurrency Utilities의 java.util.concurrent.FutureTask 클래스의 하위 클래스로 정의된 것이다. 따라서 ExecutorService 인터페이스 등을 사용하여 작업을 수행 할 수 있다. Task 클래스는 FutureTask 클래스와 비교하여 다음과 같은 기능이 추가되었다.

- 상태
- 상태의 변화에 따른 이벤트 처리
- 진행

FutureTask 클래스는 종료하고 있는지 또는 취소되었는지 등을 감지할 수 있다. 이에 대해 Task 클래스는 작업 상태를 보다 세밀하게 관리하는 것이 가능하다. 또한 상태가 변경되면 그에 따라 이벤트 처리를 할 수 있다. 예를 들어 작업이 완료되면 이벤트를 발생시킬 수 있기 때문에 작업의 종료를 감시할 필요가 없어진다. 이것은 GUI에서 꼭 필요한 기능이다. GUI에서 비동기적으로 이루어지고 있는 처리의 진척 상황을 프로그래스바 등으로 표시 할 수 있다.

이러한 기능 중 상태 및 진행 상황에 관해서는 javafx.concurrent.Worker 인터페이스에 정의되어 있다. Task 클래스는 Worker 인터페이스를 구현하고 상태에 따라 이벤트 처리 등의 기능을 추가하면 된다.

■ 기본적인 사용방법

FutureTask 클래스에서 태스크를 기술하기 위해서 Runnable 인터페이스 또는 java.util.concurrent.Callable 인터페이스를 사용한다. 이에 대해 Task 클래스는 Task 클래스에 직접 작업을 기술한다.

다음 예는 수를 카운트하는 처리를 태스크로서 기술한 예이다.

Example 11.2 Task 클래스를 이용한 비동기 처리

```
import java.util.concurrent.ExecutorService;
import java.util.concurrent.Executors;
import javafx.application.Application;
import static javafx.application.Application.launch;
import javafx.beans.value.ChangeListener;
import javafx.beans.value.ObservableValue;
import javafx.concurrent.Task;
import javafx.concurrent.Worker;
import javafx.event.ActionEvent;
import javafx.event.EventHandler;
import javafx.geometry.Pos;
import javafx.scene.Scene;
import javafx.scene.control.Button;
import javafx.scene.control.Label;
import javafx.scene.layout.VBox;
import javafx.stage.Stage;
import javafx.stage.WindowEvent;

public class TaskDemo extends Application {
    // 스레드 풀 작성
    private ExecutorService service = Executors.newSingleThreadExecutor();

    // 상태 및 결과를 표시하는 라벨
    private Label label;

    @Override
    public void start(Stage stage) {
        VBox root = new VBox(12);
        root.setAlignment(Pos.CENTER);

        root.getChildren().add(initButton());

        label = new Label("READY");
        root.getChildren().add(label);

        Scene scene = new Scene(root, 300, 150);
```

```
        // 종료 시에 스레드 풀을 셧다운
        stage.setOnCloseRequest(new EventHandler<WindowEvent>() {
            @Override
            public void handle(WindowEvent event) {
                service.shutdown();
            }
        });

        stage.setTitle("Task Demo");
        stage.setScene(scene);
        stage.show();
    }

    private Button initButton() {
        // 시간이 많이 걸리는 태스크를 실행하는 버튼
        Button button = new Button("Long Term Task");
        button.setOnAction(new EventHandler<ActionEvent>() {
            @Override
            public void handle(ActionEvent event) {
                label.setText("RUNNING");
                executeTaskAsync();
            }
        });

        return button;
    }

    private void executeTaskAsync() {
        // 비동기로 처리하는 태스크
        Task<Integer> task = new Task<Integer>() {
            @Override
            public Integer call() {
                // 시간이 소요되는 태스크 정의
                int i = 0;
                try {
                    for (; i < 10; i++) {
                        // 진행 상태를 업데이트
                        updateProgress(i, 10.0);
                        // 메시지를 갱신
                        updateMessage("Message: " + i);
                        Thread.sleep(1_000);
                    }
                } catch (InterruptedException ex) {}

                return i;
            }

            // 태스크 종료 처리
            // JavaFX Application Thread에서 실행
            @Override
            protected void succeeded() {
                // 태스크의 결과를 취득하여 표시
                label.setText("DONE Result: " + getValue());
```

```
            }
        };

        // 태스크 상태가 변하면 출력
        task.stateProperty().addListener(new ChangeListener<Worker.State>() {
            @Override
            public void changed(ObservableValue<? extends Worker.State> value,
                                Worker.State oldState, Worker.State newState) {
                System.out.println("New: " + newState + " Old: " + oldState);
            }
        });

        // 진행 상태가 변하면 출력
        task.progressProperty().addListener(new ChangeListener<Number>() {
            @Override
            public void changed(ObservableValue<? extends Number> value,
                                Number oldValue, Number newValue) {
                label.setText("RUNNING: " + newValue.doubleValue() * 100 + "%");
            }
        });

        // 메시지가 변하면 출력
//        task.messageProperty().addListener(new ChangeListener<String>() {
//            @Override
//            public void changed(ObservableValue<? extends String> value,
//                                String oldMessage, String newMessage) {
//                System.out.println(newMessage);
//            }
//        });

        // 태스크 실행
        service.submit(task);
    }

    public static void main(String... args) {
        launch(args);
    }
}
```

TaskDemo 클래스는 버튼과 레이블을 표시한다. 버튼을 클릭하면 비동기로 태스크가 실행되고 라벨에는 RUNNING이라고 표시한다. 작업이 완료되면 라벨 문자열을 DONE으로 업데이트한다. 다음은 비동기 처리에 대한 내용이다.

```
    private void executeTaskAsync() {
        // 비동기로 처리하는 태스크
        Task<Void> task = new Task<Void>() {
            @Override
            public Void call() {
                // 시간이 소요되는 태스크 정의
                try {
```

```
            for (int i = 0; i < 10; i++) {
                Thread.sleep(1_000);
            }
        } catch (InterruptedException ex) {}

        return null;
    }

    // 태스크 종료 처리
    // JavaFX Application Thread에서 실행
    @Override
    protected void succeeded() {
        // 태스크 종료를 표시
        label.setText("DONE");
    }
};

// 태스크 실행
service.submit(task);
}
```

여기서 스레드의 수가 하나인 스레드 풀 ExecutorService 객체를 사용하여 비동기로 작업을 수행한다. Task 클래스에는 제네릭 매개 변수를 지정해야 한다. 이 형식 매개 변수는 비동기 처리의 반환 형식에 사용된다. 여기에서는 특별히 값을 반환하지 않기 때문에 Void로 두었다.

비동기로 실행하는 처리를 기술하는 부분이 call() 메서드이다. 앞에서의 형 파라미터는 call() 메서드의 반환 값의 형으로 사용된다. 따라서 여기서의 반환 유형은 Void이다. 이 call() 메서드는 JavaFX Application Thread와는 다른 ExecutorService 객체의 스레드에서 실행된다. call() 메서드에서 기술한 처리가 완료되면 succeeded() 메서드가 호출된다. 이 succeeded() 메서드는 JavaFX Application Thread에서 실행되기 때문에 노드에 액세스 할 수 있다.

여기에서는 처리가 완료된 것을 나타내기 위해서 라벨 문자열을 DONE으로 업데이트하고 있다.

비동기 처리는 이 정도로 충분하지만 응용 프로그램이 종료될 때에 스레드 풀을 종료시켜 줘야 한다. 이런 이유로 스테이지가 닫힐 때 함께 스레드 풀도 종료시키고 있다.

여기에서는 start 메서드에 Listing 5 코드를 작성했습니다.

```
        // 종료 시에 스레드 풀을 셧다운
        stage.setOnCloseRequest(new EventHandler<WindowEvent>() {
            @Override
            public void handle(WindowEvent event) {
                service.shutdown();
            }
        });
```

ExecutorService 객체 종료는 shutdown() 메서드 또는 shutdownNow() 메서드를 사용하면 된다. shutdown() 메서드는 이미 등록되어 있으면서 실행 대기 중인 태스크를 실행한다. 이에 대해 shutdownNow() 메서드는 실행 대기 중인 태스크는 실행시키지 않고 종료 처리한다는 차이가 있다.

실행 결과를 확인하면 클릭한 직후와 10초 후에 비동기 작업이 완료된 상태의 차이를 확인할 수 있을 것이다.

(a) 비동기처리 실행 중

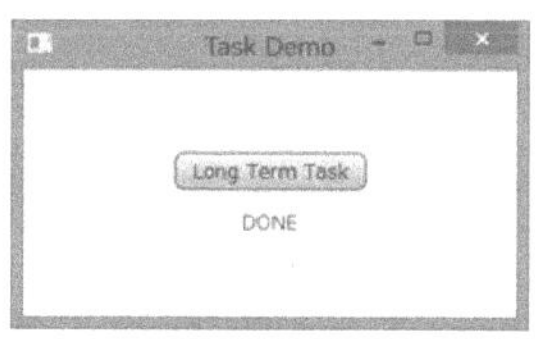

(b) 비동기처리 완료

■ 처리 결과를 반환받기

앞에서는 태스크의 처리결과에 관계없이 Void로 처리하였다. 이번에는 태스크의 처리 결과를 반환받는 형태로 코드를 약간 수정하여 보자. 여기서는 계산한 값을 반환하도록 하였다.

```
    private void executeTaskAsync() {
        // 비동기로 처리하는 태스크
        Task<Integer> task = new Task<Integer>() {
            @Override
            public Integer call() {
                // 시간이 소요되는 태스크 정의
                int i = 0;
                try {
                    for (; i < 10; i++) {
                        // 진행 상태를 업데이트
                        updateProgress(i, 10.0);
                        // 메시지를 갱신
                        updateMessage("Message: " + i);
                        Thread.sleep(1_000);
```

```
            }
        } catch (InterruptedException ex) {}

        return i;
    }

    // 태스크 종료 처리
    // JavaFX Application Thread에서 실행
    @Override
    protected void succeeded() {
        // 태스크의 결과를 취득하여 표시
        label.setText("DONE Result: " + getValue());
    }
};
```

Task 클래스의 제네릭 형식 매개 변수가 비동기 처리 결과의 형이다. 여기에서는 숫자를 반환하기 때문에 Integer 클래스로 수정했다. 이에 따라 call() 메서드의 반환값도 Integer 클래스로 바뀌었다. return문으로 결과를 반환하고 있는데 문제는 이 결과를 어떻게 받아 들일지이다.

FutureTask 클래스는 get() 메서드로 결과를 받지만, Task 클래스에서는 getValue() 메서드로 받는다. 물론 get() 메서드를 사용해도 좋지만 get() 메서드는 java.util.concurrent.ExecutionException 예외 등을 던질 가능성이 있기 때문에 예외 처리를 따로 기술해 주어야 한다. getValue() 메서드는 예외를 던지지 않으므로 예외 처리를 생략 할 수 있다.

실행 결과는 다음과 같으며 비동기 처리 결과를 받아 라벨에 표시하고 있다. 실행하면 제대로 결과를 표시하고 있는 것을 알 수 있다.

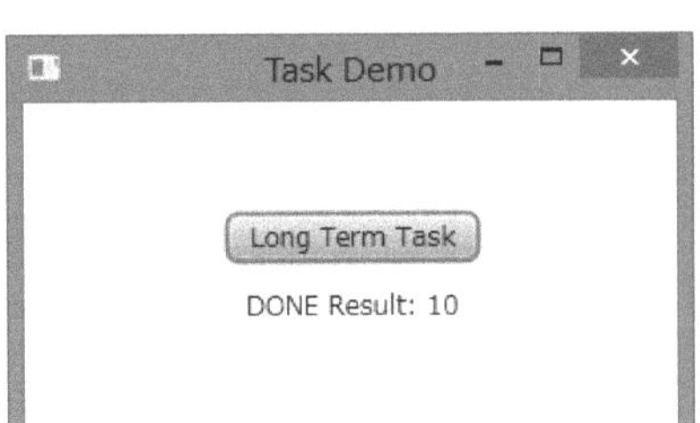

■ 태스크의 상태

Task 클래스는 작업 상태를 처리 할 수 있다. 태스크의 상태는 Worker 인터페이스의 state 속성으로 나타낸다. state 속성 유형은 enum 타입의 Worker.State인데 Woker.State가 취할 수 있는 값은 다음과 같다.

- READY
- SCHEDULED
- RUNNING
- SUCCEEDED
- CANCELLED
- FAILED

초기 작업 상태가 READY이다. 그리고 작업의 실행이 예약되면 SCHEDULED 상태로 변한다. 태스크가 실행되는 동안에는 RUNNING, 실행이 완료되면 SUCCEEDED로 변한다. CANCELLED는 태스크의 실행이 취소된 경우이다. 마지막의 FAILED는 태스크의 실행이 실패해 버린 경우를 나타낸다.

이번에는 태스크의 상태를 출력하여 보자. 여기에서는 프로퍼티의 변화를 javafx.beans.value.ChangeListener로 표시한다. 이전의 executeTaskAsync() 메서드에 다음을 추가한다.

```
// 태스크 상태가 변하면 출력
task.stateProperty().addListener(new ChangeListener<Worker.State>() {
    @Override
    public void changed(ObservableValue<? extends Worker.State> value,
                                Worker.State oldState, Worker.State newState) {
        System.out.println("New: " + newState + " Old: " + oldState);
    }
});
```

실행 버튼을 클릭하면 표준 출력으로 다음의 내용이 표시된다.

```
New: SCHEDULED Old: READY
New: RUNNING Old: SCHEDULED
New: SUCCEEDED Old: RUNNING
```

출력 내용을 보면 상태가 READY에서 SCHEDULED, RUNNING, SUCCEEDED로 변하는 것을 알 수 있다. 또한 Task 클래스는 상태가 변했을 때의 콜백 메서드를 정의하고 있다. 앞에서 Task 클래스의 서브 클래스에서 succeeded() 메서드를 재정의 하였다. 이 succeeded() 방법도 콜백 메서드의 하나이다.

상태의 변경을 이벤트 처리로 취급할 수 있다. 예를 들어, setOnSucceeded() 메서드에 이벤트 핸들러를 등록 해두면 상태가 SUCCEEDED로 변했을 때에 이벤트 핸들러의 handle() 메서드가 호출된다.

Task 클래스에 정의되어 있는 상태 변화에 대응한 메서드는 다음과 같은 것들이 있다.

- scheduled()
- running()
- succeeded()
- canceled()
- failed()

이벤트 처리를 위한 이벤트 핸들러를 등록하는 메서드는 다음 5가지이다.

- setOnScheduled()
- setOnRunninng()
- setOnSucceeded()
- setOnCanceled()
- setOnFailed()

■ 진행 상태

태스크를 비동기로 실행하는 경우, 특정 작업의 정보를 제시하지 않으면 작업이 성공적으로 실행되고 있는지를 알 수 없게 되어 버린다. 예를 들어, 진행률 표시줄에서 진행 상태를 표시함으로써 어느 정도의 시간에 작업이 종료될지를 제시 할 수 있다.

진행을 나타내는 것은 Worker 인터페이스의 progress 속성이다. 그러나 progress 속성에 액세스 할 수 것은 JavaFX Application Thread뿐이다.

따라서 Task 클래스는 진행 업데이트에 대한 메서드로 updateProgress() 메서드를 정의하고 있다. 작업을 수행하는 스레드에서는 이 updateProgress() 메서드를 사용하여 진행 상황을 업데이트한다. 그리고 JavaFX Application Thread에서는 업데이트된 progress 속성을 참조하도록 한다.

```
private void executeTaskAsync() {
    // 비동기로 처리하는 태스크
    Task<Integer> task = new Task<Integer>() {
        @Override
        public Integer call() {
```

```
            // 시간이 소요되는 태스크
            int i = 0;
            try {
                for (; i < 10; i++) {
                    // 진행 상태를 업데이트
                    updateProgress(i, 10.0);

                    Thread.sleep(1_000);
                }
            } catch (InterruptedException ex) {}

            return i;
        }

        // 태스크 종료 처리
        // JavaFX 어플리케이션 스레드에서 실행
        @Override
        protected void succeeded() {
            // 태스크의 결과를 취득하여 표시
            label.setText("DONE Result: " + getValue());
        }
    };

    // 진행 상태가 변하면 출력
    task.progressProperty().addListener(new ChangeListener<Number>() {
        @Override
        public void changed(ObservableValue<? extends Number> value,
                            Number oldValue, Number newValue) {
            label.setText("RUNNING: " + newValue.doubleValue() * 100 + "%");
        }
    });

    // 태스크 실행
    service.submit(task);
}
```

태스크의 내부에서 진행 상황을 업데이트하고 있는 것이 updateProgress() 메서드이다. updateProgress() 메서드의 첫 번째 인수가 현재 진행, 두 번째 인자가 진행 상황의 최댓값이다. 즉 updateProgress() 메서드에서는 진행을 0.0에서 1.0의 값에 둘 필요는 없다. progress 속성의 값은 2개의 인수에서 0.0부터 1.0의 값으로 변환된다.

진행에 변화가 있으면 이벤트 핸들러를 사용하여 라벨 문자열을 변경하고 있다. 예를 들어, javafx.scene.control.ProgressIndicator 클래스와 그 서브 클래스의 javafx.scene.control.ProgressBar 클래스에서는 progress 속성이 0.0에서 1.0의 값을 취한다. 참고로 ProgressIndicator 클래스의 progress 속성을 Task 클래스의 progress 속성에 바인딩하면 진행을 표시 할 수 있다.

다음은 실행 도중의 상태를 나타낸 실행 결과이다.

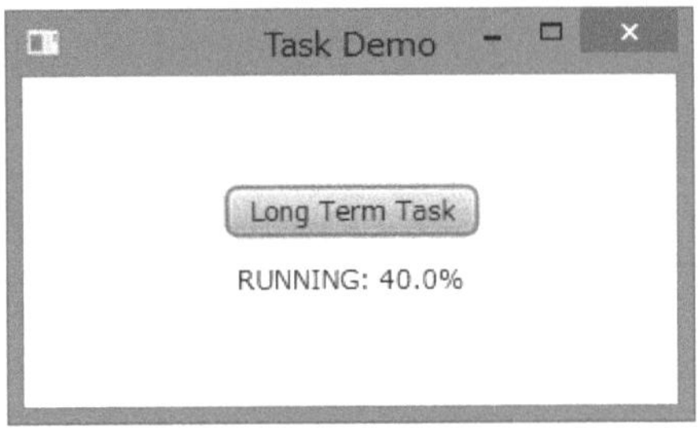

▮스레드 사이의 데이터 교환

비동기로 실행하는 태스크의 결과의 크기가 커지는 경우가 종종 있다. 예를 들어, 가져온 파일이나 이미지 등을 반환하는 경우 등이다. 이러한 경우, 작업 완료 후 정리하고 결과를 돌려주는 것이 아니라 작업을 수행하는 동안 조금씩 결과를 반환해 나가는 것도 생각해 볼 수 있다.

불행히도, Task 클래스는 스레드간 데이터 전달 기능은 제공하지 않는다. 그러나 Platform 클래스의 runLater() 메서드를 사용하면 데이터 교환도 가능해진다. 여기에서는 Concurrency Utilities와 조합하여 데이터 교환을 고려한다.

이번에는 파일을 읽어 텍스트 영역에 표시하는 파일뷰어를 작성하려고 한다.

스레드 사이에 데이터를 전달하는 방법은 많다. 예를 들어, 변수에 액세스하는 getter 및 setter를 synchornized로 선언하고 하나의 스레드만 액세스 하도록 하는 것이다. 여기서 소개하는 방법은 블로킹 큐를 사용하는 방법이다. 전달하고 싶은 데이터가 있는 경우, 큐에 데이터를 넣고 다른 스레드에서 데이터를 빼가는 형태이다.

Java에서는 블로킹 큐는 java.util.concurrent.BlockingQueue 인터페이스로 나타낸다. BlockingQueue 인터페이스를 구현한 클래스는 많이 있지만, 여기에서는 java.util.concurrent.LinkedBlockingQueue 클래스를 사용하였다.

먼저 태스크 부분을 살펴보자.

```
private ExecutorService service = Executors.newSingleThreadExecutor();

// 데이터 교환용 블로킹 큐
private BlockingQueue<String> queue = new LinkedBlockingQueue<>();

// 정기적으로 큐에 들어있는 데이터를 끄집어 내는 태스크
private Timeline timer;
```

```
class FileLoadTask extends Task<Void> {
    // 읽어 들일 파일
    private File file;

    public FileLoadTask(File file) {
        this.file = file;
    }

    @Override
    protected Void call() throws IOException {
        long size = file.length();
        long readByte = 0;

        try (BufferedReader reader = new BufferedReader(new FileReader(file))){
            for (;;) {
                final String line = reader.readLine();
                if (line == null) {
                    break;
                }

                // 진행 상태를 갱신
                readByte += line.getBytes().length;
                updateProgress(readByte, size);

                // 읽어들인 행을 큐에 저장
                queue.offer(line);
            }
        }

        return null;
    }
}
```

데이터 전달에 사용하는 블로킹 큐는 파일에서 읽어 들인 값을 저장하므로 제네릭의 형식 인수는 String 클래스로 지정한다.

파일 읽기는 java.io.BufferedReader 클래스를 사용하여 처리한다. readLine() 메서드에서 한 행을 읽으면 진행 상황을 업데이트한다. 그리고 읽은 행을 BlockingQueue 인터페이스의 offer 메서드로 저장한다.

다음은 JavaFX Application Thread에서는 태스크를 생성하고 실행한다. 또한 큐에 저장된 데이터를 꺼내어 텍스트 영역에 추가하여 간다. 다음은 태스크를 생성하고 실행하는 부분이다.

```
        // 인디케이터를 표시
        progressIndicator.setOpacity(1.0);
```

```
// 태스크 생성
final FileLoadTask task = new FileLoadTask(file);

// 태스크 처리 진행상황을 인디케이터에 바인딩
progressIndicator.progressProperty().bind(task.progressProperty());

// 태스크가 종료하면 인디케이터를 감춘다
task.setOnSucceeded(new EventHandler<WorkerStateEvent>() {
    @Override
    public void handle(WorkerStateEvent t) {
        progressIndicator.setOpacity(0.0);
    }
});

// 태스크 실행
service.submit(task);
```

여기에서는 파일 읽기의 진행상황을 javafx.scene.control.ProgressIndicator 클래스를 사용하여 표시하고 있다. 그러나 항상 ProgressIndicator 객체를 표시하고 있을 수도 없기 때문에 일반적으로 투명하게 설정하고 읽기를 수행할 때에 표시하도록 하고 있다.

그리고 진행 상황을 ProgressIndicator 객체의 progress 속성에 바인딩하고 있다. 이전처럼 이벤트 처리를 기술하지 않아도 진행 상황을 업데이트 할 수 있게 되었다.

다음은 큐에서 데이터를 꺼내는 부분이다.

```
// 텍스트 영역의 내용을 초기화
fileContents.clear();

// 100밀리 초 단위로 큐에서 데이터를 취득하기 위한 타이머
timer = new Timeline(
    new KeyFrame(
        Duration.millis(100),
        new EventHandler() {
         @Override
         public void handle(ActionEvent event) {
             try {
                 StringBuilder builder = new StringBuilder();

                 // 큐가 비어있지 않으면 데이터를 꺼내기
                 while(!queue.isEmpty()) {
                     String line = queue.take();
                     builder.append(line);
                     builder.append("\n");
                 }
```

```
                    // 큐에서 꺼낸 데이터를 텍스트 영역에 추가
                    fileContents.appendText(builder.toString());
                } catch (InterruptedException ex) {}

                // 태스크가 종료되면 타이머를 멈춤
                // 텍스트 영역의 캐리지를 선두로 되돌림
                if (task.isDone() || task.isCancelled()) {
                    timer.stop();
                    fileContents.home();
                }
            }
        })
);
timer.setCycleCount(Timeline.INDEFINITE);
timer.play();
```

큐에서 정기적으로 데이터가 있는지 검사하기 위해 javafx.animation.Timeline 클래스를 사용했다. Timeline 클래스는 애니메이션에 사용하는 클래스이지만, 여기에서 사용된 바와 같이 타이머로 사용할 수 있다. 키 프레임을 100 밀리 초마다 설정하고 처리하도록 하고 있다.

블로킹 큐는 큐에서 데이터를 꺼낼 때 데이터가 없으면 차단해 버린다. 그러나 JavaFX Application Thread에서 처리를 차단시키는 것은 금지사항이다. 따라서 데이터가 있는지 여부를 먼저 확인해야 하고 데이터가 있는 경우에만 디큐(deque) 처리를 하고 있다.

꺼낸 데이터는 텍스트 영역에 첨부한다. 그리고 태스크가 완료되거나 취소된 경우에는 타이머를 정지시킨다. 실행 결과는 다음과 같으며 파일을 로드하는 도중의 상태를 나타낸다. 그리고 파일로드가 완료되지 않았지만 텍스트 영역에는 문장이 표시되는 것을 알 수 있다.

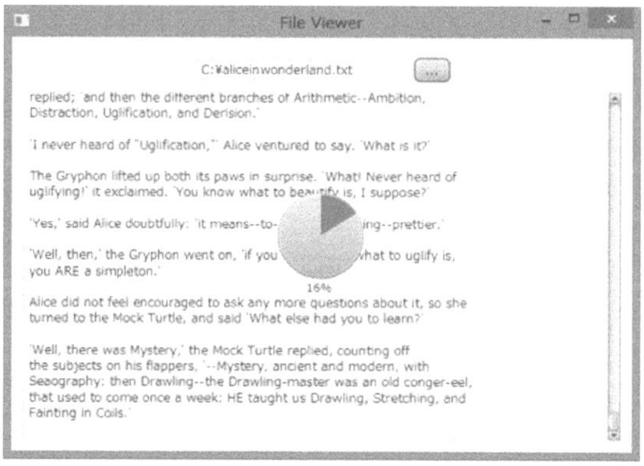

Service

마지막으로 javafx.concurrent.Service 클래스를 소개한다. Service 클래스는 작업을 수행하는 기능을 가진 클래스이다. 실행과 취소는 ExecutorService 인터페이스에서도 할 수 있지만 재설정 및 재시작을 할 수 있다.

여기에서는 URL을 지정하여 이미지를 로드하는 이미지 로더를 작성한 예로서 전체 코드는 다음과 같다.

Example 11.3 ImageLoader 메인 클래스

```
import java.io.IOException;
import javafx.application.Application;
import javafx.fxml.FXMLLoader;
import javafx.scene.Scene;
import javafx.scene.layout.StackPane;
import javafx.stage.Stage;

public class ImageLoader extends Application {
    @Override
    public void start(Stage stage) throws IOException {
        StackPane root = FXMLLoader.load(getClass().getResource("View.fxml"));
        Scene scene = new Scene(root);

        stage.setTitle("Image Loader");
        stage.setScene(scene);
        stage.show();
    }

    public static void main(String... args) {
        launch(args);
    }
}
```

Example 11.4 GUI 내용(View.fxml)

```
<?xml version="1.0" encoding="UTF-8"?>

<?import java.lang.*?>
<?import java.util.*?>
<?import javafx.scene.*?>
<?import javafx.scene.control.*?>
<?import javafx.scene.image.*?>
<?import javafx.scene.layout.*?>

<StackPane prefHeight="560.0" prefWidth="800.0" xmlns:fx="http://javafx.com/fxml/1"
xmlns="http://javafx.com/javafx/2.2" fx:controller="ViewController">
  <children>
```

```
    <BorderPane prefHeight="200.0" prefWidth="200.0">
      <center>
        <ImageView fx:id="imageView" fitHeight="531.0" fitWidth="800.0"
pickOnBounds="true" preserveRatio="true" />
      </center>
      <top>
        <HBox alignment="CENTER" prefHeight="29.0" prefWidth="200.0"
spacing="20.0">
          <children>
            <TextField fx:id="urlField" prefWidth="400.0" />
            <Button mnemonicParsing="false" onAction="#loadImage" text="Load" />
          </children>
        </HBox>
      </top>
    </BorderPane>
    <HBox fx:id="hbox" alignment="CENTER" disable="true" opacity="0.0"
prefHeight="100.0" prefWidth="200.0" spacing="12.0" style="-fx-background-color:
rgba(255,255,255,0.5)">
      <children>
        <ProgressBar fx:id="bar" prefWidth="200.0" progress="0.0" />
        <Button fx:id="cancelButton" mnemonicParsing="false" onAction="#action"
text="Cancel" />
      </children>
    </HBox>
  </children>
</StackPane>
```

Example 11.5 ViewController 클래스

```
import java.io.BufferedInputStream;
import java.io.ByteArrayInputStream;
import java.io.IOException;
import java.io.InputStream;
import java.net.HttpURLConnection;
import java.net.MalformedURLException;
import java.net.URL;
import java.util.ResourceBundle;
import javafx.concurrent.Service;
import javafx.concurrent.Task;
import javafx.concurrent.WorkerStateEvent;
import javafx.event.ActionEvent;
import javafx.event.EventHandler;
import javafx.fxml.FXML;
import javafx.fxml.Initializable;
import javafx.scene.control.Button;
import javafx.scene.control.ProgressBar;
import javafx.scene.control.TextField;
import javafx.scene.image.Image;
import javafx.scene.image.ImageView;
import javafx.scene.layout.HBox;

public class ViewController implements Initializable {
    private static final double WIDTH = 800.0;
```

```
private static final double HEIGHT = 531.0;

private ImageLoadService service;

@FXML
private TextField urlField;
@FXML
private Button cancelButton;
@FXML
private ImageView imageView;
@FXML
private ProgressBar bar;
@FXML
private HBox hbox;

class ImageLoadService extends Service<InputStream> {

    private String urlText;

    public void setURL(String urlText) {
        this.urlText = urlText;
    }

    @Override
    protected Task<InputStream> createTask() {
        Task<InputStream> task = new Task<InputStream>() {
            @Override
            protected InputStream call() throws MalformedURLException,
                                                IOException {
                // URL에 접속
                URL url = new URL(urlText);
                HttpURLConnection connection =
                            (HttpURLConnection) url.openConnection();
                connection.connect();

                int size = connection.getContentLength();

                // 커넥션으로부터 스트림을 취득하고
                // 이미지의 바이트열을 읽기
                byte[] buffer = new byte[size];
                try (BufferedInputStream stream
                    = new BufferedInputStream(connection.getInputStream())) {
                    for (int index = 0;; index++) {
                        int b = stream.read();
                        if (b == -1) {
                            break;
                        }
                        buffer[index] = (byte) b;
                    }
                }

                // 읽은 바이트열을 ByteArrayInputStream으로 반환
                return new ByteArrayInputStream(buffer);
            }
```

```
            };

            return task;
        }
    }

    @FXML
    private void loadImage(ActionEvent event) {
        // 텍스트필드의 URL을 서비스로 설정
        String urlText = urlField.getText();
        service.setURL(urlText);

        // 두 번째 이후의 실행의 경우는 리세이 필요
        service.reset();

        // 태스크 실행
        service.start();

        // 진행 상태를 표시
        hbox.setDisable(false);
        hbox.setOpacity(1.0);
        bar.setProgress(-1.0);
    }

    @FXML
    private void action(ActionEvent event) {
        if (service.isRunning()) {
            // 태스크를 실행 중이면 캔슬
            service.cancel();
            cancelButton.setText("Restart");
            bar.setProgress(0.0);
        } else {
            // 캔슬된 경우는 다시 시작
            service.restart();
            cancelButton.setText("Cancel");
            bar.setProgress(-1.0);
        }
    }

    @Override
    public void initialize(URL url, ResourceBundle rb) {
        // 서비스의 생성
        service = new ImageLoadService();

        // 태스크의 종료 처리
        service.setOnSucceeded(new EventHandler<WorkerStateEvent>() {
            @Override
            public void handle(WorkerStateEvent t) {
                // 이미지의 바이트열 읽기 끝나면 이미지를 생성
                InputStream stream = service.getValue();
                Image image = new Image(stream, WIDTH, HEIGHT, true, true);
                imageView.setImage(image);

                // 진행 상태 표시를 그만둠
```

```
                    bar.setProgress(0.0);
                    hbox.setOpacity(0.0);
                    hbox.setDisable(true);
                }
            });
        }
    }
```

이미지 로더는 상단에 텍스트 필드와 버튼이 있다. 텍스트 필드에 URL을 입력하고 버튼을 클릭하면 이미지의 로드가 시작된다. 이미지를 로드하는 동안 진행률 표시줄과 취소를 할 버튼을 표시한다.

javafx.scene.image.Image 클래스는 이미지를 백그라운드에서 로드하는 기능이 있는데, 여기에서는 그 기능을 사용하지 않고 비동기로 로드하고 있다.

Service 클래스는 추상 클래스로서 사용하려면 createTask() 메서드를 구현해야 한다. createTask() 메서드에서는 Task 객체를 생성하고 이를 반환한다.

일반적으로 Image 클래스는 바이트 배열을 취하는 생성자가 없어 불편하므로 여기에서는 이미지의 바이트를 돌려주지 않고 java.io.ByteArrayInputStream 클래스를 사용하고 있다.

Service 클래스는 Worker 인터페이스를 구현하고 있기 때문에 종료 시 이벤트 등은 Task 클래스와 동일하게 처리할 수 있다. 여기에서는 작업이 완료되면 이미지를 생성하여 표시한다.

작업의 실행은 Service 클래스의 start() 메서드로 처리한다. Service 클래스는 작업의 실행을 여러 번 할 수 있지만, 처음부터 미리 reset() 메서드를 호출하여 Service 객체를 재설정할 필요가 있다. 그러나 처음 실행할 때 reset() 메서드를 호출해도 실제 손해는 없을 것이다. 따라서 예제에서는 항상 start() 메서드 호출 전에 reset() 메서드를 호출하도록 하였다.

다음은 실행 결과로서 이미지를 로드하는 중간 상태이다. Worker 클래스는 작업의 실행을 데몬 스레드에서 실행하기 때문에 ExecutorService 인터페이스의 경우처럼 응용 프로그램 종료 시 따로 종료 처리를 할 필요가 없다.

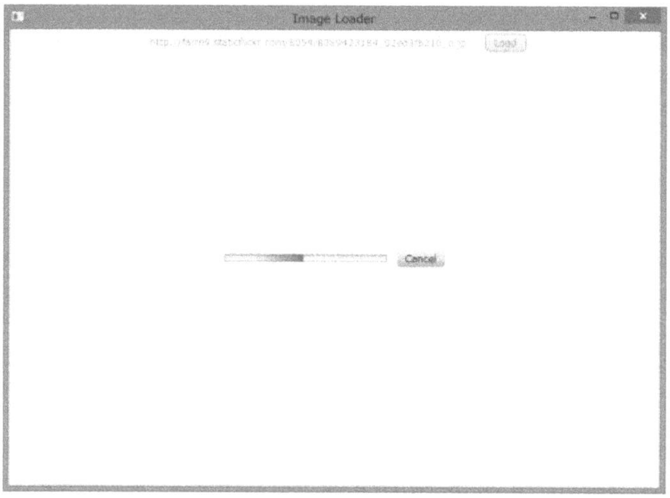
Image Loader
Load
Cancel

Chapter 12. 도형 클래스

JavaFX는 원형이나 사각형, 선 등을 javafx.scene.shape.Shape 클래스의 서브 클래스로 표현한다. Shape 클래스는 Node 클래스의 서브 클래스이기 때문에 컨트롤과 마찬가지로 장면 그래프에 추가 할 수 있다. 또한 Scene Builder를 이용하는 것도 가능하다.

Shape 클래스

도형은 Shape 클래스로 나타낸다. Shape 클래스는 Node 클래스의 기능 외에 모양을 채우거나 색상과 모양을 둘러싸는 선에 대한 기능도 제공되고 있다.

표준으로 제공되는 대표적인 클래스는 모두 javafx.scene.shape 패키지에 정의되어 있다. 다만 문자열을 그리기 위한 Text 클래스만은 javafx.scene.text 패키지에 정의되어 있으므로 참고하기 바란다.

클래스	설명
Arc	원호
Circle	원
Ellipse	타원
Line	직선
Rectangle	사각형
Text	문자열
Polygon	다각형
Ployline	여러 점으로 구성되는 직선
CubicCurve	3차원 베지에 곡선
QuadCurve	2차원 베지에 곡선
Path	여러 점으로 구성되는 선
SVGPath	SVG에서 사용되는 형식의 패스

각각의 클래스는 그 모양 특유의 속성을 가지고 있다. 예를 들어 Circle 클래스이면 중심 좌표와 반경, Rectangle 클래스이면 사각형의 왼쪽 위 모서리의 좌표와 폭, 높이를 가지고 있다.

우선 BasicShapeDemo 클래스의 소스 코드와 실행 결과를 다음에 나타내었다.

Example 12.1 BasicShapeDemo 클래스

```
import javafx.application.Application;
```

```
import javafx.scene.Group;
import javafx.scene.Scene;
import javafx.scene.control.Label;
import javafx.scene.paint.Color;
import javafx.scene.shape.Arc;
import javafx.scene.shape.ArcType;
import javafx.scene.shape.Circle;
import javafx.scene.shape.CubicCurve;
import javafx.scene.shape.Ellipse;
import javafx.scene.shape.Line;
import javafx.scene.shape.Rectangle;
import javafx.scene.text.Text;
import javafx.stage.Stage;

public class BasicShapeDemo extends Application {

    @Override
    public void start(Stage stage) {
        Group root = new Group();

        drawShapes(root);

        Scene scene = new Scene(root, 500, 550);

        stage.setTitle("Shape Demo");
        stage.setScene(scene);
        stage.show();
    }

    private void drawShapes(Group parent) {
        // 사각형
        Rectangle rect = new Rectangle(20.0, 20.0, 200.0, 100.0);
        rect.setFill(Color.CYAN);
        rect.setStroke(Color.DARKBLUE);
        parent.getChildren().add(rect);

        // 둥근 사각형
        Rectangle roundRect = new Rectangle(250.0, 20.0, 200.0, 100.0);
        roundRect.setArcWidth(20.0);
        roundRect.setArcHeight(20.0);
        roundRect.setFill(Color.BLUE);
        parent.getChildren().add(roundRect);

        // 직선
        Line line = new Line(20.0, 150.0, 220.0, 250.0);
        parent.getChildren().add(line);

        // 3차원 베지에 곡선
        CubicCurve curve = new CubicCurve(250.0, 150.0, 250.0, 250.0, 450.0,
150.0, 450.0, 250.0);
        curve.setFill(Color.RED);
        curve.setStroke(Color.BLACK);
        parent.getChildren().add(curve);
```

```
        // 원
        Circle circle = new Circle(100.0, 300.0, 50.0);
        circle.setFill(Color.GREEN);
        parent.getChildren().add(circle);

        // 타원
        Ellipse ellipse = new Ellipse(350.0, 300.0, 80.0, 50.0);
        ellipse.setFill(Color.GREENYELLOW);
        parent.getChildren().add(ellipse);

        // 원호
        Arc arc = new Arc(125.0, 450.0, 100.0, 50.0, 60.0, 270.0);
        arc.setType(ArcType.ROUND);
        arc.setFill(Color.ORANGE);
        arc.setStroke(Color.BLACK);
        parent.getChildren().add(arc);

        // 문자열
        Text text = new Text(300.0, 450.0, "Hello, World!");
        parent.getChildren().add(text);
    }

    public static void main(String... args) {
        launch(args);
    }
}
```

■ 사각형 및 둥근 모서리를 가지는 사각형

사각형 및 둥근 사각형을 기술하는 방법은 다음과 같다.

```
// 사각형
Rectangle rect = new Rectangle(20.0, 20.0, 200.0, 100.0);
rect.setFill(Color.CYAN);
rect.setStroke(Color.DARKBLUE);
parent.getChildren().add(rect);

// 둥근 사각형
Rectangle roundRect = new Rectangle(250.0, 20.0, 200.0, 100.0);
roundRect.setArcWidth(20.0);
roundRect.setArcHeight(20.0);
roundRect.setFill(Color.BLUE);
parent.getChildren().add(roundRect);
```

일반 사각형도 둥근 사각형도 Rectangle 클래스로 나타낸다. Rectangle 클래스의 생성자는 4개의 인수를 가지며 도형의 좌상 모서리 좌표 (x, y)와 폭과 높이 정보를 순서대로 지정하면 된다. 둥근 사각형의 경우는 arcWidth 속성과 arcHeight 속성을 추가로 지정하면 된다.

fill 속성과 stroke 속성은 Shape 클래스가 가지는 속성이다. fill 속성은 채우기 색상을 나타내며 stroke 속성은 선의 색상을 나타낸다. fill 속성의 기본 값은 검은색으로 Color.BLACK이 지정된다. 만약 채우기를 하지 않는 경우에는 fill 속성을 null로 설정하면 된다.

fill 속성과는 반대로, stroke 속성의 기본 값은 null로 되어있어 선이 그려지지 않는다. 예에서 사각형의 경우에는 setStroke() 메서드에서 선 색상을 지정하고 있지만, 둥근 사각형의 경우는 stroke 속성 값을 지정하지 않았다. 참고로 다음으로 Line 클래스와 Polyline 클래스만은 stroke 속성의 기본 값이 Color.BLACK으로 되어 있다.

사각형 및 둥근 사각형 모두 객체가 생성되면 컨테이너인 parent 변수에 붙인다. 마지막으로 장면 그래프에 추가해 주면 그림이 그려진다.

동일한 내용을 FXML에 적용한 경우는 다음과 같다.

```
    <Rectangle x="20.0" y="20.0" width="200.0" height="100.0" fill="CYAN"
stroke="DARKBLUE" />
```

```
    <Rectangle x="250.0" y="20.0" width="200.0" height="100.0" arcHeight="20.0"
arcWidth="20.0" fill="BLUE" />
```

■ 직선과 배지에 곡선

계속해서 직선과 3차 배지에 곡선의 경우는 다음과 같다.

```
// 직선
Line line = new Line(20.0, 150.0, 220.0, 250.0);
parent.getChildren().add(line);

// 3차 배지에 곡선
CubicCurve curve = new CubicCurve(250.0, 150.0, 250.0, 250.0, 450.0,
                                   150.0, 450.0, 250.0);
curve.setFill(Color.RED);
curve.setStroke(Color.BLACK);
parent.getChildren().add(curve);
```

직선을 나타내는 Line 클래스의 생성자의 인수는 시점 좌표와 끝점 좌표로 지정한다. 속성은 시점은 startX와 startY 속성, 종점은 endX와 endY 속성이다. 예에서는 시점이 (20, 150)이고 종점이 (220, 250)인 직선에 해당한다. Line 클래스는 stroke 속성의 기본 값이 Color.BLACK이므로 선의 색을 지정하지 않아도 그리기가 이루어진다.

배지에 곡선은 시작과 끝 이외에 제어 점을 사용하여 나타내는 곡선이다. 제어점이 하나이면 2차 배지에 곡선(QuadCurve 클래스), 2가지이면 3차 배지에 곡선(CubicCurve 클래스)이 된다.

CubicCurve 클래스의 생성자의 인수는 시작점, 제 1제어점, 제 2제어점, 종점의 순서로 지정하면 된다. 속성으로 표시 한 경우 startX, startY, controlX1, controlY1, controlX2, controlY2, endX, endY이다.

다음 그림은 끝점과 제어 점과의 관계를 나타낸다.

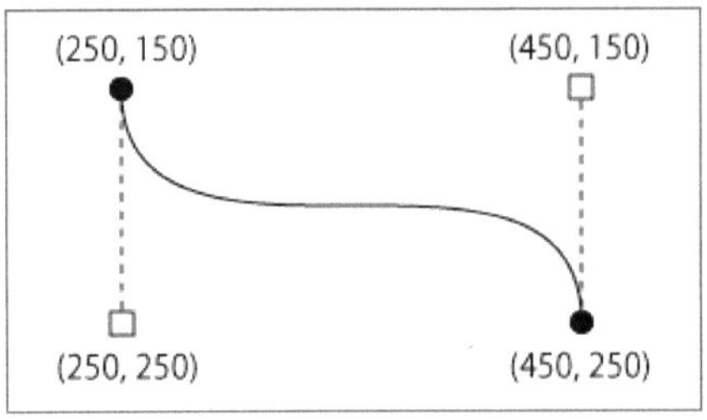

배지에 곡선은 제어 점과 끝점을 연결한 직선을 접선으로 하는 곡선이다. 끝점과 제어점이 멀리 떨어져있을수록 접선에 근접한 곡선이 된다. 여기에서는 끝점으로부터 제어 점으로의 방향이 다르기 때문에 S자 모양의 곡선이 되었다.

Scene Builder에서 배지에 곡선을 편집하려면 끝점, 제어점 모두 그래픽으로 편집할 수 있다. 다음은 배지에 곡선을 편집하는 모습이다.

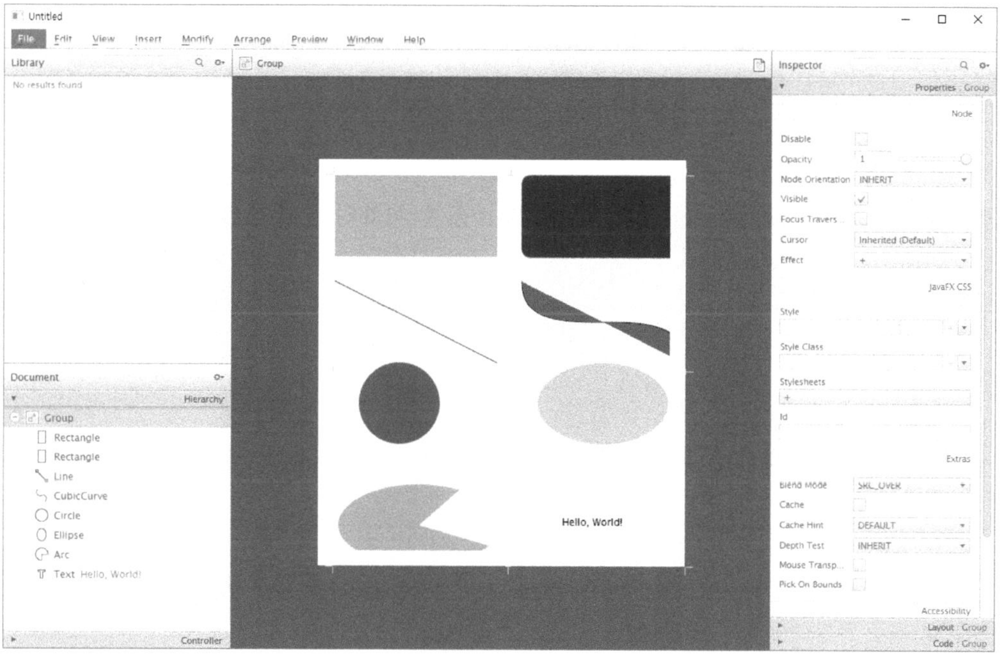

FXML에서 기술한 직선과 3차 배지에 곡선의 내용은 다음과 같다. 배지에 곡선은 생성자의 인수가 많으므로 FXML에서 기술하는 편이 이해하기 쉽다.

```
<Line  startX="20.0" startY="150.0" endX="220.0" endY="250.0" />
<CubicCurve startX="250.0" startY="150.0"
               controlX1="250.0" controlY1="250.0"
               controlX2="450.0" controlY2="150.0"
               endX="450.0" endY="250.0"
               fill="RED" stroke="BLACK" />
```

■ 원, 타원 및 원호

원에 관련된 클래스는 중심 좌표와 반경을 속성으로 가지고 있다. 다음에 원형, 타원형, 원호를 기술한 예이다.

```
// 원
Circle circle = new Circle(100.0, 300.0, 50.0);
circle.setFill(Color.GREEN);
parent.getChildren().add(circle);

// 타원
Ellipse ellipse = new Ellipse(350.0, 300.0, 80.0, 50.0);
ellipse.setFill(Color.GREENYELLOW);
parent.getChildren().add(ellipse);

// 원호
Arc arc = new Arc(125.0, 450.0, 100.0, 50.0, 60.0, 270.0);
arc.setType(ArcType.ROUND);
arc.setFill(Color.ORANGE);
parent.getChildren().add(arc);
```

원형을 나타내는 Circle 클래스의 생성자는 중심 좌표와 반지름을 지정합니다. 속성은 centerX, centerY, radius이다. 여기에서는 중심이 (100, 300)에서 반경 50인 원이다.

원과 타원의 차이는 수평 방향과 수직 방향의 반경을 모두 지정하는 것입니다. 따라서 Ellipse 클래스의 생성자는 중심 좌표, 수평 반경, 수직 반경 순으로 지정한다. 속성으로 지정하는 경우는 centerX, centerY, radiusX, radiusY이다.

원호를 나타내는 Arc 클래스는 중심 좌표, 수평 반경, 수직 반경 이외에 호의 시작 각도와 원호의 각도를 지정하면 된다. 시작 각도가 startAngle 속성, 각도가 length 속성입니다. 각도는 라디안 대신마다 도(degree)로 지정한다.

또한 Arc 클래스에서는 type 속성에 원호 모양을 지정할 수 있다. type 속성 유형은 enum 타입의 javafx.scene.shape.ArcType으로서 기본값은 OPEN이며 원을 나타낸다.

이 밖에 시작점과 끝점을 직선으로 연결 한 CHORD, 부채꼴의 ROUND가 있다. 예제에서는 setType() 메서드에서 ROUND를 지정하고 있기 때문에 부채꼴로 그려진다. 동일한 내용을 FXML로 기술한 경우는 다음과 같다.

```
<Circle centerX="100.0" centerY="300.0" radius="50.0" fill="GREEN" />
<Ellipse centerX="350.0" centerY="300.0"
         radiusX="80.0" radiusY="50.0" fill="GREENYELLOW" />
<Arc centerX="125.0" centerY="450.0"
     radiusX="100.0" radiusY="50.0"
     startAngle="60.0" length="270.0" type="ROUND"  fill="ORANGE" />
```

■ 문자열

마지막으로 문자열이다. 문자열을 그리는 Text 클래스만은 javafx.scene.shape 패키지가 아닌 javafx.scene.text 패키지에 정의되어 있다. 그러나 Text 클래스의 슈퍼클래스는 Shape 클래스이므로 도형으로 취급할 수 있다.

```
// 문자열
Text text = new Text(300.0, 450.0, "Hello, World!");
parent.getChildren().add(text);
```

Text 클래스의 생성자의 인수는 문자열의 왼쪽 좌표가 아닌 baseline의 좌단의 좌표값이다. 세 번째 인수는 그릴 문자열 내용을 지정한다. 문자열이 긴 경우 wrappingWidth 속성을 설정하면 지정된 폭으로 줄 바꿈을 하여 여러 줄로 렌더링할 수 있다.

또한 javafx.scene.control.Label 클래스에서 text 속성에 개행 문자가 포함되어 있으면 여러 줄을 그리기가 가능하다. 그러나 Text 클래스처럼 자동으로 줄 바꿈을 하는 기능은 없다. 따라서 여러 줄에 걸친 문자열 그리기는 Text 클래스를 사용하게 된다. FXML로 나타낸 경우도 마찬가지로 기술할 수 있다.

```
<Text  x="300.0" y="450.0" text="Hello, World!" />
```

예제에서는 도형만 처리하고 있지만 다른 노드와 동시에 사용할 수 있다.

패스

■ 경로(Path)

javafx.scene.shape.Path 클래스로 표현되는 경로는 현재 점에서 다음 점까지의 연결을 지정하여 복잡한 형상을 기술하는 방법이다. 다음의 점까지의 연결을 나타내려면 javafx.scene.shape.PathElement 클래스의 서브 클래스를 사용하면 된다.

예를 들어 LineTo 클래스는 현재 지점에서 지정된 점까지 직선으로 연결하고, ArcTo 클래스는 지정된 점까지 원호로 연결한다. 또한 다음 점까지 연결하지 않고 점을 이동 시키려면 MoveTo 클래스를 사용하면 된다.

다음 예제는 경로를 이용하여 Duke를 그리는 예를 보이고 있다.

Example 12.2 경로 지정을 하여 Duke 그리기

```
import java.io.IOException;
import javafx.application.Application;
import javafx.scene.Group;
import javafx.scene.Scene;
import javafx.scene.paint.Color;
import javafx.scene.shape.ArcTo;
import javafx.scene.shape.Circle;
import javafx.scene.shape.ClosePath;
import javafx.scene.shape.CubicCurveTo;
import javafx.scene.shape.LineTo;
import javafx.scene.shape.MoveTo;
import javafx.scene.shape.Path;
import javafx.stage.Stage;

public class PathDemo extends Application {

    @Override
    public void start(Stage stage) throws IOException {
        Group root = new Group();

        drawDuke(root);

        Scene scene = new Scene(root, 400, 400);

        stage.setTitle("Path Demo");
        stage.setScene(scene);
        stage.show();
    }

    private void drawDuke(Group parent) {
        // 머리
        Path head = new Path(
            new MoveTo(200.0, 50.0),
            new LineTo(125.0, 200.0),
            new LineTo(275.0, 200.0),
            new ClosePath()
        );
        head.setFill(Color.BLACK);
        parent.getChildren().add(head);

        // 몸체
        Path body = new Path(
            new MoveTo(125.0, 200.0),
            new CubicCurveTo(125.0, 200.0, 90.0, 270.0, 90.0, 320.0),
            new CubicCurveTo(90.0, 360.0, 190.0, 360.0, 190.0, 320.0),
            new ArcTo(10.0, 10.0, 0.0, 210.0, 320.0, true, true),
            new CubicCurveTo(210.0, 360.0, 310.0, 360.0, 310.0, 320.0),
            new CubicCurveTo(310.0, 270.0, 275.0, 200.0, 275.0, 200.0),
            new LineTo(125.0, 200.0)
        );
        body.setFill(Color.WHITE);
        body.setStroke(Color.BLACK);
```

```
        parent.getChildren().add(body);

        // 코
        Circle nose = new Circle(200.0, 200.0, 50.0);
        nose.setFill(Color.RED);
        parent.getChildren().add(nose);
    }

    public static void main(String... args) {
        launch(args);
    }

}
```

Duke는 머리 부분과 몸통을 경로로 그리고, 코는 원으로 그릴 수 있다. 머리와 몸통의 경로 구성은 다음 그림을 참고하라. 그리고 흰색 사각형으로 나타내고 있는 것이 배지에 곡선의 제어점을 나타내고 있다.

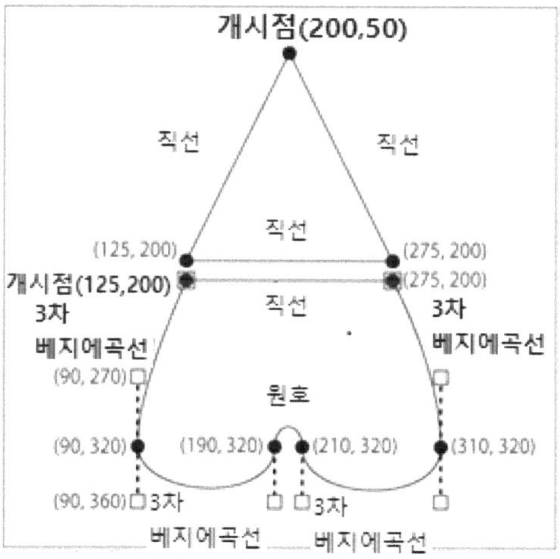

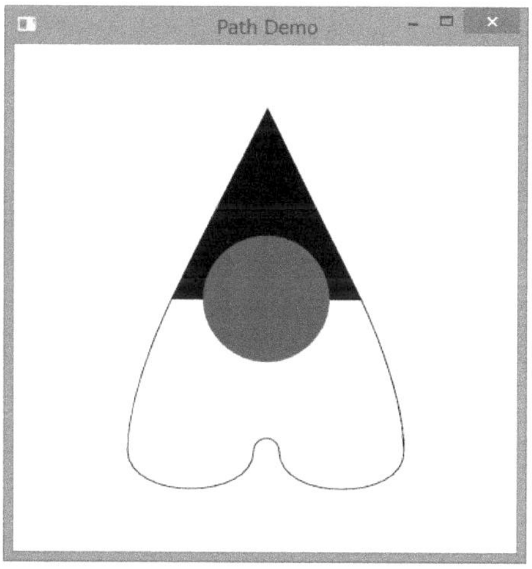

Chapter 13. Canvas와 이미지 조작

Shape은 원형이나 사각형을 Node의 서브 클래스로 표현하는데 반하여 Canvas는 원이나 사각형 그리기를 절차를 통해 기술해 나간다는 차이가 있다. 말하자면 Java 2D에서 그래픽으로 그리는 것과 동일하다고 볼 수 있다.

Shape은 그리기 요소가 객체로 제공되며, 객체 등에 효과 등을 부여할 할 수 있다. 또한 마우스 클릭과 같은 이벤트도 처리 할 수 있다. 그런데 Shape의 수가 많아지면 성능이 떨어지게 된다.

Canvas는 개별적인 그리기 요소를 단독으로 처리 할 수 없다. 따라서 그리기 요소마다 효과를 줄 수 없으며 이벤트를 처리하는 것도 힘들다. 또한 절차를 통해 내용을 기술할 필요가 있기 때문에 FXML로 표현할 수 없다는 단점을 가지고 있다. 그러나 그리기 성능은 Shape에 비해 상당히 높고, 또한 드로잉 요소가 많아지더라도 성능 문제는 그다지 큰 문제가 되지 않는다. 이러한 차이점을 구분하여 Shape과 Canvas를 구분하여 사용하면 된다.

▮Canvas의 기본 사용법

Canvas는 Java 2D와 유사하다고 하였지만 사용법도 Java 2D에 영향을 받고 있다. 이는 Java 2D를 사용한 적이 있는 개발자라면 Canvas 사용을 보다 편하게 할 수 있을 것이다.

여기에서는 Shape과 비교하는 의미에서 동일한 도형 등을 그려보자. 또한 Shape에서 취급 할 수 없는 이미지도 Canvas에서 임의로 조작할 수 있다는 점에 주목할 필요가 있다. Canvas 클래스의 기본적인 사용법을 익히기 위해 다음의 코드를 먼저 살펴보기로 한다.

Example 13.1 Canvas 클래스를 이용한 도형 그리기

```
import javafx.application.Application;
import javafx.scene.Scene;
import javafx.scene.canvas.Canvas;
import javafx.scene.canvas.GraphicsContext;
import javafx.scene.image.Image;
import javafx.scene.layout.StackPane;
import javafx.scene.paint.Color;
import javafx.scene.shape.ArcType;
```

```
import javafx.stage.Stage;

public class CanvasDemo extends Application {
    private static final double WIDTH = 500.0;
    private static final double HEIGHT = 700.0;

    @Override
    public void start(Stage stage) {
        StackPane root = new StackPane();

        drawCanvas(root);

        Scene scene = new Scene(root, WIDTH, HEIGHT);

        stage.setTitle("Canvas Demo");
        stage.setScene(scene);
        stage.show();
    }

    private void drawCanvas(StackPane parent) {
        // 캔버스 생성
        Canvas canvas = new Canvas(WIDTH, HEIGHT);
        parent.getChildren().add(canvas);

        // 그래픽 컨텍스트 취득
        // 묘화는 그래픽 컨텍스에 대해 실시한다(Java 2D와 동일한 절차)
        GraphicsContext gc = canvas.getGraphicsContext2D();

        // 사각형
        // 채우기와 선의 작도를 별도로 처리한다
        //채우기
        gc.setFill(Color.CYAN);
        gc.fillRect(20.0, 20.0, 200.0, 100.0);
        //선의 작도
        gc.setStroke(Color.DARKBLUE);
        gc.strokeRect(20.0, 20.0, 200.0, 100.0);

        // 둥근 사각형
        gc.setFill(Color.BLUE);
        gc.fillRoundRect(250.0, 20.0, 200.0, 100.0, 20.0, 20.0);

        // 직선
        gc.setStroke(Color.BLACK);
        gc.strokeLine(20.0, 150.0, 220.0, 250.0);

        // 패스(경로)를 이용하여 3차원 베지에 곡선 그리기
        gc.beginPath();
        gc.moveTo(250.0, 150.0);
        gc.bezierCurveTo(250.0, 250.0, 450.0, 150.0, 450.0, 250.0);
        // 패스에 채우기 적용
        gc.setFill(Color.RED);
        gc.fill();
        // 패스에 따라 선의 작도
        gc.setStroke(Color.BLACK);
```

```
        gc.stroke();

        // 원
        gc.setFill(Color.GREEN);
        gc.fillOval(50.0, 250.0, 100.0, 100.0);

        // 타원
        gc.setFill(Color.GREENYELLOW);
        gc.fillOval(270.0, 250.0, 160.0, 100.0);

        // 원호
        gc.setFill(Color.ORANGE);
        gc.fillArc(25.0, 400.0, 200.0, 100.0, 60.0, 270.0, ArcType.ROUND);
        gc.setStroke(Color.BLACK);
        gc.strokeArc(25.0, 400.0, 200.0, 100.0, 60.0, 270.0, ArcType.ROUND);

        // 문자열
        gc.setFill(Color.BLACK);
        gc.fillText("Hello, World!", 300.0, 450.0);

        // 이미지 표시
        Image image = new Image("dukecup.jpg");
        gc.drawImage(image, 40.0, 540.0);
    }

    public static void main(String... args) {
        launch(args);
    }
}
```

그러면 순서대로 Canvas 클래스를 이용하여 도형을 그려나가는 절차에 대해 살펴보도록 한다.

■ 캔버스 생성

패키지는 javafx.scene.canvas.Canvas 클래스로 제공된다. 물론 Canvas 클래스도 Node 클래스의 하위 클래스이므로 장면 그래프에 추가 할 수 있다.

```
    private void drawCanvas(StackPane parent) {
        // 캔버스 생성
        Canvas canvas = new Canvas(WIDTH, HEIGHT);
        parent.getChildren().add(canvas);

        // 그래픽 컨텍스트 취득
        // 묘화는 그래픽 컨텍스에 대해 실시한다(Java 2D와 동일한 절차)
        GraphicsContext gc = canvas.getGraphicsContext2D();
```

Canvas 객체의 생성에는 폭과 높이를 지정한다. Canvas 객체는 그림을 그리는 캔버스에 지나지 않고 캔버스에 그림을 그리기 위한 펜의 역할을 하는 것이 javafx.scene.canvas.GraphicsContext 클래스이다.

GraphicsContext 객체는 Canvas 클래스의 getGraphicsContext2D() 메서드로 취득하고 있다. 이 GraphicsContext 클래스는 원이나 사각형 등을 그릴 메서드의 정의를 포함하고 있다. 즉 Java 2D의 Graphics2D 클래스에 대응한 클래스라고 이해하면 된다.

먼저 사각형과 선의 작도 과정을 살펴보자.

```
// 사각형
// 채우기와 선의 작도를 별도로 처리한다
//채우기
gc.setFill(Color.CYAN);
gc.fillRect(20.0, 20.0, 200.0, 100.0);
//선의 작도
gc.setStroke(Color.DARKBLUE);
gc.strokeRect(20.0, 20.0, 200.0, 100.0);

// 둥근 사각형
gc.setFill(Color.BLUE);
gc.fillRoundRect(250.0, 20.0, 200.0, 100.0, 20.0, 20.0);

// 직선
gc.setStroke(Color.BLACK);
gc.strokeLine(20.0, 150.0, 220.0, 250.0);
```

GraphicsContext 클래스에서는 채우기 및 선 그리기가 명확하게 나누어져 있다. 채우기는 fillX() 메서드, 선을 그릴 때는 strokeX() 메서드 형태로 주어져 있다(여기서 X는 그리기 요소에 의존하여 이름이 지정된다).

참고로 도형의 채우기와 선을 모두 그리려면 fillX() 메서드와 strokeX() 메서드를 모두 호출해야 주어야 한다. 예를 들어, 사각형을 그리려면 fillRect() 메서드, 사각형을 선으로 그리려면 strokeRect() 메서드를 사용하여 그릴 수 있다.

fillRect() 메서드와 strokeRect() 메서드의 인수는 사각형의 왼쪽 위의 좌표 (x, y), 폭과 높이 (width, height)를 순서대로 지정하면 된다. 예에서는 사각형의 좌상 모서리의 좌표 (20, 20)의 점에서 폭 200, 높이 100에 해당하는 직사각형을 지정하고 있다.

이 때, 채우기 색상은 GraphicsContext 메서드의 setFill() 메서드, 선의 색은

setStroke() 메서드로 지정한다. setFill() 메서드와 setStroke() 메서드가 지정되고 나면 이후 그리기 과정에 계속 반영된다. 따라서 중간 과정에서 다른 색으로 변경하려면 해당 위치에서 setFill() 메서드와 setStroke() 메서드를 지정해 주어야 한다.

다음으로 사각형 다음에 그리고 있는 것이 둥근 사각형이다. Shape 클래스로 둥근 사각형을 나타낼 때 Rectangle 클래스를 이용했지만 GraphicsContext 클래스는 별도로 fillRoundRect() 메서드와 strokeRoundRect() 메서드를 이용하여 도형을 그리게 된다. 지정하는 인수는 fillRect()와 strokeRect() 메서드와 동일하며 다섯 번째 인수부터는 사각형의 모서리 부분을 둥근 모양으로 처리하기 위한 수평 방향과 수직 방향으로의 반경 값을 지정하면 된다.

직선은 닫힌 도형이 아니기 때문에 채우기 메서드가 따로 필요하지 않으므로 strokeLine() 메서드만 이용하여 선을 그릴 수 있다.

■ 패스

Shape 클래스를 이용하여 배지에 곡선을 그릴 수 있지만 GraphicsContext 클래스는 배지에 곡선을 그리는 메서드를 따로 제공하지는 않는다. 대신에 패스를 지정하여 배지에 곡선의 경로를 지정하여 다음과 같이 동일하게 그려낼 수 있다.

```
// 패스(경로)를 이용하여 3차원 배지에 곡선 그리기
gc.beginPath();
gc.moveTo(250.0, 150.0);
gc.bezierCurveTo(250.0, 250.0, 450.0, 150.0, 450.0, 250.0);
// 패스에 채우기 적용
gc.setFill(Color.RED);
gc.fill();
// 패스에 따라 선의 작도
gc.setStroke(Color.BLACK);
gc.stroke();
```

GraphicsContext 클래스에서는 경로의 시작을 gc.beginPath() 메서드로 명시하여 시작하고 경로의 요소를 추가시켜 나가는 방식으로 배지에 곡선을 그린다. 이 후 지정하는 것은 Shape 클래스의 경우와 동일하다. moveTo() 메서드에서 현재 지점을 이동시키고 bezierCurveTo() 메서드로 배지에 곡선을 추가하고 있다.

이 과정은 Shape 클래스의 CubicCurveTo 클래스를 사용하여 배지에 곡선을 나타내었던 것과 같이 GraphicsContext 클래스에서는 bezierCurveTo() 메서드를 사용하여 배지에 곡선을 그려내고 있다는 차이가 있다.

경로 설정을 완료한 후에 채우기를 실시하려면 fill() 메서드를 호출해주면 되고 선도 그리려면 stroke() 메서드를 호출하면 된다. 이 단계까지 과정을 실행시키면 그 결과는 다음과 같을 것이다.

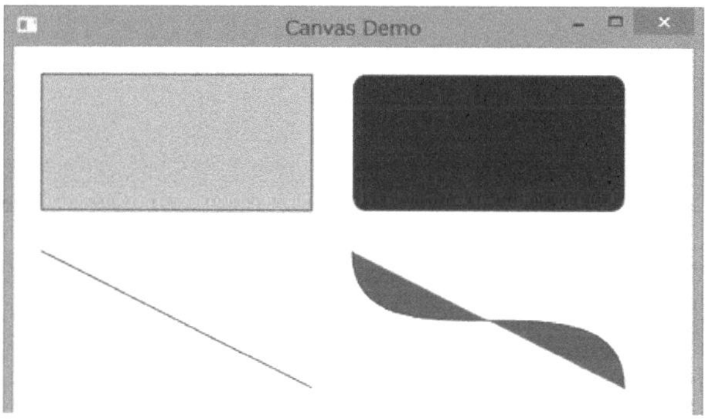

■ 원, 타원 및 원호

원이나 타원 등을 그리는 방법도 거의 동일하다. 주의할 것은 Shape 클래스의 Circle 클래스를 이용할 때와 다르게 지정하는 인수에서 차이가 있다는 점이다.

```
// 원
gc.setFill(Color.GREEN);
gc.fillOval(50.0, 250.0, 100.0, 100.0);

// 타원
gc.setFill(Color.GREENYELLOW);
gc.fillOval(270.0, 250.0, 160.0, 100.0);

// 원호
gc.setFill(Color.ORANGE);
gc.fillArc(25.0, 400.0, 200.0, 100.0, 60.0, 270.0, ArcType.ROUND);
gc.setStroke(Color.BLACK);
gc.strokeArc(25.0, 400.0, 200.0, 100.0, 60.0, 270.0, ArcType.ROUND);
```

GraphicsContext 클래스는 원과 타원을 fillOval() 메서드와 strokeOval() 메서드로 그리게 된다.

Shape 클래스의 하위 클래스인 Circle의 생성자의 인수는 원의 중심점과 반경으로 지정하였지만, fillOval()과 strokeOval() 메서드는 약간 다르다. 4개의 인수는 순서대로 원이나 타원을 둘러싸는 가상의 사각형의 좌상 모서리의 좌표와 그 사각형의 폭과 높이 정보를 지정한다는 점에서 차이가 있다.

그리고 원호를 그릴 때 이용하는 fillArc() 메서드와 strokeArc() 메서드에서도 동일한 방법이 적용된다. 다만 5번째 인수부터는 Arc 클래스와 마찬가지로 시작 각도와 그리기를 할 각도를 지정하는 부분은 동일하다. 그리고 마지막 인수는 Arc 클래스의 type 속성과 동일한 의미를 가진다.

■ 문자열과 이미지

마지막으로 문자열과 이미지를 그릴 부분을 나타냅니다.

```
// 문자열
gc.setFill(Color.BLACK);
gc.fillText("Hello, World!", 300.0, 450.0);

// 이미지 표시
Image image = new Image("dukecup.jpg");
gc.drawImage(image, 40.0, 540.0);
```

문자열을 그리는 fillText() 메서드와 strokeText() 메서드는 Shape 클래스의 하위 클래스인 Text 클래스와 달리 표시할 문자열의 내용을 먼저 지정하고 이후에 문자열이 표시될 좌표를 지정하여 사용한다.

이미지를 그릴 때는 javafx.scene.image.ImageView 클래스와 마찬가지로 이미지를 표현하는 javafx.scene.image.Image 클래스를 사용하여 처리한다. drawImage() 메서드의 인수를 지정할 때는 먼저 이미지 객체를 지정하고 다음에 이미지를 표시할 위치를 좌표로 지정하면 된다. 이제까지의 내용을 실행시키면 다음과 같다.

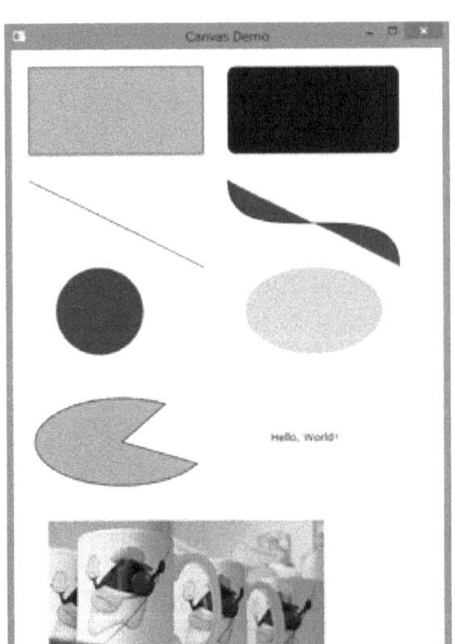

Canvas를 이용한 애니메이션

Canvas의 그리기 성능은 매우 뛰어나기 때문에 애니메이션에 응용해도 좋은 성능을 발휘한다. 문제는 Canvas에서 그리는 요소는 Node로 취급할 수 없어 이전에 사용한 Transition 클래스나 Timeline 클래스의 javafx.animation.KeyValue 클래스를 이용할 수 없다.

이러한 경우에 사용할 수 있는 클래스가 javafx.animation.AnimationTimer이다. 또 다른 대안책은 Timeline 클래스의 키 프레임에 이벤트 핸들러를 등록하고 이벤트 핸들러에 그리는 내용을 기술하는 방법을 시도해 볼 수 있다.

다음 예는 움직이는 진자를 Canvas 클래스를 이용하여 그리고 AnimationTimer 클래스를 사용하여 애니메이션으로 처리하는 과정을 나타낸 것이다.

Example 13.2 Canvas 클래스와 AnimationTimer 클래스를 이용한 애니메이션

```
import javafx.animation.AnimationTimer;
import javafx.application.Application;
import javafx.scene.Scene;
import javafx.scene.canvas.Canvas;
import javafx.scene.canvas.GraphicsContext;
import javafx.scene.layout.StackPane;
import javafx.scene.paint.Color;
import javafx.stage.Stage;

public class CanvasPendulums extends Application {
    private static final double WIDTH = 400.0;
    private static final double HEIGHT = 400.0;

    private Canvas canvas;

    @Override
    public void start(Stage stage) {
        StackPane root = new StackPane();

        canvas = new Canvas(WIDTH, HEIGHT);
        root.getChildren().add(canvas);

        Scene scene = new Scene(root, WIDTH, HEIGHT);

        stage.setTitle("Canvas Pendulums");
        stage.setScene(scene);
        stage.show();

        startAnimation();
    }
```

```
    public void startAnimation() {
        AnimationTimer timer = new AnimationTimer() {
            @Override
            public void handle(long time) {
                GraphicsContext gc = canvas.getGraphicsContext2D();

                // 캔버스를 초기화
                gc.clearRect(0, 0, WIDTH, HEIGHT);

                for (int index = 0; index < 8; index++) {
                    // 진자의 위치를 계산
                    double alpha = Math.PI * Math.sin(time/500_000_000.0 -
                                                    index/4.0) / 6.0;
                    double x = 200 + 300 * Math.sin(alpha);
                    double y =   0 + 300 * Math.cos(alpha);

                    // 진자의 줄을 작도
                    gc.setStroke(Color.GRAY);
                    gc.strokeLine(200.0, 0.0, x, y);

                    // 진자(구슬)를 그리기
                    gc.setFill(Color.hsb(index*40.0, 1.0, 1.0));
                    gc.fillOval(x-20.0, y-20.0, 40.0, 40.0);
                }
            }
        };

        timer.start();
    }

    public static void main(String[] args) {
        launch(args);
    }
}
```

Canvas에서 애니메이션을 할 경우, 렌더링 처리를 할 때마다 캔버스를 초기화 해 둘 필요가 있다. Node의 애니메이션은 이전 위치에서 그려지는 내용이 자동으로 삭제되지만 Canvas의 경우는 그렇지 않다. 애니메이션 과정에서 화면에 이전 내용과 다음 내용이 바뀌어야 하기 때문에 예에서와 같이 clearRect() 메서드를 호출하여 이전 내용을 삭제해 주어야 한다.

주의할 것은 clearRect() 메서드로 지정하는 사각형의 크기가 클수록 다시 렌더링 처리해야 할 범위가 커지게 되고 이는 성능을 저하시키는 요인이 될 수 있다. 따라서 애니메이션 과정에서 다시 그려야 할 부분을 최소화 시키는 노력이 필요하다. 예에서는 캔버스 전체를 초기화 시키고 있다.

예제를 살펴보면 AnimationTimer 클래스의 handle() 메서드가 호출될 때마다 GraphicsContext 객체를 사용하여 묘화 과정을 진행할 뿐이다. 진자의 줄과 구슬은 strokeLine() 메서드와과 fillOval() 메서드로 표현하였다.

여기에서 fillOval() 메서드의 인수에서 변수 x와 y에서 20을 뺀 것은 x와 y가 원의 중심 좌표를 나타내고 있기 때문이다. 진자의 구슬을 작도할 때 가상의 사각형의 좌상 모서리 좌표를 지정해야 하기 때문에 원의 중심좌표에서 각각 20을 빼 주어야만 올바른 인수 지정이 되기 때문이다. 다음은 실행 결과이다.

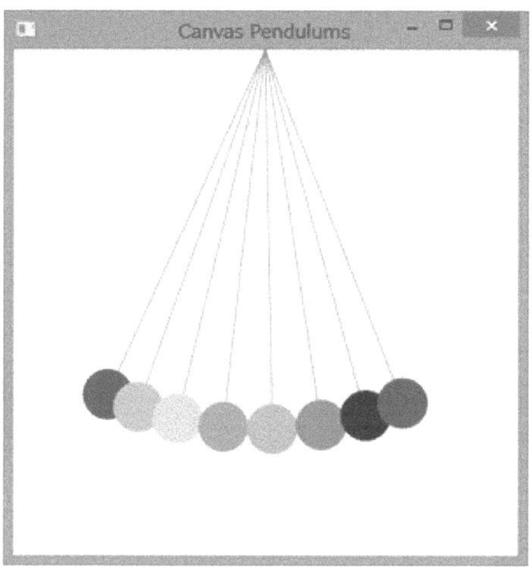

▮이미지 조작

앞에서 이미지를 캔버스에 단순하게 표시하는 것만 소개하였다. 물론 Shape 클래스를 이용하여 이미지를 화면에 표시할 수 있다. 그러나 Canvas 클래스를 이용하여 이미지를 처리하면 이미지의 픽셀(pixel) 값을 읽을 수 있고 이미지에 픽셀 값을 쓸 수 있기 때문이다. 이미지의 픽셀 값을 읽고 쓸 수 있다는 것은 이미지를 조작할 수 있다는 의미이기도 하다.

■ pixel의 읽기와 쓰기

픽셀 값을 읽을 때는 javafx.scene.image.PixelReader 인터페이스를 사용하면 된다. 그리고 PixelReader 객체는 javafx.scene.image.Image 객체에서 얻을 수 있다. 예를 들어, 이미지의 (0, 0) 위치의 픽셀 값을 읽고 싶으면 다음과 같이 하면 된다.

```
Image image = ...;

// 픽셀을 읽기 위한 PixelReader 객체를 생성(팩토리 메서드 사용)
PixelReader reader = image.getPixelReader();

// (0,0)의 픽셀 값을 읽는다
Color color = reader.getColor(0, 0);
```

PixelReader 객체는 Image 클래스의 getPixelReader() 메서드로 얻을 수 있다. 그리고 픽셀 값을 읽기 위해서 getColor() 메서드를 사용하면 되고 인수의 의미는 픽셀을 가져올 이미지의 좌표 값이다. getColor() 메서드는 반환 값으로 Color 오브젝트를 돌려준다. 다른 방법으로 getArgb() 메서드를 이용할 수도 있다. 이들 메서드는 int형으로 픽셀의 색상 정보를 담고 있다.

반대로 Image 클래스의 서브 클래스인 javafx.scene.image.WritableImage 클래스를 이용하면 픽셀을 쓸 수 있다. 이때는 javafx.scene.image.PixelWriter 인터페이스를 사용하게 된다. 이미지 (0, 0)의 위치에 Color.RED을 쓰려면 다음과 같이 기술할 수 있다.

```
// 쓰기 대상 이미지
WritableImage dest = new WritableImage(width, height);

// 픽셀을 쓰기 위한 PixelWriter 객체 얻기
PixelWriter writer = dest.getPixelWriter();

// (0, 0) 위치에 Color.RED를 저장
writer.setColor(0, 0, Color.RED);
```

WritableImage 객체는 이미지의 폭과 높이를 지정하여 생성한다. PixelWriter 객체는 WritableImage 클래스에서 제공하는 getPixelWriter() 메서드로 취득 할 수 있다. 이미지에 픽셀의 내용을 저장할 때는 setColor() 메서드를 사용하고 인수들은 이미지의 좌표 (x, y)와 색상 정보를 순서대로 지정하면 된다.

PixelWriter 클래스에는 PixelReader() 클래스와 마찬가지로 int형으로 나타낸 색상 정보를 기입하기 위한 setArgb() 메서드가 제공된다.

이제 픽셀을 읽고 쓰는 방법을 알았으므로 실제 이미지를 복사하는 예제를 통해 이미지 조작 과정을 살펴보도록 하겠다. 다음 예는 픽셀을 읽은 다음에 다시 쓰는 과정을 나타낸다.

```
private Image copyImage(Image src) {
    // 픽셀을 읽기 위한 PixelReader 객체 얻기
    PixelReader reader = src.getPixelReader();

    int width = (int)src.getWidth();
    int height = (int)src.getHeight();

    // 쓰기용 이미지 객체 준비
    WritableImage dest = new WritableImage(width, height);
    // 픽셀 저장을 위한 PixelWriter 객체 얻기
    PixelWriter writer = dest.getPixelWriter();

    for (int x = 0; x < width; x++) {
        for (int y = 0; y < height; y++) {
            // (x,y) 좌표의 픽셀 값을 읽어서
            Color color = reader.getColor(x, y);

            // 읽은 픽셀 값을 다시 저장
            writer.setColor(x, y, color);
        }
    }

    return dest;
}
```

여기에서는 원본 이미지의 폭과 높이를 취득하고 이중 루프의 for문을 이용하여 폭과 높이만큼의 내용을 처리하고 있다. 이제까지의 과정을 완성한 코드는 다음과 같으며 실행 결과를 보면 원본 이미지의 내용을 제대로 읽어 이미지를 복사할 수 있는 것을 알 수 있다(위쪽 이미지가 원본이고 아래쪽이 복사본 이미지). 그러나 여기서 사용한 방법은 한 픽셀 단위로 읽고 쓰기를 반복하고 있어 매우 비효율적이다. 보다 효율적인 방법은 다음에 소개한다.

Example 13.3 원본 이미지의 픽셀을 읽어서 이미지 복사하기

```
import javafx.application.Application;
import javafx.geometry.Pos;
import javafx.scene.Scene;
import javafx.scene.image.Image;
import javafx.scene.image.ImageView;
import javafx.scene.image.PixelFormat;
import javafx.scene.image.PixelReader;
import javafx.scene.image.PixelWriter;
import javafx.scene.image.WritableImage;
import javafx.scene.layout.VBox;
import javafx.scene.paint.Color;
import javafx.stage.Stage;

public class ImageCopy extends Application {
```

```
    @Override
    public void start(Stage stage) {
        VBox root = new VBox(10.0);
        root.setAlignment(Pos.CENTER);

        Image image = new Image("dukecup.jpg");
        ImageView view = new ImageView(image);
        root.getChildren().add(view);

        Image copyImage = copyImage3(image);
        ImageView copyView = new ImageView(copyImage);
        root.getChildren().add(copyView);

        Scene scene = new Scene(root, 340, 320);

        stage.setTitle("Image Copy");
        stage.setScene(scene);
        stage.show();
    }

    private Image copyImage(Image src) {
        // 픽셀을 읽기 위한 PixelReader 객체 얻기
        PixelReader reader = src.getPixelReader();

        int width = (int)src.getWidth();
        int height = (int)src.getHeight();

        // 쓰기용 이미지 객체 준비
        WritableImage dest = new WritableImage(width, height);
        // 픽셀 저장을 위한 PixelWriter 객체 얻기
        PixelWriter writer = dest.getPixelWriter();

        for (int x = 0; x < width; x++) {
            for (int y = 0; y < height; y++) {
                // (x,y) 좌표의 픽셀 값을 읽어서
                Color color = reader.getColor(x, y);

                // 읽은 픽셀 값을 다시 저장
                writer.setColor(x, y, color);
            }
        }

        return dest;
    }

    public static void main(String... args) {
        launch(args);
    }

}
```

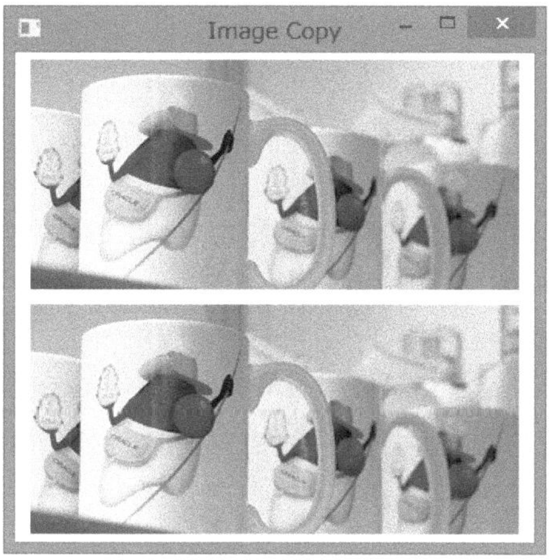

■ 벌크 형태로 읽고 쓰기

위에서 지적한 문제를 해결하는 한 가지 방법을 소개한다. BufferedInputStream 클래스처럼 버퍼를 사용하여 한꺼번에 읽어 들이는 것이 훨씬 효율적인 처리를 할 수 있다. 픽셀을 읽는 과정과 마찬가지로 쓰기도 동일하게 처리할 수 있다.

PixelReader 클래스와 PixelWriter 클래스에는 복수의 픽셀을 읽거나 쓸 수 있는 메서드가 제공되고 있으므로 이를 사용하여 개선된 코드를 작성하면 다음과 같다.

```
private Image copyImage2(Image src) {
    // 픽셀을 읽기 위한 PixelReader 객체 얻기
    PixelReader reader = src.getPixelReader();

    int width = (int)src.getWidth();
    int height = (int)src.getHeight();

    // 쓰기용 이미지 객체 준비
    WritableImage dest = new WritableImage(width, height);
    // 픽셀 저장을 위한 PixelWriter 객체 얻기
    PixelWriter writer = dest.getPixelWriter();

    // 읽은 픽셀을 저장할 버퍼 준비
    int[] buffer = new int[width];

    for (int y = 0; y < height; y++) {
      // 수평 방향으로 이미지의 폭만큼의 픽셀을 읽는다
       reader.getPixels(0, y, width, 1, PixelFormat.getIntArgbInstance(), buffer,
                        0, width);

       // 이미지의 폭만큼의 픽셀을 저장한다
       writer.setPixels(0, y, width, 1, PixelFormat.getIntArgbInstance(), buffer,
                        0, width);
```

```
        }
        return dest;
    }
```

이번에는 이미지의 폭에 해당하는 픽셀을 한 번에 읽어서 저장하고 있다. 여러 픽셀을 읽고 쓰기 위해 getPixels()과 setPixels() 메서드를 사용한다.

getPixels() 메서드의 첫 번째와 두 번째 인수는 픽셀을 읽기 시작하는 이미지의 좌표를 지정하는데 이미지의 폭 정보만 가져오면 되므로 x 좌표는 항상 0이고 되고 y좌표는 반복문의 첨자로 지정하고 있다.

그리고 3번째와 4번째 인수는 앞에서 지정된 위치부터 읽어 들인 픽셀의 수를 지정하는 부분으로서 픽셀의 지정은 구형 모양을 하고 있으므로 이를 폭과 높이로 지정하게 된다. 여기에서는 폭만 처리하고 있으므로 3번째 인수는 width로 4번째 인수는 1로 지정했다.

다음으로 5번째 인수는 픽셀의 색상 정보를 저장하는 방법을 지정하는 것이다. 참고로 인수의 자료형은 javafx.scene.image.WritableImageFormat 클래스형이다. 그런데 재미있는 점은 WritableImageFormat 클래스는 추상 클래스 임에도 불구하고 구현 클래스가 제공되지 않는다. 대신에 WritableImageFormat 클래스의 슈퍼 클래스인 PixelFormat 클래스가 정의하는 정적 팩토리 메서드를 사용하게 된다. 사실 PixelFormat 클래스의 팩토리 메서드는 5가지가 있는데 이 중에서 byte 배열을 이용하여 픽셀을 읽는 메서드는 getByteBgraInstance()와 getByteBgraPreInstatnce()이다. 그리고 getIntArgbInstance() 메서드와 getInstArgbPreInstance() 메서드는 int형의 배열을 사용하여 픽셀을 읽는다.

참고로 메서드 이름 중간에 Pre가 붙어있는 메서드는 투명도를 RGB의 값으로 곱셈계산되는 것(Premultiplied Alpha)을 나타낸다. 예에서는 int형의 배열을 사용하는 getIntArgbInstance() 메서드를 사용했다.

6번째 인수는 가져온 픽셀을 저장하기 위한 버퍼이다. 그리고 7번째 인수는 버퍼의 오프셋, 8번째 인수는 버퍼에서 다음 라인에 도달 할 때까지의 인덱스를 나타낸다. 여기에서는 오프셋이 0이므로 가져올 이미지의 폭과 동일하다.

setPixels() 메서드의 인수들의 의미도 getPixels() 메서드와 동일하다. 이와 같이 복수의 픽셀의 읽고 쓰기를 하면 보다 효율적으로 픽셀 조작을 할 수 있다. Example 13.3 예제에 코드를 축하여 실행시켜 보고 그 결과를 비교하여 보도록 하라.

■ 이미지를 복사하는 WritableImage 객체 작성

좀 전까지는 원본 이미지의 픽셀을 읽어 들여 WritableImage 객체에 저장하였다. 그러나 원본 이미지가 정해져 있다면, 그 이미지를 복사한 WritableImage 객체를 만들 수 있다.

```
private Image copyImage3(Image src) {
    PixelReader reader = src.getPixelReader();
    int width = (int)src.getWidth();
    int height = (int)src.getHeight();

    WritableImage dest = new WritableImage(reader, width, height);

    return dest;
}
```

이 방법은 이제까지의 방법 중 가장 쉬운 방법이다. WritableImage 클래스의 생성자의 첫 번째 인수에 복사할 이미지의 PixelReader 객체를 지정한다. 이것만으로도 이미지를 WritableImage 객체로 복사 할 수 있다.

▌WritableImage 클래스의 응용

WritableImage 클래스를 사용하면 임의의 이미지를 만들 수 있음을 위에서 살펴보았다. 이번에는 원본 이미지를 대상으로 Blur 효과를 적용시키는 방법을 소개한다.

상자 Blur는 픽셀 값을 그 주위의 n×n 픽셀의 평균값으로 취하는 방법이다. 여기서 n은 정수 값이다. 바탕이 되는 이미지에서 n×n의 부분을 읽어 들여 그 평균값을 사용하여 중심 픽셀의 값을 기록하게 만들 수 있다.

색상의 평균을 구하려면 빨강, 초록, 파랑의 각 색상마다 평균을 구할 필요가 있다. 그러기 위해서는 저장된 색상 정보가 int형 또는 byte형으로 되어 있는지 구분을 하여야 한다. 앞에서 PixelFormat 클래스의 getIntArgbInstance() 메서드를 사용하였다. 이 메서드의 이름에 주목하면 Argb 부분이 색상의 순서를 나타낸다는 것을 알 수 있다. 즉 투명도, 빨강, 녹색, 파랑의 순서대로 각각 1byte로 정보를 지니고 있는 것이다.

예를 들어 불투명한 녹색의 경우에는 0xff_00_ff_00과 같을 것이다. 이것이 이해된다면 각 색상 성분을 용이하게 추출할 수 있다. 다음 예를 참고하기 바란다.

Example 13.4 원본 이미지에 박스 Blur를 적용하는 예

```
import javafx.application.Application;
import javafx.geometry.Pos;
import javafx.scene.Scene;
import javafx.scene.image.Image;
import javafx.scene.image.ImageView;
import javafx.scene.image.PixelFormat;
import javafx.scene.image.PixelReader;
import javafx.scene.image.PixelWriter;
import javafx.scene.image.WritableImage;
import javafx.scene.layout.VBox;
import javafx.scene.paint.Color;
import javafx.stage.Stage;

public class ImageBlur extends Application {
    private static final int KERNEL_SIZE = 5;
    private static final int KERNEL_AREA = KERNEL_SIZE*KERNEL_SIZE;

    @Override
    public void start(Stage stage) {
        VBox root = new VBox(10.0);
        root.setAlignment(Pos.CENTER);

        Image image = new Image("dukecup.jpg");
        ImageView view = new ImageView(image);
        root.getChildren().add(view);

        Image copyImage = blurImage(image);
        ImageView copyView = new ImageView(copyImage);
        root.getChildren().add(copyView);

        Scene scene = new Scene(root, 340, 320);

        stage.setTitle("Image Copy");
        stage.setScene(scene);
        stage.show();
    }

    private Image blurImage(Image src) {
        // 픽셀을 읽기 위한 PixelReader 객체 얻기
        PixelReader reader = src.getPixelReader();

        int width = (int)src.getWidth();
        int height = (int)src.getHeight();

        // 쓰기용 이미지 준비
        WritableImage dest = new WritableImage(width, height);
        // 픽셀을 쓰기위한 PixelWriter 객체 얻기
        PixelWriter writer = dest.getPixelWriter();

        // 읽은 픽셀을 저장하기 위한 버퍼
        int[] buffer = new int[KERNEL_AREA];
```

```
        for (int i = 0; i < width - KERNEL_SIZE; i++) {
            for (int j = 0; j < height - KERNEL_SIZE; j++) {
                reader.getPixels(i, j, KERNEL_SIZE, KERNEL_SIZE,
                                 PixelFormat.getIntArgbInstance(),
                                 buffer, 0, KERNEL_SIZE);

                // A R G Bの各色ごとに値の合計を求める
                int a = 0;
                int r = 0;
                int g = 0;
                int b = 0;
                for (Int k = 0; k < KERNEL_AREA; k++) {
                    a += (buffer[k] >> 24) & 0xff;
                    r += (buffer[k] >> 16) & 0xff;
                    g += (buffer[k] >> 8) & 0xff;
                    b += buffer[k] & 0xff;
                }
                // RGB 값의 합으로부터 평균을 계산하고 Color 객체를 생성
                Color color = Color.rgb(r/KERNEL_AREA, g/KERNEL_AREA,
                                        b/KERNEL_AREA, a/KERNEL_AREA/255.0);
                writer.setColor(i + 3, j + 3, color);
            }
        }

        return dest;
    }

    public static void main(String... args) {
        launch(args);
    }

}
```

본래는 n×n의 데이터를 읽어 들일 때 이미지의 모서리 부분의 처리도 필요하지만 여기에서는 단순화를 위해 끝에서 n/2 부분은 Blur 처리를 하지 않았다. 예에서는 n을 5로 두고 Blur 효과를 적용하고 있다.

픽셀 데이터의 읽기는 앞서와 마찬가지로 getPixels() 메서드를 사용하여 벌크 형태로 처리하고 있다. 읽어 들인 부분에서 색상 성분을 추출하고 총 합을 구하는 부분은 다음과 같이 하였다.

```
                for (int k = 0; k < KERNEL_AREA; k++) {
                    a += (buffer[k] >> 24) & 0xff;
                    r += (buffer[k] >> 16) & 0xff;
                    g += (buffer[k] >> 8) & 0xff;
                    b += buffer[k] & 0xff;
                }
```

int형 값을 각 색성분에 따라 비트 이동을 시키고 있으며 1byte를 추출하기 위해 0xff와 AND 연산을 취하고 있다. 이 값으로 부터 평균치의 색상을 생성하는 부분은 다음과 같다.

```
// RGB 값의 합으로부터 평균을 계산하고 Color 객체를 생성
Color color = Color.rgb(r/KERNEL_AREA, g/KERNEL_AREA,
                        b/KERNEL_AREA, a/KERNEL_AREA/255.0);
writer.setColor(i + 3, j + 3, color);
```

이후에는 이 색상을 PixelWriter 객체를 사용하여 저장하면 처리과정이 완료된다. 실행 결과는 다음과 같다. 아래쪽 이미지에 Blur 효과가 적용된 것을 확인할 수 있다.

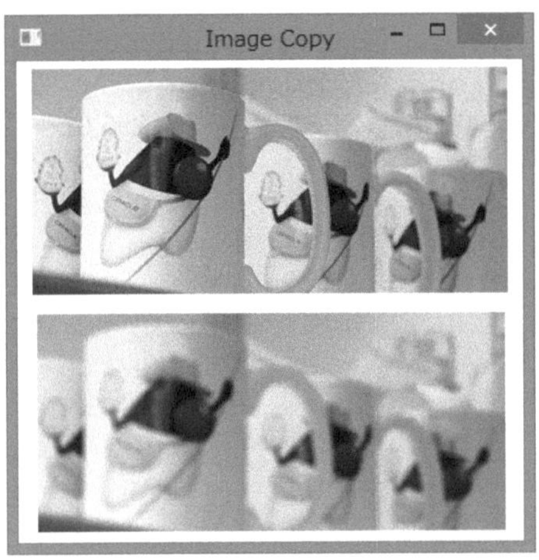

Chapter 14. Touch Interface와 Gesture

스마트 폰이나 태블릿에서는 터치 이벤트 처리가 필수적이다. PC 환경에서는 흔하지 않지만 Windows 8의 경우는 터치 인터페이스를 전제로 한 모던 UI가 채용되는 등의 변화가 일어나고 있으므로 이러한 터치 인터페이스의 사용은 더 늘어날 것이다. JavaFX에서도 GUI에 적용할 수 있는 터치 인터페이스를 제공하고 있다. 터치 인터페이스와 관련하여 터치 이벤트 외에도 터치의 응용으로 제스처(gesture)에 대해서 살펴보도록 하겠다.

▌Touch Interface

■ Touch Event

터치 이벤트를 처리하기 위해서는 javafx.scene.input.TouchEvent 클래스를 사용하면 된다. TouchEvent 클래스는 마치 MouseEvent 클래스와 MouseDragEvent 클래스를 조합하여 사용하는 것과 같다. 마우스 이벤트와 마찬가지로 "터치했다" 또는 "터치했다가 손을 떼었다" 등과 같은 이벤트 상황 이외에도 터치한 위치도 중요한 정보로 이용할 수 있다. TouchEvent 클래스에서는 다음과 같은 이벤트 유형을 처리할 수 있다.

- TOUCH_PRESSED
- TOUCH_RELEASED
- TOUCH_MOVED
- TOUCH_STATIONARY

마지막 TOUCH_STATIONARY 이외에는 마우스 이벤트 상황과 동일하다는 것을 알 수 있다. TOUCH_STATIONARY는 터치하고 있는 포인트가 움직이지 않는 것을 의미한다. 이는 TOUCH_MOVED 반대 상태이기도 하다.

이번에는 사각형에 대해 위 4가지 이벤트 유형을 적용하기 위해 이벤트 핸들러를 적용하여 보자. 코드를 완성시키기 전에 각 단계별 과정으로 설명하도록 하겠다.

```
// 터치 이벤트의 출력
private void setTouchEventHandler(Rectangle rect) {
    rect.setOnTouchPressed(new EventHandler<TouchEvent>() {
        @Override
```

```
            public void handle(TouchEvent event) {
                System.out.println(event.getEventType());
            }
        });

        rect.setOnTouchReleased(new EventHandler<TouchEvent>() {
            @Override
            public void handle(TouchEvent event) {
                System.out.println(event.getEventType());
            }
        });

        rect.setOnTouchMoved(new EventHandler<TouchEvent>() {
            @Override
            public void handle(TouchEvent event) {
                System.out.println(event.getEventType());
            }
        });

        rect.setOnTouchStationary(new EventHandler<TouchEvent>() {
            @Override
            public void handle(TouchEvent event) {
                System.out.println(event.getEventType());
            }
        });
    }
```

일반적으로 일반 PC 환경에서는 터치 인터페이스를 제공하지 않으므로 실행을 위해서는 태블릿 PC 등이 필요하다. 이 환경에서 실행시키면 실행 결과를 통해 터치 이벤트가 어떻게 일어나는지 확인할 수 있다.

```
c:\javafx>java -jar TouchEventDemo.jar
TOUCH_PRESSED
TOUCH_STATIONARY
TOUCH_STATIONARY
TOUCH_MOVED
TOUCH_MOVED
TOUCH_MOVED
MOUSE_PRESSED
TOUCH_MOVED
TOUCH_MOVED
TOUCH_STATIONARY
TOUCH_MOVED
TOUCH_STATIONARY
TOUCH_STATIONARY
TOUCH_RELEASED
MOUSE_RELEASED
MOUSE_CLICKED
```

터치를 한 것은 한 순간이겠지만 생각 외로 많은 이벤트가 발생하는 것을 목격할 수 있다. 터치를 하는 동안 손가락을 이동시킬 생각이 없었겠지만 미묘한 움직임이 반영된 결과로 보면 된다. 재미있는 점은 터치 이벤트뿐만 아니라 마우스 이벤트도 동시에 발생하고 있는 것에 주목할 필요가 있다.

이 사실로부터 터치 이벤트의 이벤트 핸들러를 설정하지 않고도 마우스 이벤트의 이벤트 핸들러만 설정해 두면 터치에 대응할 수 있다는 것을 시사하고 있다. 그러나 마우스 이벤트에서는 여러 손가락으로 터치하는 멀티 터치와 같은 이벤트 상황을 처리할 수 없다.

■ 멀티 터치

TouchEvent 클래스는 터치한 포인트를 얻기 위해 getTouchPoint() 메서드를 제공하고 있다. getTouchPoint() 메서드의 반환 형식은 javafx.scene.input.TouchPoint 클래스형이다.

여러 손가락으로 터치하는 멀티 터치의 경우, 터치하는 지점이 여러 곳이기 때문에 이럴 경우에는 getTouchPoints() 메서드를 사용하여야 한다. getTouchPoints() 메서드는 TouchPoint 클래스의 리스트를 반환한다. 여기서 리스트의 선두 요소는 getTouchPoint() 메서드의 반환 값과 동일한 TouchPoint 객체이다. 앞에서 소개한 코드를 약간 개조하여 터치하는 지점의 수도 표시하여 보자.

```
// 터치 이벤트의 출력
private void setTouchEventHandler(Rectangle rect) {
    rect.setOnTouchPressed(new EventHandler<TouchEvent>() {
        @Override
        public void handle(TouchEvent event) {
            System.out.println(event.getEventType() + " " +
                               event.getTouchPoints().size());
        }
    });

    rect.setOnTouchReleased(new EventHandler<TouchEvent>() {
        @Override
        public void handle(TouchEvent event) {
            System.out.println(event.getEventType() + " " +
                               event.getTouchPoints().size());
        }
    });

    rect.setOnTouchMoved(new EventHandler<TouchEvent>() {
        @Override
        public void handle(TouchEvent event) {
            System.out.println(event.getEventType());
        }
```

```
        });

        rect.setOnTouchStationary(new EventHandler<TouchEvent>() {
            @Override
            public void handle(TouchEvent event) {
                System.out.println(event.getEventType());
            }
        });
    }
```

event.getTouchPoints().size() 메서드는 터치되었을 때와 놓을 때의 터치 수를 표시를 반환한다. 다시 실행 결과를 확인하여 보자. 다음은 두 손가락으로 터치한 경우의 결과이다.

```
c:\javafx>java -jar TouchEventDemo.jar
TOUCH_PRESSED 1
TOUCH_STATIONARY
TOUCH_PRESSED 2
TOUCH_MOVED
TOUCH_MOVED
TOUCH_STATIONARY
TOUCH_MOVED
TOUCH_STATIONARY
MOUSE_PRESSED
TOUCH_MOVED
TOUCH_STATIONARY
TOUCH_MOVED
TOUCH_MOVED
TOUCH_STATIONARY
TOUCH_STATIONARY
TOUCH_RELEASED 2
TOUCH_STATIONARY
TOUCH_RELEASED 1
MOUSE_RELEASED
MOUSE_CLICKED
```

실행 결과를 보면 본인은 동시에 터치하려고 하였을 것이다. 실제로는 두 부분을 터치하는데 시간 차이가 발생했다는 것을 나타낸다. 마찬가지로 터치에서 떼는 순간에도 시간 차이가 발생할 수 있다. 이로부터 알 수 있는 것은 멀티 터치를 사용한 이벤트 처리는 이러한 시간 차이를 고려할 필요가 있다는 점이다. 최근에는 최대 10점 터치까지 지원하는 경우도 많으므로 참고하기 바란다.

이제까지의 과정을 통해 완성된 코드는 다음과 같다. 참고로 주석문이 처리된 부분은 마우스 이벤트로 대체할 수 있는 것을 고려하여 주석처리를 한 것이며 이를 대신하는 부분은 마우스 이벤트 처리를 추가시켜 두었다.

Example 14.1 터치 이벤트 처리 예제

```
import javafx.application.Application;
import javafx.event.EventHandler;
import javafx.geometry.Pos;
import javafx.scene.Scene;
import javafx.scene.input.MouseEvent;
import javafx.scene.input.TouchEvent;
import javafx.scene.layout.StackPane;
import javafx.scene.paint.Color;
import javafx.scene.shape.Rectangle;
import javafx.stage.Stage;

public class TouchEventDemo extends Application {

    @Override
    public void start(Stage primaryStage) {
        StackPane root = new StackPane();
        root.setAlignment(Pos.CENTER);

        Rectangle rect = new Rectangle(380.0, 380.0);
        rect.setFill(Color.CYAN);
        root.getChildren().add(rect);

        setTouchEventHandler(rect);
        setMouseEventHandler(rect);

        Scene scene = new Scene(root, 400, 400);

        primaryStage.setTitle("TouchEvent Demo");
        primaryStage.setScene(scene);
        primaryStage.show();
    }

    // 터처 이벤트의 출력
    private void setTouchEventHandler(Rectangle rect) {
        rect.setOnTouchPressed(new EventHandler<TouchEvent>() {
            @Override
            public void handle(TouchEvent event) {
                System.out.println(event.getEventType() + " " +
                                   event.getTouchPoints().size());
            }
        });

        rect.setOnTouchReleased(new EventHandler<TouchEvent>() {
            @Override
            public void handle(TouchEvent event) {
                System.out.println(event.getEventType() + " " +
                                   event.getTouchPoints().size());
            }
        });

//          rect.setOnTouchMoved(new EventHandler<TouchEvent>() {
//              @Override
```

```
//              public void handle(TouchEvent event) {
//                  System.out.println(event.getEventType());
//              }
//          });
//
//          rect.setOnTouchStationary(new EventHandler<TouchEvent>() {
//              @Override
//              public void handle(TouchEvent event) {
//                  System.out.println(event.getEventType());
//              }
//          });
    }

    private void setMouseEventHandler(Rectangle rect) {
        // 마우스 이벤트에 대한 출력
        rect.setOnMouseClicked(new EventHandler<MouseEvent>() {
            @Override
            public void handle(MouseEvent event) {
                System.out.println(event.getEventType());
            }
        });

        rect.setOnMousePressed(new EventHandler<MouseEvent>() {
            @Override
            public void handle(MouseEvent event) {
                System.out.println(event.getEventType());
            }
        });

        rect.setOnMouseReleased(new EventHandler<MouseEvent>() {
            @Override
            public void handle(MouseEvent event) {
                System.out.println(event.getEventType());
            }
        });
    }

    public static void main(String... args) {
        launch(args);
    }
}
```

■ 터치에 의한 드래그

터치 인터페이스에서 일반적으로 사용되는 것이 터치에 의한 드래그(drag) 처리이다. 드래그는 터치하고 있는 포인트가 변경되면 그에 따라 대상 노드를 이동시키는 것 행위이다. 터치 포인트가 이동 한 경우에는 TOUCH_MOVED 이벤트가 발생하기 때문에 그때마다 노드의 위치를 업데이트시킴으로써 노드를 이동시킬 수 있다.

이를 확인하기 위해 화면에 표시된 원을 대상으로 터치 드래그 하여 이동시키는 것을 생각해 보자. 다음에 전체 소스 코드를 나타내며 이벤트 핸들러를 설정하는 부분에 주목하기 바란다.

Example 14.2 터치 이벤트 핸들러를 이용하여 원을 이동시키기

```
import javafx.application.Application;
import javafx.event.EventHandler;
import javafx.scene.Group;
import javafx.scene.Scene;
import javafx.scene.input.TouchEvent;
import javafx.scene.paint.Color;
import javafx.scene.shape.Circle;
import javafx.stage.Stage;

public class CircleDrag extends Application {

    // 드래그 시킬 원 객체
    private Circle circle;

    // 드래그의 개시점
    private double startX;
    private double startY;

    @Override
    public void start(Stage stage) {
        Group root = new Group();

        circle = new Circle(40);
        circle.setFill(Color.RED);
        circle.setTranslateX(200);
        circle.setTranslateY(200);
        root.getChildren().add(circle);

        initEventHandler();

        Scene scene = new Scene(root, 400, 400);

        stage.setTitle("Circle Drag");
        stage.setScene(scene);
        stage.show();
    }

    private void initEventHandler() {
        circle.setOnTouchPressed(new EventHandler<TouchEvent>() {
            @Override
            public void handle(TouchEvent event) {
                // 터치의 시작
                // 드래그의 개시점과 터치의 ID를 저장
                startX = event.getTouchPoint().getSceneX() - circle.getTranslateX();
                startY = event.getTouchPoint().getSceneY() - circle.getTranslateY();
```

```
            }
        });

        // 드래그 처리를 수행
        circle.setOnTouchMoved(new EventHandler<TouchEvent>() {
            @Override
            public void handle(TouchEvent event) {
                // 터치의 현재 위치를 취득
                double x = event.getTouchPoint().getSceneX();
                double y = event.getTouchPoint().getSceneY();

                // 원의 위치를 갱신
                circle.setTranslateX(x - startX);
                circle.setTranslateY(y - startY);
            }
        });
    }

    public static void main(String... args) {
        launch(args);
    }
}
```

드래그는 시작 지점의 위치와 포인트가 이동했을 때의 포인트의 위치의 차이만큼 노드의 위치를 갱신한다. TouchPoint 클래스에서는 다음과 같이 포인트한 위치를 검색할 수 있는 메서드를 제공하고 있다.

- getX()/getY(): 이벤트가 발생한 노드의 기점으로부터의 상대 위치
- getSceneX()/getSceneY(): 장면의 기점으로부터의 상대 위치
- getScreenX()/getScreenY(): 디스플레이의 기점으로부터의 절대 거리

원의 기준점(Circle 클래스의 경우 중앙이다)으로부터의 거리가 getX()/getY() 메서드이다. 그러나 여기에서는 원을 드래그하여 이동시킬 예정이므로 원의 기점으로부터의 거리를 취득해도 드래그 시킬 수 없다.

따라서 드래그 처리를 하려면 getSceneX()와 getSceneY() 메서드 또는 getScreenX()와 getScreenY() 메서드를 사용하여 위치를 파악해야 한다. 여기에서는 getSceneX()와 getSceneY() 메서드를 사용했다.

드래그의 시작을 나타내는 것은 TOUCH_PRESSED 이벤트이다. 그래서 장면으로부터의 상대적 위치를 사용하여 위치를 저장해 둔다. 포인트의 위치에서 translateX, translateY 값을 빼는 이유는 이미 드래그 전 상황을 고려하고 있기 때문이다.

포인트가 이동되면 포인트의 위치를 취득하고 현재 터치한 위치와 시작점의 위치의 차이를 이용하여 원의 위치를 갱신하고 있다. 예제를 실행시키고 원을 터치하여 원하는 위치로 이동시켜 보길 바란다.

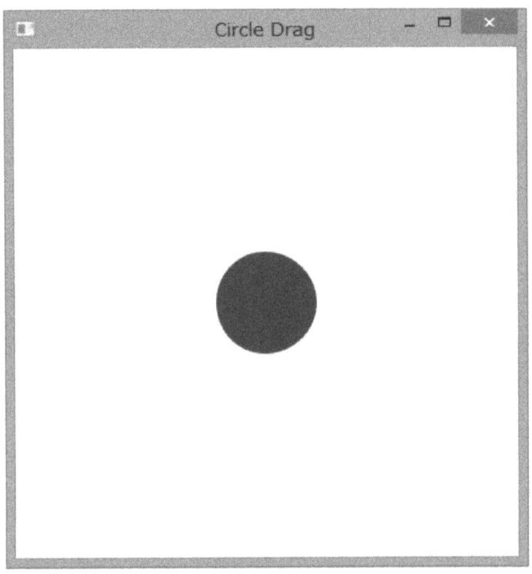

▮ Gesture

마지막으로 터치 인터페이스의 응용이라고 볼 수 있는 제스처에 대해 알아보자. 스마트폰이나 태블릿에서 확대·축소 등의 스케일링과 페이지 넘기기 등 다양한 용도로 제스처가 사용되고 있으며 직관적인 조작을 위해서는 이 제스처가 꼭 필요할 것이다.

■ JavaFX가 지원하는 제스처

JavaFX에서 지원하는 제스처를 정리하면 다음과 같다. JavaFX는 제스처를 이벤트로 취급하기 때문에 지원되는 제스처를 행하면 다음과 같은 이벤트가 발생하게 된다.

제스처	설명	이벤트 클래스
핀치	두 손가락으로 벌리거나 좁히는 제스처	ZoomEvent
스와이프	화면을 쓸어내는 제스처	SwipeEvent
스크롤	손가락을 수평 또는 수직 방향으로 움직이는 제스처	ScrollEvent
회전	두 손가락으로 손잡이를 돌리는 듯한 제스처	RotateEvent

관련된 이벤트 클래스는 javafx.scene.input.GestureEvent 클래스의 하위 클래스로 정의되어 있다. 이중에서 SwipeEvent 클래스를 먼저 설명하도록 한다. 참고로 ZoomEvent 클래스는 핀치의 시작, 핀치, 핀치 종료의 각각에서 이벤트가 발생한다. 또한 핀치 중에는 정기적으로 핀치의 이벤트가 발생한다.

SwipeEvent 클래스는 이와는 달리 시작과 끝이 없고 스와이프 행위를 한 순간에 하나의 이벤트가 발생한다. 다음은 사각형을 그리고 이에 대해 이벤트 핸들러를 설정하는 과정이다.

```
private void setEventHandler(Rectangle rect) {
    // 모든 제스처에 대한 이벤트 핸들러 설정
    rect.addEventHandler(GestureEvent.ANY, new EventHandler<GestureEvent>(){
        @Override
        public void handle(GestureEvent event) {
            // 제스처 타입 출력
            System.out.println(event.getEventType());
        }
    });
}
```

일반적으로 이벤트 핸들러는 setOnX() 메서드로 설정한다. 여기서 임의의 문자 X는 취급할 이벤트의 이름이 되며 마우스 클릭이면 setOnMouseClicked() 메서드일 것이다. 제스처에 대해서도 setOnZoom 이벤트 등으로 구성 할 수 있다. 그러나 여기에서는 모든 동작에 같은 처리를 하는 이벤트 핸들러를 등록할 필요가 없을 것이다. 위의 경우는 Node 클래스의 addEventHandler() 메서드를 사용하고 있다.

addEventHandler() 메서드는 인수 지정을 대응하는 이벤트 유형, 이벤트 핸들러를 순서대로 지정한다. 이벤트 유형은 각 이벤트 클래스에 상수로 정의되어 있는데 예에서는 GestureEvent.ANY를 지정하였다. ANY는 이벤트 클래스가 취급하는 모든 이벤트를 표시한다는 의미를 가진다. GestureEvent.ANY를 사용하면 GestureEvent 클래스의 하위 클래스를 포함한 모든 이벤트를 처리 할 수 있게 된다.

다음은 수평 방향으로 슬쩍 스와이프 한 결과를 나타낸다.

```
c:\javafx>java -jar GestureEventDemo.jar
SCROLL_STARTED
SCROLL
SCROLL
SCROLL
SCROLL
SWIPE_LEFT
SCROLL_FINISHED
SCROLL
SCROLL
```

손가락을 수평 방향으로 흩으면 SCROLL_STARTED가 발생한 후, 여러 번 SCROLL가 발생하고 있다. 손가락이 떨어지면 SCROLL_FINISHED가 발생하지만 그 전에 SWIPE_LEFT가 발생하는 것을 알 수 있다.

그 후에도 SCROLL가 발생하고 있지만 이유는 관성 스크롤 때문이다. 관성으로 이벤트가 발생했는지 여부는 GestureEvent 클래스의 isInertia() 메서드로 확인 가능하다.

다음 핀치 아웃 상태에 대한 실행 결과이다.

```
c:\javafx>java -jar GestureEventDemo.jar
SCROLL_STARTED
ZOOM_STARTED
SCROLL
ZOOM
SCROLL
ZOOM
ROTATION_STARTED
ZOOM
SCROLL
ROTATE
ZOOM
SCROLL
ROTATE
SCROLL_FINISHED
ROTATION_FINISHED
ZOOM_FINISHED
```

손가락을 움직이고 있기 때문에 ZOOM 뿐만 아니라 SCROLL도 발생하고 있음을 알 수 있다. 또한 한 방향으로 움직일 의도라고 하더라도 움직임에 대한 각도가 발생하여 ROTATE도 도중에 발생하고 있는 것을 볼 수 있다. 이처럼 의도하지 않는 동작에도 이벤트가 발생할 수 있다는 점을 고려하면 좋을 것이다. 전체 과정에 대한 완성된 코드는 다음과 같다.

Example 14.3 SwipeEvent 클래스의 이벤트 상황 확인용 예제

```
import javafx.application.Application;
import javafx.event.EventHandler;
import javafx.scene.Group;
import javafx.scene.Scene;
import javafx.scene.input.TouchEvent;
import javafx.scene.paint.Color;
import javafx.scene.shape.Circle;
import javafx.stage.Stage;

public class CircleDrag extends Application {

    // 드래그 시킬 원 객체
    private Circle circle;

    // 드래그의 개시점
    private double startX;
    private double startY;
```

```
    @Override
    public void start(Stage stage) {
        Group root = new Group();

        circle = new Circle(40);
        circle.setFill(Color.RED);
        circle.setTranslateX(200);
        circle.setTranslateY(200);
        root.getChildren().add(circle);

        initEventHandler();

        Scene scene = new Scene(root, 400, 400);

        stage.setTitle("Circle Drag");
        stage.setScene(scene);
        stage.show();
    }

    private void initEventHandler() {
        circle.setOnTouchPressed(new EventHandler<TouchEvent>() {
            @Override
            public void handle(TouchEvent event) {
                // 터치의 시작
                // 드래그의 개시점과 터치의 ID를 저장
                startX = event.getTouchPoint().getSceneX() - circle.getTranslateX();
                startY = event.getTouchPoint().getSceneY() - circle.getTranslateY();
            }
        });

        // 드래그 처리를 수행
        circle.setOnTouchMoved(new EventHandler<TouchEvent>() {
            @Override
            public void handle(TouchEvent event) {
                // 터치의 현재 위치를 취득
                double x = event.getTouchPoint().getSceneX();
                double y = event.getTouchPoint().getSceneY();

                // 원의 위치를 갱신
                circle.setTranslateX(x - startX);
                circle.setTranslateY(y - startY);
            }
        });
    }

    public static void main(String... args) {
        launch(args);
    }
}
```

■ 제스처의 사용 방법

실제 제스처를 응용한 간단한 프로그램을 작성해 보도록 하자. 여기서는 핀치와 스와프 동작만을 처리하는 것으로 한다. 먼저 전체 소스코드를 살펴보자.

Example 14.4 GUI를 정의하는 FXML

```
<?xml version="1.0" encoding="UTF-8"?>

<?import java.lang.*?>
<?import java.util.*?>
<?import javafx.scene.*?>
<?import javafx.scene.control.*?>
<?import javafx.scene.image.*?>
<?import javafx.scene.layout.*?>

<StackPane fx:id="root" onSwipeLeft="#swipe" onZoom="#zoom" prefHeight="400.0"
prefWidth="600.0" xmlns:fx="http://javafx.com/fxml/1" xmlns="http://javafx.com/javafx/2.2"
fx:controller="PhotoViewerController">
  <children>
    <ImageView preserveRatio="true">
      <image>
        <Image url="@javaone4.jpg" />
      </image>
    </ImageView>
    <ImageView preserveRatio="true">
      <image>
        <Image url="@javaone3.jpg" />
      </image>
    </ImageView>
    <ImageView preserveRatio="true">
      <image>
        <Image url="@javaone2.jpg" />
      </image>
    </ImageView>
    <ImageView preserveRatio="true">
      <image>
        <Image url="@javaone1.jpg" />
      </image>
    </ImageView>
    <ImageView preserveRatio="true">
      <image>
        <Image url="@javaone0.jpg" />
      </image>
    </ImageView>
  </children>
</StackPane>
```

Example 14.5 컨트롤러 클래스

```
import javafx.animation.ParallelTransition;
import javafx.animation.ScaleTransition;
import javafx.animation.TranslateTransition;
import javafx.collections.ObservableList;
import javafx.event.ActionEvent;
import javafx.event.EventHandler;
import javafx.fxml.FXML;
import javafx.scene.Node;
import javafx.scene.input.SwipeEvent;
import javafx.scene.input.ZoomEvent;
import javafx.scene.layout.StackPane;
import javafx.util.Duration;

public class PhotoViewerController {
    @FXML
    private StackPane root;

    @FXML
    private void zoom(ZoomEvent event) {
        Node top = root.getChildren().get(root.getChildren().size() - 1);

        // 원래 이미지보다 작아지지 않도록 스케일링 처리
        double scale = top.getScaleX() * event.getZoomFactor();
        if (scale >= 1.0) {
            top.setScaleX(scale);
            top.setScaleY(scale);
        }
    }

    @FXML
    private void swipe(SwipeEvent event) {
        ObservableList<Node> children = root.getChildren();
        // 제일 위에 표시할 이미지
        Node top = children.get(children.size() - 1);
        // 위에서 2번째 이미지
        Node next = children.get(children.size() - 2);

        // 제일 위의 이미지를 왼쪽으로 이동시키는 애니메이션
        TranslateTransition topAnimation = new
                              TranslateTransition(Duration.millis(500), top);
        topAnimation.setToX(-root.getWidth());
        topAnimation.setOnFinished(new EventHandler<ActionEvent>() {
            @Override
            public void handle(ActionEvent event) {
                // 애니메이션 후, 이미지를 최하층으로 이동
                children.remove(top);
                children.add(0, top);
            }
        });

        // 그 밑의 이미지를 우측에서 이동시키는 애니메이션
        TranslateTransition nextAnimtion = new
```

```
                        TranslateTransition(Duration.millis(500), next);
        nextAnimtion.setFromX(root.getWidth());
        nextAnimtion.setToX(0.0);

        // 제일 위의 이미지의 애니메이션과 그 밑의 애니메이션을 동시에 처리
        ParallelTransition transition = new ParallelTransition(
            topAnimation,
            nextAnimtion
        );

        // 스케일링한 경우는 원래의 크기로 되돌리는 애니메이션도 추가
        if (top.getScaleX() != 1.0) {
            ScaleTransition topScaleTrans =
                        new ScaleTransition(Duration.millis(500), top);
            topScaleTrans.setToX(1.0);
            topScaleTrans.setToY(1.0);

            transition.getChildren().add(topScaleTrans);
        }

        transition.play();
    }
}
```

Example 14.6 메인 클래스

```
import java.io.IOException;
import javafx.application.Application;
import javafx.fxml.FXMLLoader;
import javafx.scene.Scene;
import javafx.scene.layout.StackPane;
import javafx.stage.Stage;

public class PhotoViewer extends Application {

    @Override
    public void start(Stage stage) throws IOException {
        StackPane root =
                    FXMLLoader.load(getClass().getResource("PhotoViewer.fxml"));

        Scene scene = new Scene(root);

        stage.setTitle("Photo Viewer");
        stage.setScene(scene);
        stage.show();
    }

    public static void main(String... args) {
        launch(args);
    }
}
```

그러면 중요한 내용을 중심으로 간략하게 설명하도록 한다. GUI 내용을 담고 있는 FXML 내용은 다음과 같은 구성으로 되었다.

```
<StackPane fx:id="root" prefHeight="400.0" prefWidth="600.0"
  xmlns:fx="http://javafx.com/fxml/1" xmlns="http://javafx.com/javafx/2.2"
  fx:controller="PhotoViewerController">
  <children>
    <ImageView preserveRatio="true">
      <image>
        <Image url="@javaone0.jpg" />
      </image>
    </ImageView>
  </children>
</StackPane>
```

루트 컨테이너로 StackPane 클래스를 사용하고 거기에 ImageView 클래스를 붙인 단순한 구성이다. 또한 컨트롤러 클래스도 루트 컨테이너를 나타내는 필드 root를 정의하고 있다.

```
public class PhotoViewerController {
    @FXML
    private StackPane root;
}
```

■ 핀치인과 핀치아웃

핀치는 ZoomEvent 클래스로 다룰 수 있다. ZoomEvent 클래스를 처리하는 이벤트 핸들러는 Node 클래스의 onZoomStarted, onZoom, onZoomFinished 속성을 활용할 수 있다. 여기에서는 onZoom 속성을 사용하였다. 이전의 FXML을 수정하면 다음과 같다.

```
<StackPane fx:id="root" onZoom="#zoom" prefHeight="400.0" prefWidth="600.0"
xmlns:fx="http://javafx.com/fxml/1" xmlns="http://javafx.com/javafx/2.2"
fx:controller="PhotoViewerController">
  <children>
  ....
```

onZoom 속성을 설정 한 부분에서 #zoom이 이벤트 핸들러를 나타낸다. 핀치 이벤트 핸들러를 설정하는 것은 ImageView 객체를 대상으로 하여도 되지만 여기서는 루트 컨테이너에 대해 이벤트 핸들러를 설정하였다. 다음으로 컨트롤러 클래스에 zoom 메서드를 추가하면 다음과 같다.

```
@FXML
private void zoom(ZoomEvent event) {
    Node top = root.getChildren().get(root.getChildren().size() - 1);

    // 원 사이즈보다 작아지지 않도록 스케일링
    double scale = top.getScaleX() * event.getZoomFactor();
    if (scale >= 1.0) {
        top.setScaleX(scale);
        top.setScaleY(scale);
    }
}
```

핀치의 배율은 getZoomFactor() 메서드로 취득하고 있다. 또한 ZOOM_STARTED에서의 누적 계산은 getTotalZoomFactor() 메서드로 얻을 수 있다.

배율을 취득한 후, 현재의 스케일링과 곱하여 새로운 스케일링의 배율을 결정하고 있다. 여기에서는 원래의 크기보다 작아지지 않도록 if문의 조건식으로 검사를 하고 있다. ImageView 객체의 top 변수에 setScaleX(), setScaleY() 메서드에서 배율을 설정하고 있다. 이 단계까지 실행하면 결과는 다음과 같을 것이다. 핀치인, 핀치아웃이 몇 줄 되지 않은 코드로 구현된 것이다.

■ 스와이프

SwipeEvent 클래스에서 이벤트 핸들러를 설정하는 방법은 방향별로 생각하면 4종류가 가능하지만 여기에서는 페이지를 넘기는 용도로 사용할 예정이므로 왼쪽 방향만 고려한다. 이 경우에 여러 장의 이미지가 필요하므로 FXML을 다음과 같이 일부 수정한다. 그리고 핀치 상황에서와 마찬가지로 이벤트 핸들러를 설정하는 속성도 추가하였다.

```
<StackPane fx:id="root" onSwipeLeft="#swipe" onZoom="#zoom" prefHeight="400.0"
prefWidth="600.0" xmlns:fx="http://javafx.com/fxml/1" xmlns="http://javafx.com/javafx/2.2"
fx:controller="PhotoViewerController">
  <children>
    <ImageView preserveRatio="true">
      <image>
        <Image url="@javaone4.jpg" />
      </image>
    </ImageView>
    <ImageView preserveRatio="true">
      <image>
        <Image url="@javaone3.jpg" />
      </image>
    </ImageView>
    ....
```

왼쪽 방향의 스와이프 용도의 이벤트 핸들러를 설정하기 위해 onSwipeLeft 속성을 지정하였다. Left 부분을 Right, Up, Down으로 수정하면 다른 방향으로의 스와이프 처리를 할 수 있을 것이다. 마찬가지로 swipe() 메서드를 컨트롤러 클래스에 추가하면 다음과 같다.

```
    @FXML
    private void swipe(SwipeEvent event) {
        ObservableList<Node> children = root.getChildren();
        // 제일 위에 표시할 이미지
        Node top = children.get(children.size() - 1);
        // 위에서 2번째 이미지
        Node next = children.get(children.size() - 2);

        // 제일 위의 이미지를 왼쪽으로 이동시키는 애니메이션
        TranslateTransition topAnimation = new
                                TranslateTransition(Duration.millis(500), top);
        topAnimation.setToX(-root.getWidth());
        topAnimation.setOnFinished(new EventHandler<ActionEvent>() {
            @Override
            public void handle(ActionEvent event) {
                // 애니메이션 후, 이미지를 최하층으로 이동
                children.remove(top);
                children.add(0, top);
            }
        });

        // 그 밑의 이미지를 우측에서 이동시키는 애니메이션
        TranslateTransition nextAnimtion = new
                                TranslateTransition(Duration.millis(500), next);
        nextAnimtion.setFromX(root.getWidth());
        nextAnimtion.setToX(0.0);

        // 제일 위의 이미지의 애니메이션과 그 밑의 애니메이션을 동시에 처리
        ParallelTransition transition = new ParallelTransition(
```

```
            topAnimation,
            nextAnimtion
        );

        // 스케일링한 경우는 원래의 크기로 되돌리는 애니메이션도 추가
        if (top.getScaleX() != 1.0) {
            ScaleTransition topScaleTrans =
                            new ScaleTransition(Duration.millis(500), top);
            topScaleTrans.setToX(1.0);
            topScaleTrans.setToY(1.0);

            transition.getChildren().add(topScaleTrans);
        }

        transition.play();
    }
```

스와이프는 StackPane 객체가 저장하고 있는 이미지 중 맨 위에 표시되는 이미지를 왼쪽으로 이동시키고, 그 아래에 배치되어있는 이미지를 오른쪽에서 이동시키는 것으로 가정하였다.

이동은 애니메이션으로 처리하고 있으며 TranslateTransition 클래스를 활용하였다. 그리고 2장의 이미지 애니메이션을 동시에 수행하기 때문에 ParallelTransition 클래스에서 애니메이션을 처리하였다.

상단에 표시하고 이미지는 애니메이션 후 장면 위로 올라오게 된다. 그러면 컨테이너가 저장하고 있는 이미지의 상단에서 하단으로 위치를 변경해 주어야 한다. 이렇게 하면 이미지를 순환하는 형태로 전환시킬 수 있게 된다.

그리고 상단에 표시된 이미지가 확대된 경우, 애니메이션이 종료해도 화면에 표시된 상태로 남게 될 것이다. 따라서 스와이프 할 때는 원래 크기로 축소하는 애니메이션도 추가되어 있다. 원하는 대로 동작하는지 예제를 실행시켜 확인해 보길 바란다.

중요한 것은 터치 이벤트도 제스처와 관련된 이벤트도 보통의 이벤트 처리로 가능하다는 점이다.

Chapter 15. Copy and Paste

GUI 구현에서 꼭 필요한 기능인 복사 및 붙여 넣기를 다룬다. 복사 및 붙여 넣기는 응용 프로그램 안에서 사용하지만 실제로 외부의 응용 프로그램과 연계되어 활용되는 기능이기도 하다. JavaFX 이전의 표준 GUI 라이브러리인 Swing에서 이 기능이 제공되기는 하였지만 JavaFX에서 더 간단한 방법으로 이들 기능을 구현할 수 있게 되었다.

▌클립보드

클립보드에 관련된 클래스는 다음과 같으며 모두 javafx.scene.input 패키지에 정의되어 있는 클래스들이다.

- Clipboard: 클립보드 본체
- ClipboardContent: 클립보드에 저장시키는 콘텐츠
- DataFormat: 클립보드에 저장하는 데이터의 형식

이들 클래스를 이용하여 간단한 애플리케이션을 만들어 보자. ClipboardDemo 클래스를 실행하면 메뉴바 및 텍스트 영역이 나타나고 메뉴바의 편집메뉴에는 [Copy], [Move], [Paste]의 메뉴항목이 있는 형태이다.

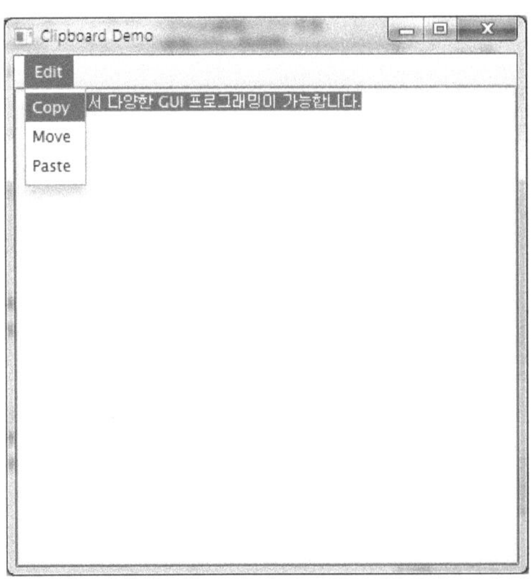

먼저 GUI 구축을 하는 FXML은 다음과 같다.

Example 15.1 GUI 구축

```
<?xml version="1.0" encoding="UTF-8"?>

<?import java.lang.*?>
<?import java.util.*?>
<?import javafx.scene.*?>
<?import javafx.scene.control.*?>
<?import javafx.scene.layout.*?>

<BorderPane prefHeight="400.0" prefWidth="400.0" xmlns:fx="http://javafx.com/fxml/1"
xmlns="http://javafx.com/javafx/2.2" fx:controller="ViewController">
  <center>
    <TextArea fx:id="textArea" prefWidth="200.0" wrapText="true" />
  </center>
  <top>
    <MenuBar>
      <menus>
        <Menu mnemonicParsing="false" onShowing="#menuShowing" text="編集">
          <items>
            <MenuItem mnemonicParsing="false" onAction="#copy" text="Copy"
fx:Id="copyItem" />
            <MenuItem mnemonicParsing="false" onAction="#move" text="Move"
fx:id="moveItem" />
            <MenuItem mnemonicParsing="false" onAction="#paste" text="Paste"
fx:id="pasteItem" />
          </items>
        </Menu>
      </menus>
    </MenuBar>
  </top>
</BorderPane>
```

이와 관련하여 컨트롤러 클래스와 메인 클래스는 다음과 같다.

Example 15.2 컨트롤러 클래스

```
import java.net.URL;
import java.util.ResourceBundle;
import javafx.event.ActionEvent;
import javafx.event.Event;
import javafx.fxml.FXML;
import javafx.fxml.Initializable;
import javafx.scene.control.IndexRange;
import javafx.scene.control.MenuItem;
import javafx.scene.control.TextArea;
import javafx.scene.input.Clipboard;
import javafx.scene.input.ClipboardContent;

public class ViewController implements Initializable {

    @FXML
```

```
private TextArea textArea;
@FXML
private MenuItem copyItem;
@FXML
private MenuItem moveItem;
@FXML
private MenuItem pasteItem;

private Clipboard clipboard;

@FXML
private void copy(ActionEvent event) {
    // 텍스트영역에서 선택된 문자열을 취득
    String text = textArea.getSelectedText();

    if (!text.isEmpty()) {
        // 클립보드에 추가하기 위해 ClipboardContent 객체를 생성하고
        // 문자열을 추가한다.
        ClipboardContent content = new ClipboardContent();
        content.putString(text);

        // 클립보드에 ClipboardContent 객체를 추가
        clipboard.setContent(content);
    }
}

@FXML
private void move(ActionEvent event) {
    // 텍스트영역에서 선택된 문자열을 취득
    String text = textArea.getSelectedText();

    if (!text.isEmpty()) {
        // 선택범위를 취득하고 그 범위를 삭제한다.
        IndexRange selection = textArea.getSelection();
        textArea.deleteText(selection);

        // 클립보드에 추가하기 위해 ClipboardContent 객체를 생성하고
        // 문자열을 추가한다.
        ClipboardContent content = new ClipboardContent();
        content.putString(text);

        // 클립보드에 ClipboardContent 객체를 추가
        clipboard.setContent(content);
    }
}

@FXML
private void paste(ActionEvent event) {
    // 클립보드가 문자열을 가지고 있는지 체크
    if (clipboard.hasString()) {
        // 클립보드가 저장하고 있는 문자열을 취득
        String text = clipboard.getString();

        // 취득한 문자열을 커서 위치에 삽입한다.
```

```
            int anchor = textArea.getAnchor();
            textArea.insertText(anchor, text);
        }
    }

    @FXML
    private void menuShowing(Event event) {
        // 메뉴를 열면
        // 클립보드에 텍스트가 저장되어 있으면 Paste를 선택 가능하도록 하고
        // 텍스트가 저장되어 있지 않으면 Paste를 선택불가로 설정
        if (clipboard.hasString()) {
            pasteItem.setDisable(false);
        } else {
            pasteItem.setDisable(true);
        }
    }

    @Override
    public void initialize(URL url, ResourceBundle rb) {
        // 시스템의 클립보드를 취득한다.
        clipboard = Clipboard.getSystemClipboard();

        // 문자열이 선택 상태이면 Copy와 Move를 선택 가능하도록 설정
        copyItem.disableProperty().bind(textArea.selectedTextProperty().isEmpty());
        moveItem.disableProperty().bind(textArea.selectedTextProperty().isEmpty());
    }
}
```

Example 15.3 메인 클래스

```
import javafx.application.Application;
import javafx.fxml.FXMLLoader;
import javafx.scene.Scene;
import javafx.scene.layout.BorderPane;
import javafx.stage.Stage;

public class ClipboardDemo extends Application {

    @Override
    public void start(Stage stage) throws Exception {
        BorderPane root = FXMLLoader.load(getClass().getResource("View.fxml"));

        Scene scene = new Scene(root);

        stage.setTitle("Clipboard Demo");
        stage.setScene(scene);
        stage.show();
    }

    public static void main(String... args) {
        launch(args);
    }
}
```

여기서는 중요한 부분 위주로 설명을 한다. 우선 Clipboard 객체를 취득 부분으로 ViewController 클래스의 initialize() 메서드에서 처리하고 있다.

```
@Override
public void initialize(URL url, ResourceBundle rb) {
    // 시스템의 클립보드를 취득한다.
    clipboard = Clipboard.getSystemClipboard();

    // 문자열이 선택 상태이면 Copy와 Move를 선택 가능하도록 설정
    copyItem.disableProperty().bind(textArea.selectedTextProperty().isEmpty());
    moveItem.disableProperty().bind(textArea.selectedTextProperty().isEmpty());
}
```

Clipboard 객체의 취득은 Clipboard 클래스의 정적 메서드 getSystemClipboard()를 사용하고 있다. Clipboard 객체는 OS가 관리하는 클립보드를 의미하므로 다른 응용 프로그램 사이에서 데이터 교환도 가능하다.

그리고 마지막 두 줄은 메뉴항목을 선택할 수 있는지 여부를 확인하고 텍스트 영역에서 텍스트가 선택되어 있는지를 확인하기 위해 바인딩을 활용하고 있다. 바인딩은 이처럼 다양한 활용이 가능하다. 또한 바인딩으로 기술하면 코드를 매우 간결하게 작성할 수 있다.

■ 복사

Clipboard 객체를 취득하였으므로 클립보드에 데이터를 저장할 수 있게 되었다. 클립보드에 데이터를 저장하기 위해서는 ClipboardContent 클래스를 사용하여야 한다. ClipboardContent 클래스는 java.util.HashMap 클래스의 하위 클래스이다. HashMap 구조이므로 key는 데이터의 형식을 나타내는 DataFormat 클래스, value는 클립보드에 저장하는 데이터로 저장할 수 있다.

그러나 문자열 등 자주 사용되는 데이터는 DataFormat 클래스로 형식을 표현하지 않아도 되며 제공되는 간이 메서드를 이용할 수 있다. 간이 메서드에서 사용하는 데이터 형식은 다음과 같이 DataFormat 클래스에 상수로 정의되어 있다.

- PLAIN_TEXT
- HTML
- RTF
- URL
- IMAGE
- FILES

예제에서는 문자열을 사용하므로 PLAIN_TEXT 상수를 이용하면 된다. 그러나 구지 의식할 필요는 없다. 클립보드에 데이터를 저장하는 부분만 살펴보면 다음과 같다.

```
@FXML
private void copy(ActionEvent event) {
    // 텍스트영역에서 선택된 문자열을 취득
    String text = textArea.getSelectedText();

    if (!text.isEmpty()) {
        // 클립보드에 추가하기 위해 ClipboardContent 객체를 생성하고
        // 문자열을 추가한다.
        ClipboardContent content = new ClipboardContent();
        content.putString(text);

        // 클립보드에 ClipboardContent 객체를 추가
        clipboard.setContent(content);
    }
}
```

copy() 메서드는 메뉴항목에서 [Copy]를 선택했을 때 호출되는 메서드이다. 텍스트영역에서 선택된 문자열을 검색 한 후 ClipboardContent 객체를 생성한다. ClipboardContent 객체의 생성은 기본 생성자로 충분하다.

ClipboardContent 객체에 문자열을 저장하려면 putString() 메서드를 이용하면 된다. putString() 메서드 내부에서 PLAIN_TEXT를 key로 사용하여 HashMap에 저장하게 된다. ClipboardContent 객체에 데이터를 저장시켰으면 setContent() 메서드를 사용하여 클립보드에 넣는다. 이런 방식으로 클립보드에 데이터를 정장하게 된다.

■ 붙여넣기

다음으로 클립보드에서 데이터를 꺼내어 보자.

```
@FXML
private void paste(ActionEvent event) {
    // 클립보드가 문자열을 가지고 있는지 체크
    if (clipboard.hasString()) {
        // 클립보드가 저장하고 있는 문자열을 취득
        String text = clipboard.getString();

        // 취득한 문자열을 커서 위치에 삽입한다.
        int anchor = textArea.getAnchor();
        textArea.insertText(anchor, text);
    }
}
```

클립보드에서 데이터를 꺼내는 경우는 데이터가 있는지를 확인한 뒤 데이터를 꺼내면 된다. 데이터가 있는지 여부를 확인하는 방법은 Clipboard 클래스에 정의되어 있다. 여기에서는 문자열을 다루는 때문에 hasString() 메서드로 검사하고 있다.

마찬가지로 데이터를 추출하는 메서드도 Clipboard 클래스에 정의되어 있다. 여기에서는 getString() 메서드를 사용하여 문자열을 꺼내고 있다. 만약 문자열이 저장되어 있지 않으면 getString() 메서드는 null을 반환하게 된다.

참고로 여기에서는 클립보드에 문자열을 남겨둔 상태이지만 삭제가 필요한 경우에는 Clipboard 클래스의 clear() 메서드를 사용하면 된다.

■ 이동

Clipboard 클래스에는 내용을 이동시키는 기능은 없다. 방법은 클립보드에 저장시킨 데이터를 응용 프로그램에서 삭제하도록 하는 것이다. [Move] 메뉴항목을 선택했을 때 호출하는 메서드를 살펴보자.

```
@FXML
private void move(ActionEvent event) {
    // 텍스트영역에서 선택된 문자열을 취득
    String text = textArea.getSelectedText();

    if (!text.isEmpty()) {
        // 선택범위를 취득하고 그 범위를 삭제한다.
        IndexRange selection = textArea.getSelection();
        textArea.deleteText(selection);

        // 클립보드에 추가하기 위해 ClipboardContent 객체를 생성하고
        // 문자열을 추가한다.
        ClipboardContent content = new ClipboardContent();
        content.putString(text);

        // 클립보드에 ClipboardContent 객체를 추가
        clipboard.setContent(content);
    }
}
```

텍스트 영역에서 선택되는 범위를 취득하여 그 범위를 삭제하도록 하고 있다. 이것이 내용의 이동 처리로 대체하고 있다.

참고로 단축키를 설정하여 사용할 수도 있다. TextArea 클래스는 단축키로 복사 및 붙여 넣기 등의 기능을 지원한다. Windows 및 Linux에서 Ctrl+C는 복사, Ctrl+X로 이동, Ctrl+V로 붙여 넣는다는 것을 잘 알고 있을 것이다. Mac에서는 Ctrl 키 대신

에 Cmd 키를 사용하므로 참고 바란다. 예제에 단축키 설정을 어떻게 할는지는 이미 교재에서 설명되었으므로 스스로 기능을 추가하여 보기 바란다.

또한 앞에서 설명한 데이터 형식은 이미 정의된 것들이다. 만약 독자적인 데이터 구조를 가지고 있고 예제와 같이 복사 및 이동 등을 처리할 때도 DataFormat 클래스를 활용할 수 있다.

Chapter 16. Drag and Drop

앞 장에서 클립보드를 사용하여 복사 및 붙여 넣기를 소개했다. 이번에는 드래그 앤 드롭 기능으로 처리하는 방법을 설명한다. 이 경우에도 클립보드를 이용하지만 드래그 이벤트 처리가 추가될 필요가 있다. 물론 Swing과 비교하여 코드 작성은 매우 간단하다.

▌Dragboard

앞장에서는 클립보드를 사용했지만 드래그 앤 드롭의 경우는 드래그 보드를 사용한다. 드래그 보드는 javafx.scene.input.Dragboard 클래스에 정의되어 있다. 클립보드와 유사하며 Dragboard 클래스는 Clipboard 클래스의 하위 클래스로 되어 있으므로 대부분의 기능은 Clipboard 클래스에 정의된 것을 그대로 이용할 수 있다. 복사 및 붙여 넣기와 비교하면 데이터를 저장하는 부분은 거의 변함이 없지만, 드래그 앤 드롭에 대한 이벤트 처리가 추가될 따름이다.

드래그 앤 드롭에 대한 이벤트 처리는 java.scene.Node 클래스에서 속성으로 정의되어 있으며 다음과 같은 종류로 구분된다.

- onDragDetected: 드래그 시작
- onDragEntered: 드롭 대상의 영역에 진입
- onDragOver: 드롭 대상 영역에서의 오버
- onDragExited: 드롭 대상의 영역에서 탈출
- onDragDropped: 드롭
- onDragDone: 드래그 종료

필수로 사용되는 속성은 onDragDetected 속성과 onDragDropped 속성이다. 또한 드래그 앤 드롭으로 이동 처리를 할 경우는 onDragDone 속성을 이용하면 된다.

예제에서는 onDragDeteced, onDragDropped, onDragDone 속성과 onDragOver 속성을 사용하고 있다. 다음 실행결과와 같이 이미지가 나열되어 있고, 그 이미지를 드래그 앤 드롭으로 이동시키는 간단한 예제이다. 드래그 대상은 이미지이고 드롭 대상은 이미지를 자식 노드로 저장하고 있는 컨테이너이다.

Example 16.1 메인 클래스

```
import javafx.application.Application;
import javafx.event.EventHandler;
import javafx.geometry.Insets;
import javafx.scene.Scene;
import javafx.scene.image.Image;
import javafx.scene.image.ImageView;
import javafx.scene.input.ClipboardContent;
import javafx.scene.input.DragEvent;
import javafx.scene.input.Dragboard;
import javafx.scene.input.MouseEvent;
import javafx.scene.input.TransferMode;
import javafx.scene.layout.FlowPane;
import javafx.scene.layout.Pane;
import javafx.stage.Stage;
import jdk.nashorn.internal.codegen.types.Type;

public class DragNDropDemo extends Application {

    @Override
    public void start(Stage stage) {
        FlowPane root = new FlowPane(10.0, 10.0);
        root.setPadding(new Insets(10.0));
        configureDrop(root);

        // 이미지 읽기
        for (int index = 0; index < 6; index++) {
            Image image = new Image("resources/image" + index + ".jpg");
            ImageView view = new ImageView(image);
            view.setFocusTraversable(true);
            configureDrag(view);
            root.getChildren().add(view);
        }

        Scene scene = new Scene(root, 340, 250);

        stage.setTitle("Drag and Drop Demo");
        stage.setScene(scene);
```

```
        stage.show();
    }

    private void configureDrag(final ImageView view) {
        // 드래그 개시
        view.setOnDragDetected(new EventHandler<MouseEvent>() {
            @Override
            public void handle(MouseEvent event) {
                // 복사와 이동이 가능하면 드래그보드를 생성
                Dragboard dragboard
                        = view.startDragAndDrop(TransferMode.COPY_OR_MOVE);

                // 드래그보드에 저장된 컨텍스트를 생성하고
                // 드래그보드에 저장시킴
                ClipboardContent content = new ClipboardContent();
                content.putImage(view.getImage());
                dragboard.setContent(content);

                // 드래그 중에는반투명으로 하여 드래그를 인지하도록 함
                view.setOpacity(0.6);
            }
        });

        // 드래그 종료
        view.setOnDragDone(new EventHandler<DragEvent>() {
            public void handle(DragEvent event) {
                if (event.isDropCompleted()) {
                    // 드래그가 성공한 경우

                    TransferMode mode = event.getTransferMode();

                    if (mode == TransferMode.MOVE) {
                        // 이동의 경우, 켄테이너에서 자기자신을 삭제
                        Pane parent = (Pane) view.getParent();
                        parent.getChildren().remove(view);
                    } else if (mode == TransferMode.COPY) {
                        // 복사의 경우, 반투명으로 되돌림
                        view.setOpacity(1.0);
                    }
                } else {
                    // 드래그에 실패하면 반투명으로 되돌림
                    view.setOpacity(1.0);
                }
            }
        });
    }

    private void configureDrop(final FlowPane parent) {
        // 드롭 대사의 위에 마우스 커서가 있는 경우
        parent.setOnDragOver(new EventHandler<DragEvent>() {
            public void handle(DragEvent event) {
                // 드래그보드를 취득
                Dragboard dragboard = event.getDragboard();
                if (dragboard.hasImage()) {
```

```
                // 드래그 되고 있는 것이 이미진인 경우
                // 복사 또는 이동이 가능하다는 것을 나타냄
                event.acceptTransferModes(TransferMode.COPY_OR_MOVE);
            }
        }
    });

    // 드롭 할 때
    parent.setOnDragDropped(new EventHandler<DragEvent>() {
        @Override
        public void handle(DragEvent event) {
            Dragboard dragboard = event.getDragboard();

            if (dragboard.hasImage()) {
                // 드래그 되고 있는 것이 이미지이면 컨테이너에 추가
                parent.getChildren().add(new ImageView(dragboard.getImage()));

                // 드래그 성공을 반환
                event.setDropCompleted(true);
            } else {
                //드래그 실패를 반환
                event.setDropCompleted(false);
            }
        }
    });
}

public static void main(String... args) {
    launch(args);
}
}
```

■ 드래그의 개시

드래그의 시작을 나타내는 onDragDetected 속성을 설정하는 것은 드래그 대상인 이미지로서 말하자면 javafx.scene.image.ImageView 클래스가 된다.

```
private void configureDrag(final ImageView view) {
    // 드래그 개시
    view.setOnDragDetected(new EventHandler<MouseEvent>() {
        @Override
        public void handle(MouseEvent event) {
            // 복사와 이동이 가능하면 드래그보드를 생성
            Dragboard dragboard
                    = view.startDragAndDrop(TransferMode.COPY_OR_MOVE);

            // 드래그보드에 저장된 컨텍스트를 생성하고
            // 드래그보드에 저장시킴
            ClipboardContent content = new ClipboardContent();
            content.putImage(view.getImage());
```

```
                dragboard.setContent(content);

                // 드래그 중에는반투명으로 하여 드래그를 인지하도록 함
                view.setOpacity(0.6);
            }
        });
    }
```

EventHandler 인터페이스의 handle() 메서드에서 드래그보드를 취득하고 거기에 데이터를 저장하는 처리를 하고 있다.

또한 드래그 앤 드롭 이벤트 처리에서 이 setOnDragDetected() 메서드만 이벤트 클래스가 javafx.scene.input.MouseEvent 클래스라는 점에 유념하기 바란다. 다른 이벤트 처리는 javafx.scene.input.DragEvent 클래스를 사용한다. 클립보드의 경우는 시스템의 클립보드를 취득하여 사용하지만, 드래그보드는 드래그의 대상이 되는 노드에서 가져오게 된다. 이를 위해 startDragAndDrop() 메서드를 사용하며 메서드의 인수는 enum 타입의 javafx.scene.inputTransferMode이다.

TransferMode에서는 드래그 앤 드롭에서 수행할 모드를 나타내며 COPY, MOVE, LINK의 3 종류의 값을 취한다. startDragAndDrop() 메서드는 드래그에서 허용하는 모드를 지정한다. COPY, MOVE, LINK 중 어느 하나를 단독으로 허용하는 경우라면 그 값을 지정하면 된다. 복사 및 이동 모두를 허용하는 경우는 COPY_MOVE, 전부 허용한다면 ANY를 지정하면 된다. 여기에서는 복사와 이동을 모두 사용할 수 있도록 COPY_MOVE를 사용하였다.

드래그보드를 취득하면 데이터를 저장한다. javafx.scene.input.ClipboardContent 클래스를 사용하는 것은 클립보드의 경우와 같다.

ClipboardContent 클래스는 자주 사용되는 데이터 형식에 대해서는 간단하게 사용할 수 있는 메서드를 가지고 있다. 이미지의 경우는 putImage() 메서드를 이용하여 저장할 수 있다. 그리고 Dragboard 객체에 대해 setContent() 메서드에서 데이터를 저장하고 있다.

마지막으로 setOpacity() 메서드를 호출하는 부분은 드래그 앤 드롭과는 직접 관계가 없지만 드래그 하는 노드가 무엇인지 GUI에서 알기 쉽도록 투명도 변화를 통해 처리하고 있다.

```
    private void configureDrag(final ImageView view) {
        // 드래그 개시
```

```
        view.setOnDragDetected(new EventHandler<MouseEvent>() {
            @Override
            public void handle(MouseEvent event) {
                // 복사와 이동이 가능하면 드래그보드를 생성
                Dragboard dragboard
                        = view.startDragAndDrop(TransferMode.COPY_OR_MOVE);

                // 드래그보드에 저장된 컨텍스트를 생성하고
                // 드래그보드에 저장시킴
                ClipboardContent content = new ClipboardContent();
                content.putImage(view.getImage());
                dragboard.setContent(content);

                // 드래그 중에는반투명으로 하여 드래그를 인지하도록 함
                view.setOpacity(0.6);
            }
        });
    }
```

■ 타깃으로 마우스오버

다음은 드롭 대상 노드의 영역에 마우스가 위치한 경우에 대한 처리이다. 마우스 오버 상태일 때 드롭 할 수 있는지 여부를 나타내도록 마우스 커서가 변경되도록 하였다. Windows의 경우 드롭 할 수 없는 경우는 다음 그림과 같이 아이콘 커서로 변경하는 것을 자주 목격하였을 것이다.

따라서 드롭이 가능한 경우, 그 상태를 알 수 있어야 한다. 여기에서는 드롭 대상이 컨테이너이므로 마우스 오버 처리를 설정하는 setOnDragOver() 메서드에서 이를 처리하고 있다.

```
        // 드롭 대사의 위에 마우스 커서가 있는 경우
        parent.setOnDragOver(new EventHandler<DragEvent>() {
            public void handle(DragEvent event) {
```

```
            // 드래그보드를 취득
            Dragboard dragboard = event.getDragboard();
            if (dragboard.hasImage()) {
                // 드래그 되고 있는 것이 이미진인 경우
                // 복사 또는 이동이 가능하다는 것을 나타냄
                event.acceptTransferModes(TransferMode.COPY_OR_MOVE);
            }
        }
```

DragEvent 클래스는 드래그보드를 저장하고 있기 때문에 getDragboard() 메서드로 드래그보드를 가져올 수 있다. 드래그보드를 얻으면 여기에서 취급할 수 있는 데이터를 저장하고 있는지를 검사하여야 한다. 여기에서는 이미지를 처리하므로 hasImage() 메서드로 검사하고 있다.

데이터를 저장하고 있는 경우, DragEvent 클래스의 acceptTransferModes() 메서드로 설정한다. 인수의 형태는 TransferMode이므로 복사와 이동이 가능하도록 TransferMode.COPY_OR_MOVE로 지정하고 있다.

■ 드롭 처리

드롭 처리는 setOnDragDropped() 메서드에서 처리한다. 드롭을 할 대상 노드들을 대상으로 설정하지만, 여기에서는 setOnDragOver() 메서드와 마찬가지로 컨테이너 클래스에 대해 처리한다.

```
        // 드롭 할 때
        parent.setOnDragDropped(new EventHandler<DragEvent>() {
            @Override
            public void handle(DragEvent event) {
                Dragboard dragboard = event.getDragboard();

                if (dragboard.hasImage()) {
                    // 드래그 되고 있는 것이 이미지이면 컨테이너에 추가
                    parent.getChildren().add(new ImageView(dragboard.getImage()));

                    // 드래그 성공을 반환
                    event.setDropCompleted(true);
                } else {
                    //드래그 실패를 반환
                    event.setDropCompleted(false);
                }
            }
        });
```

드롭 되었을 때 드래그보드가 이미지를 저장하고 있는지를 확인한다. 이미지를 가지고 있으면 이미지를 getImage() 메서드로 취득한다. 그리고 ImageView 객체를 생성하여 컨테이너에 추가하고 있다.

드롭이 완료되면 DragEvent 클래스의 setDragCompleted() 메서드를 호출한다. 드래그가 성공했을 경우는 인수에 true, 실패하면 false를 설정하면 된다.

■ 드래그 종료

드래그의 종료 이벤트는 드래그 이전의 노드에 setOnDragDone() 메서드로 설정한다. 드롭 할 때 setDragCompleted() 메서드를 호출하면 여기에서 설정하는 DragEvent 클래스의 handle() 메서드가 호출되게 된다.

```
        // 드래그 종료
        view.setOnDragDone(new EventHandler<DragEvent>() {
            public void handle(DragEvent event) {
                if (event.isDropCompleted()) {
                    // 드래그가 성공한 경우

                    TransferMode mode = event.getTransferMode();

                    if (mode == TransferMode.MOVE) {
                        // 이동의 경우, 켄테이너에서 자기자신을 삭제
                        Pane parent = (Pane) view.getParent();
                        parent.getChildren().remove(view);
                    } else if (mode == TransferMode.COPY) {
                        // 복사의 경우, 반투명으로 되돌림
                        view.setOpacity(1.0);
                    }
                } else {
                    // 드래그에 실패하면 반투명으로 되돌림
                    view.setOpacity(1.0);
                }
            }
        });
```

드래그가 종료했을 때, 드롭이 성공한 경우와 그렇지 못한 경우가 있을 것이다. 그래서 먼저 드롭이 성공했는지 여부를 isDropCompleted() 방법으로 확인해 주어야 한다. 드래그가 성공한 경우, 모드가 이동이면 노드를 삭제해 주어야 한다. 따라서 getTransferMode() 메서드로 모드를 취득하고 있다.

모드가 MOVE인 경우, 컨테이너에서 제거하는 과정을 설명한다. 모드가 COPY의 경우는 특별한 처리가 필요하지 않지만, 여기에서는 드래그 시작할 때 투명도를 변화시키고 싶으므로 이를 기반으로 원래대로 되돌리고 있다. 드래그가 실패한 경우에도 투명도를 취소하고 원래대로 되돌린다.

실제 프로그램을 실행하여 여러 가지 상황에서 동작 테스트를 하여 보기 바란다.

마지막으로 JavaFX 이외의 응용 프로그램 사이에서 이미지를 드래그 앤 드롭 수 없다. 문자열 등은 가능하지만, 이미지는 JavaFX의 내부 표현을 그대로 사용하여 드래그 앤 드롭을 수행하기 때문에 다른 응용 프로그램에서 처리 할 수 없게 된다. 이것은 복사 및 붙여 넣기에서도 동일하다.

이런 경우에는 복사 및 붙여 넣기에서 독자적인 데이터 형식으로 취급할 수 있도록 ClipboardContent 객체에 이미지의 원 URL을 저장할 수 있도록 대응을 할 필요가 있다.

Chapter 17. Arduino와 통신

마이크로 컨트롤러 보드를 기반으로 하는 Arduino는 무료 오픈 소스 IDE를 사용하여 프로그래밍 할 수 있는 매력적인 도구이다. Internet of Things (IoT) 장치 중 하나로 2005년도에 처음 개발된 Arduino는 여러 가지 목적에 따라 다양한 종류로 시중에 판매되고 있다.

Arduino는 단독으로 실행시킬 수도 있지만 대부분은 컴퓨터에 연결되어 다양한 스위치 또는 센서의 입력을 감지하여 상호 대화할 수 있는 장치를 구성하고 다양한 조명, 모터 및 기타 출력 물리적 장치를 제어하여 원하는 동작을 시킬 수 있다.

Arduino를 이용하는 방법은 아주 간단하고 명확하며 사용하기 쉬운 프로그래밍 환경을 제공하기 있기 때문에 오픈 소스와 확장 가능한 하드웨어를 통해 목적에 맞는 시스템을 개발하기 쉬워졌다. 그리고 Arduino를 독립형으로 실행시키면서 컴퓨터에서 실행되는 소프트웨어(Java, JavaFX, Python 등)와 통신 할 수 있도록 개발할 수 있다.

이 장에서는 Arduino 보드와 함께 JavaFX를 사용하여 데스크톱 응용 프로그램을 작성하는 기본 절차를 설명한다.

Arduino 개발환경

Arduino 보드와 JavaFX 응용 프로그램이 서로 통신을 수행하고 센서 등과 같은 디바이스를 제어하거나 센서 등의 정보를 읽어 응용 프로그램에서 표시하는 등의 처리를 위해서는 통신 수단이 필요하다.

대표적인 경우는 컴퓨터에 Arduino 보드가 직접 연결된 경우에는 시리얼 통신으로 이를 처리할 수 있을 것이다. 만약 통신 주체가 서로 물리적으로 분리되어 있는 경우에는 블루투스 및 Wi-Fi 등으로 제어신호를 주고받을 수 있다. 여기서는 유선으로 Arduino 보드가 컴퓨터에 직접 연결되어 있는 상황을 염두에 두고 설명하기로 한다.

우선 실습을 해보기 전에 몇 가지 준비할 것들이 필요한데 정리하면 다음과 같다.

- 실습에 사용할 Arduino 보드를 준비한다(비트블록 등 호환보드이면 관계없다).
- Arduino에서 프로그램을 개발하기 위해 Arduino IDE 설치가 필요하다.
- 프로그램 개발을 위해 C/C+기초 지식이 있으면 좋다.

● 예제에서 사용하는 기본 실습 재료는 다음과 같이 비트블록(아두이노 호환보드) 1개와 LED 및 점퍼선 등을 이용하였다.

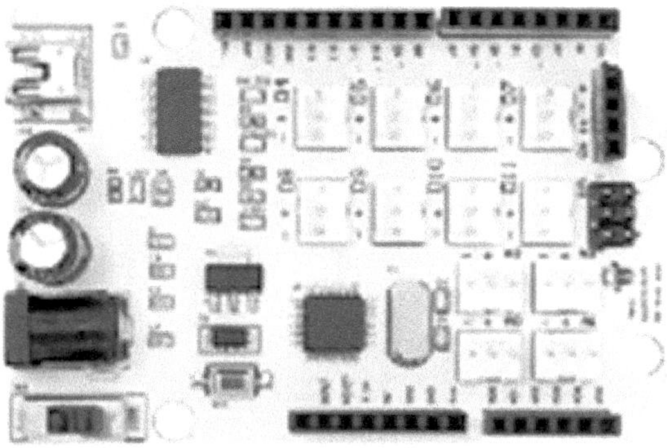

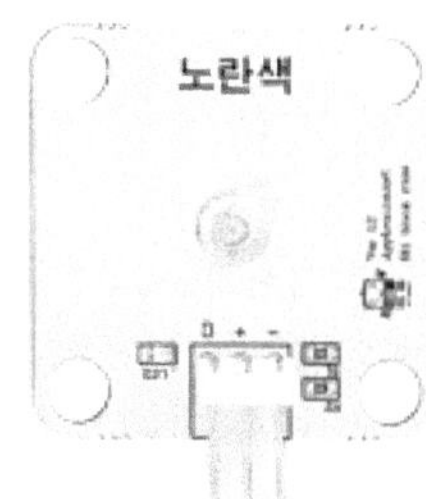

■ Arduino IDE 설치

Arduino 보드 등이 준비되었으면 간단한 프로그래밍을 위해 전용 IDE를 설치할 필요가 있다. www.arduino.cc 사이트에서는 전용 IDE를 무상으로 제공하고 있으므로 이를 내려 받아 이용하면 된다. 참고로 이용 가능한 Arduino IDE는 계속하여 개발 버전이 상향되고 있고, 이에 따른 추가 기능 및 확장성이 개선되고 있으므로 가능하다면 최신 버전을 이용하는 것이 좋다.

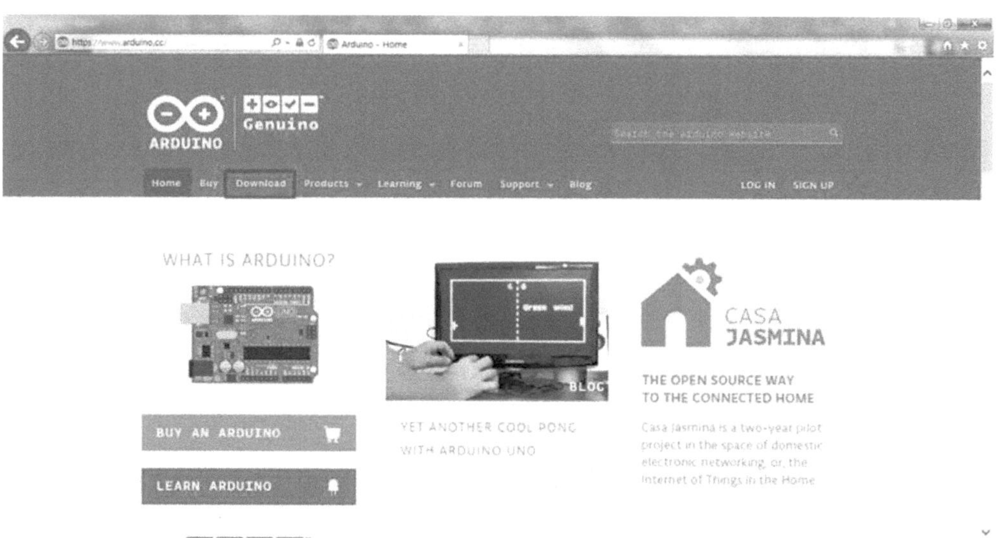

그리고 Arduino 공식 사이트에서는 다양한 예제와 이용 가능한 보드 등이 소개되어 있으므로 참고하기 바라며 예제 등에서는 1.6.5 버전의 IDE를 설치하여 사용하였다.

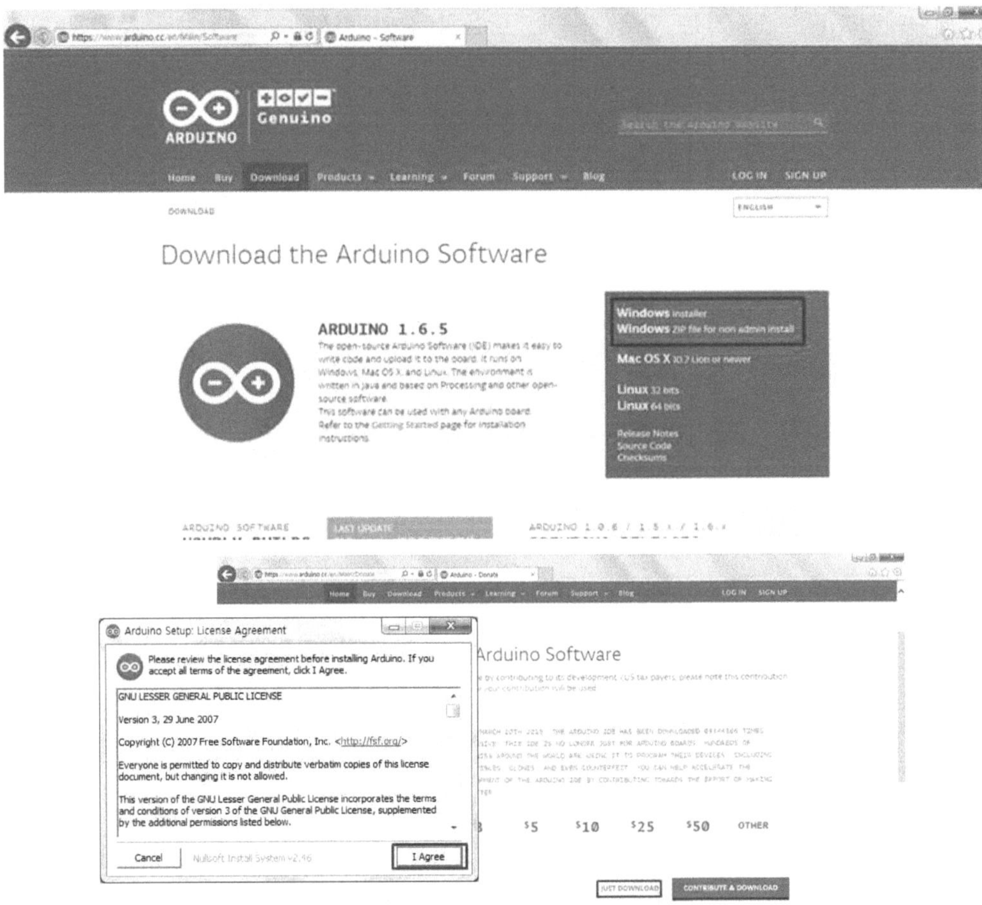

간단한 동의절차를 걸쳐 파일을 PC의 적절한 위치에 다운로드받은 다음에 설치 과정을 진행하면 된다. 다음과 같이 특별한 옵션 등의 선택할 필요 없이 설치과정을 진행하면 된다.

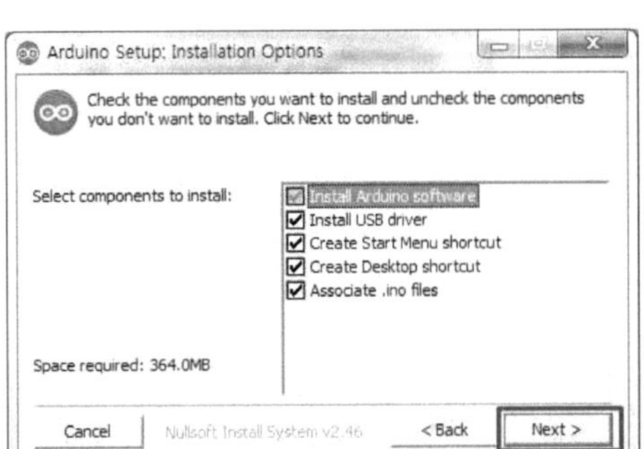

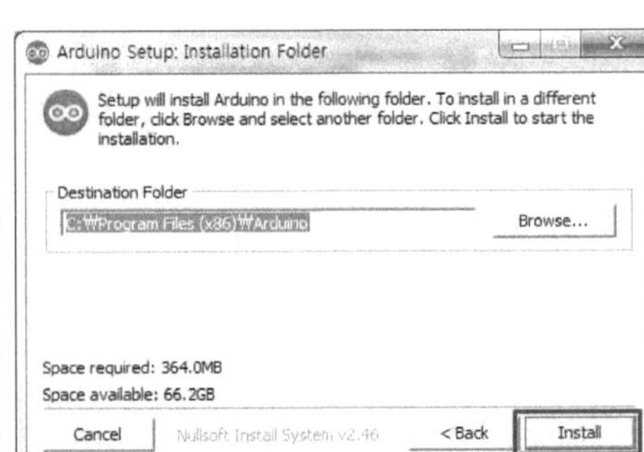

설치가 완료되면 Arduino IDE를 기동시키면 다음과 같은 개발 창이 실행될 것이다.

매우 단순한 구조를 하고 있으며 이를 사용하기 위해서 몇 가지 기능별 내용을 정리하면 다음과 같다.

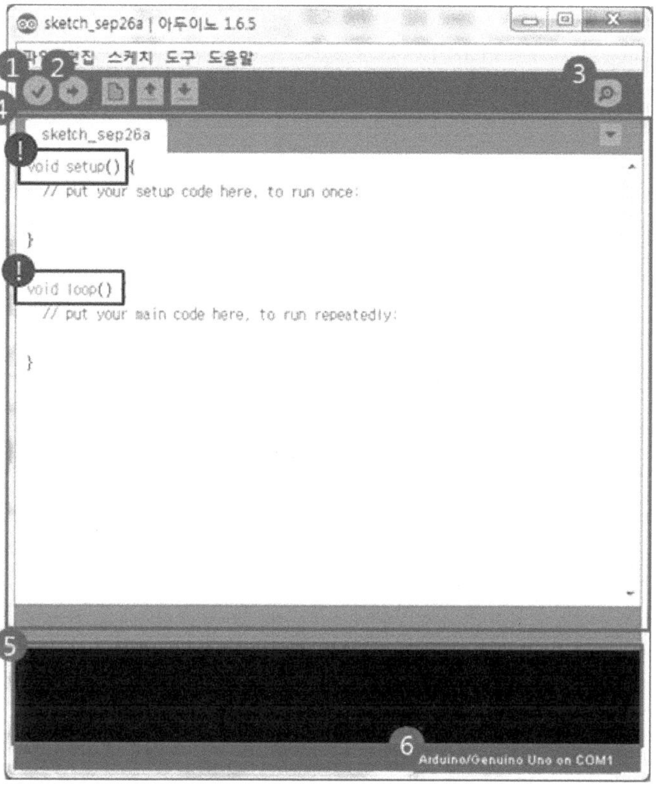

❶ 확인 버튼: 프로그램을 컴파일 하는 기능으로 작성한 프로그램에 문법적인 오류가 있는지 검사할 때 사용한다.

❷ 업로드 버튼: 작성한 스케치를 컴파일해서 Arduino 보드(비트블록)에 업로드 할 때 사용한다.

❸ 시리얼 모니터 버튼: PC와 비트블록의 보드와 시리얼로 통신하는 데이터 모니터링 하거나 프로그램을 디버깅 할 때 유용하다.

❹ 코드 윈도우(편집창): 프로그램을 작성하는 곳이다.

❺ 메시지 윈도우: 에러 내용 등의 내용이 표시되는 곳이다.

❻ 연결된 COM포트 확인: 비트블록과 연결된 COM 포트의 정보를 표시하는 곳이다. 참고로 사용하는 Arduino 보드는 컴퓨터와의 통신을 위해 전용 COM 포트를 이용하게 되는데 COM 포트의 번호가 올바르게 지정되어 있는지 확인해 둘 필요가 있다.

■ 시리얼 통신을 위한 드라이버 설치와 확인

컴퓨터와 Arduino 보드가 서로 통신을 하려면 시리얼 통신을 위한 통신 드라이버 설치가 정상적으로 되어 있어야 한다. 사용하는 PC 환경에 따라 약간의 차이가 있겠지만 [내 컴퓨터] → [시스템 속성] → [장치관리자] → [포트(COM & LPT)] 등의 순서로 시리얼 통신을 위한 COM 포트가 정상적으로 올라와 있는지 확인하기 바란다.

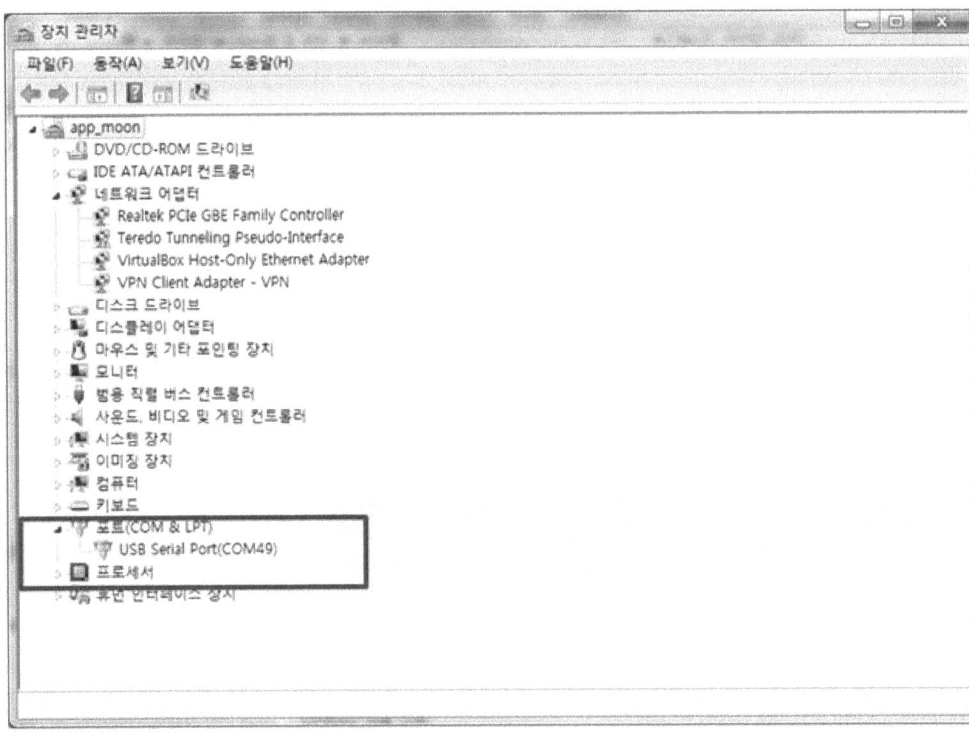

그림과 같이 USB Serial Port(COM49)와 같이 표시되어 있으면 정상적으로 통신 드라이버가 설치된 것이다. 이 경우에 COM49와 같이 숫자 49가 의미하는 것은 시리얼 통신을 위해 COM 포트 49번에 Arduino 보드를 연결사용 사용할 수 있다는 것을 의미한다.

일반적으로 시리얼 통신을 위한 USB 드라이버는 정상적으로 설치되고 인식된다. 그러나 아래와 같이 정상적으로 설치되지 않아서 COM 포트가 올바르게 인식되지 않을 경우에는 다음과 같은 절차에 따라 수동으로 인식시켜 주어야 한다.

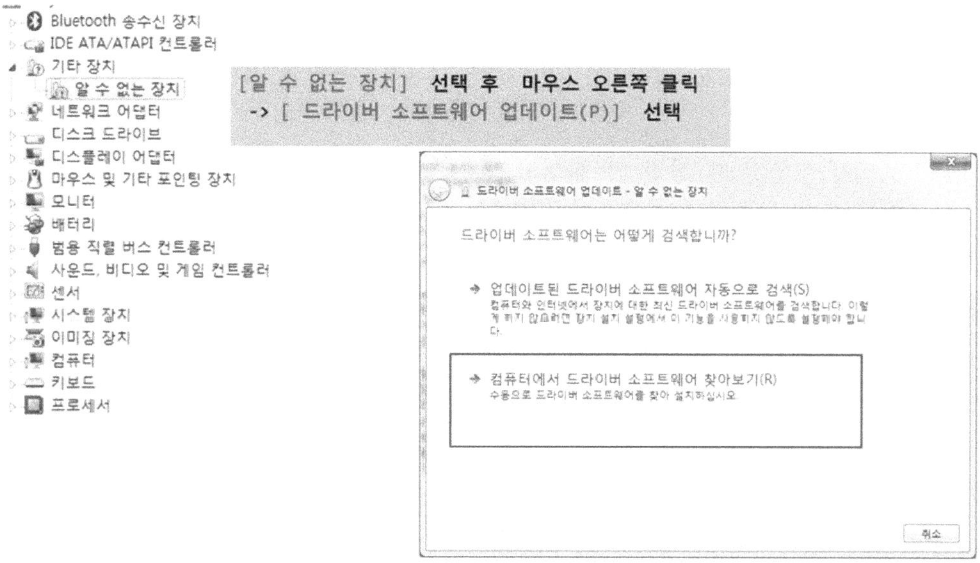

COM 포트가 올바르게 보이지 않고 알 수 없는 장치로 표시되는 경우에는 다음 그림과 같이 수동으로 설치하면 된다.

[찾아보기] 클릭 >
아두이노 설치 폴더 내에 [Drivers] 폴더 선택

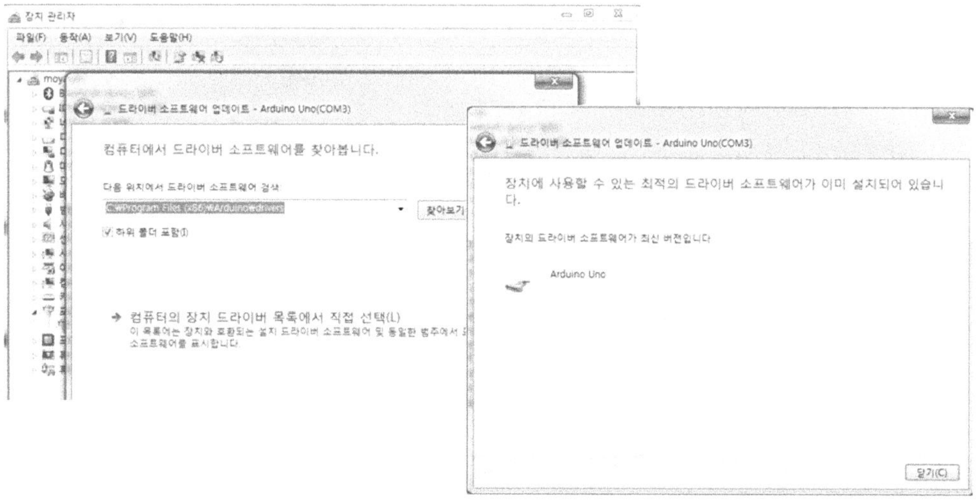

이제 Arduino 보드를 사용할 수 있게 되었다. 참고로 Arduino에서는 작성하는 프로그램을 일반적으로 스케치라고 부르고 있다. 이 스케치를 작성할 때 다음 내용을 미리 숙지하여 두면 도움이 될 것이다.

- 스케치
  - Arduino 프로그램을 의미
  - 최소 2개의 함수가 필요: setup(), loop()
- setup() 함수
  - 코드가 실행될 때 한번 만 실행이 되는 함수
  - 주로 프로그램 상에서 필요한 변수의 초기화 또는 설정을 할 때 사용
- loop() 함수
  - 아두이노의 기본 기능을 구현하는 곳
  - 아두이노 프로그램이 실행되는 동안 무한으로 계속 실행되는 함수

Arduino 제어 프로그램을 작성하는 과정은 다음 그림과 같이 전용 IDE에서 코드를 작성하고 그 내용을 컴파일 다음에 Arduino 보드로 실행 코드를 넣어주어야 한다. 이렇게 하면 Arduino 보드는 단독으로도 실행시킬 수 있는 상태가 된다.

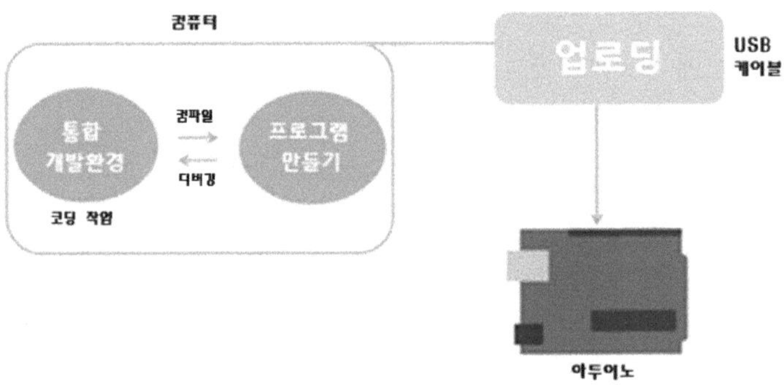

참고로 프로그래밍을 하는 과정에서는 대략 다음과 같은 흐름으로 코드를 개발하게 될 것이다.

1. 프로그래밍 할 코드 내용을 구상
2. IDE 실행 후 보드,포트 선택으로 아두이노와 연결
3. 작업 창에 코드(프로그램)을 작성
4. 코드가 완성됐다면 확인 기능으로 코드이상을 체크
5. 오류 발생시 하단부에 체크되는 오류를 수정
6. 업로드를 해주면 프로그래밍 완료

■ Arduino의 동작 테스트

먼저 Arduino 보드의 동작을 테스트하기 위해 다음과 같이 비트블록과 LED 모듈 및 점퍼선을 준비하였다. 비트블록은 Arduino의 호환 보드이지만 일반적인 Arduino 호환보드를 준비하여 문제없다. 여기서 비트블록을 사용한 이유는 회로를 구성하기 위해 따로 결선하지 않아도 되는 편의성 때문이다.

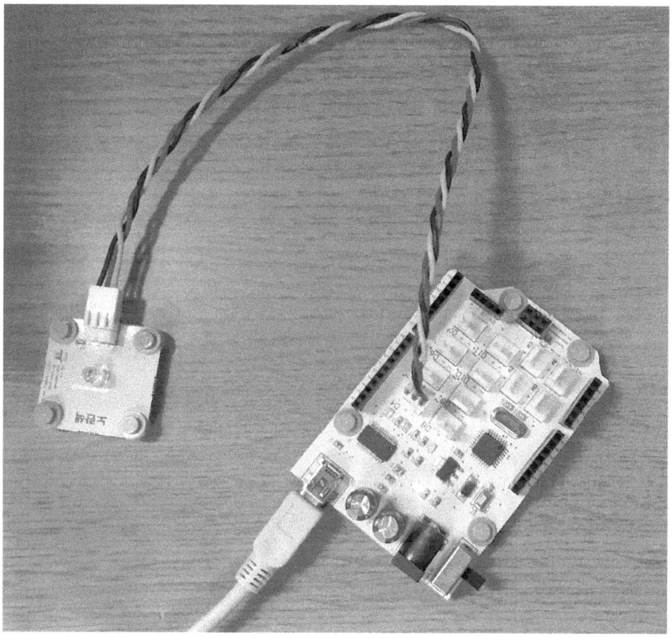

그림에서 알 수 있듯이 비트블록의 경우는 Arduino 보드에 연결하는 각종 센서 등을 별도의 회로 구성을 하지 않아도 되도록 블록 단위로 모듈을 제공하고 있어 학습하기에는 매우 편리하다. 그림을 참고하여 비트블록의 회로 구성은 다음과 같은 절차로 연결하였다.

- 하드웨어 구성
  - 점퍼선을 이용하여 LED 블록과 연결한다.
  - LED 블록에 연결된 점퍼선 반대편 접속은 아두이노 보드 D4 포트에 연결한다.
  - 연결이 확인되었으면 USB 케이블을 아두이노 보드의 전원과 접속시킨다.
  - USB 반대편 케이블은 PC 또는 노트북 등의 USB 포트에 연결시킨다.

다음 예제는 Arduino IDE에서 작성한 샘플 코드이다. 목적은 LED가 2초 동안 켜지고 1초 동안 꺼지는 과정을 무한 반복하도록 하는 것이다.

Example 17.1 Arduino IDE에서 작성한 LED 제어 프로그램

```
int pinLED=4; //변수 선언: 디지털 D4번 핀에 LED 블록을 연결

void setup() {
    pinMode(pinLED, OUTPUT); //디지털 4번 핀을 출력 모드로 설정
}

void loop() {
    digitalWrite(pinLED, HIGH); //디지털 4번 핀에 HIGH 신호를 출력
    delay(2000); //딜레이 2초 지정
    digitalWrite(pinLED, LOW); //디지털 4번 핀에 LOW 신호를 출력
    delay(1000); // 딜레이 1초 지정
}
```

LED 제어 프로그램의 각 기능별 내용을 요약하면 다음과 같다. 코드 작성이 완료되었으면 앞에서 설명한대로 컴파일을 하고 Arduino 보드로 실행코드를 넣어주면 된다. 프로그램이 정상적으로 Arduino 보드에 업로딩 되었으면 LED가 깜박일 것이다.

- pinMode(pin, output_mode)
  - pin: 어떤 pin을 사용할 지 번호를 지정
  - output_mode: OUTPUT or INPUT 설정
- digitalWrite(pin, signal_status)
  - pin: 어떤 핀을 사용할지 번호 지정
  - signal_status: HIGH(5V) or LOW(0V) 지정
- delay(mili_second)
  - mili_second: 1/1000초 단위로 지정(1밀리 초 단위)

이제 기본적인 준비가 완료되었으므로 준비된 Arduino 보드와 통신을 하는 JavaFX 어플리케이션을 작성할 차례이다. 이를 위해서 NetBeans IDE에서 개발하는 Java 어플리케이션에서 시리얼 통신을 수행하는 코드 작성을 위해서는 별도의 통신 패키지가 필요하다.

Serial 통신을 위한 라이브러리 준비

■ 간단한 통신 프로토콜 정의

JavaFX 어플리케이션에서는 다음 그림과 같이 Arduino 보드와 통신하기 위해 간단한 통신 프로토콜을 사용한다. JavaFX 어플리케이션에서 명령 1을 전송하면 Arduino 보드에 연결된 LED를 켜고, 0을 전송하면 LED를 소등하는 아주 간단한 명령 처리를 시리얼 통신을 통해 수행하도록 할 것이다.

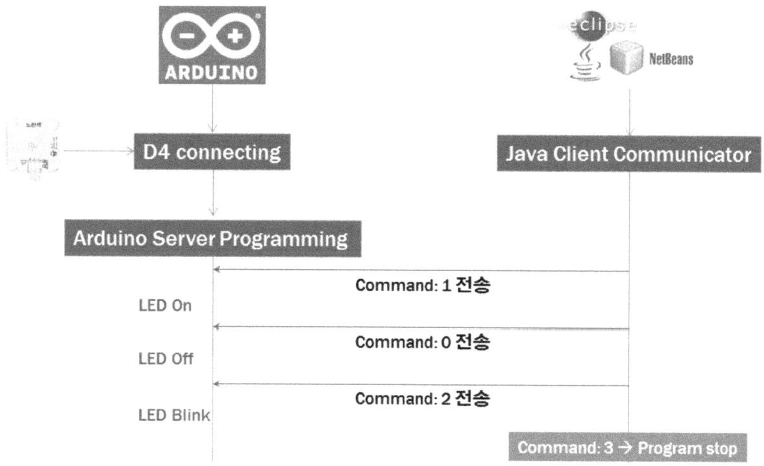

NetBeans IDE에서 시리얼 통신을 위해 제공되는 기본 패키지가 따로 제공되지 않으므로 jSSC(Java Simple Serial Connector) 패키지를 추가로 설치해 주어야 한다. 이 패키지는 GNU/GPL 라이선스를 따르므로 무상으로 이용할 수 있다.

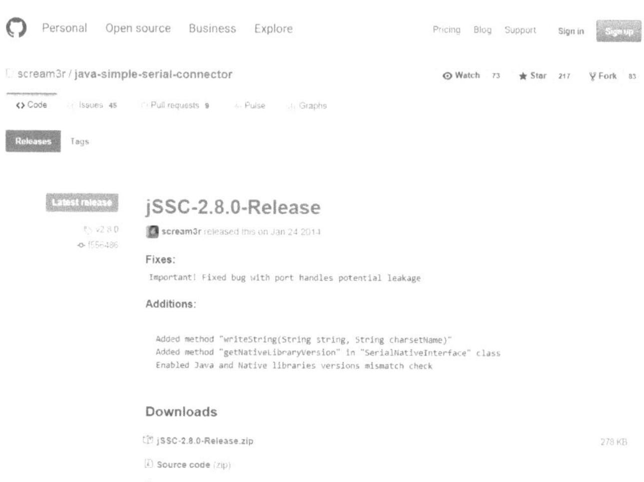

☞ Download: https://github.com/scream3r/java-simple-serial-connector/releases/tag/v2.8.0

COM 포트를 경유하여 Arduino 보드와 시리얼 통신을 지원하려면 jSSC 패키지를 NetBeans에 라이브러리를 등록해 주어야 프로그램을 컴파일 할 수 있게 된다. 먼저 사용하는 OS에 맞는 패키지를 선택하여 다음 Github 사이트에서 jSSC 패키지를 다운받아 적절한 위치에서 압축된 파일을 풀면 된다. 여기서는 자바가 설치된 루트 디렉터리를 선택하여 내려 받은 압축파일을 설치하였다.

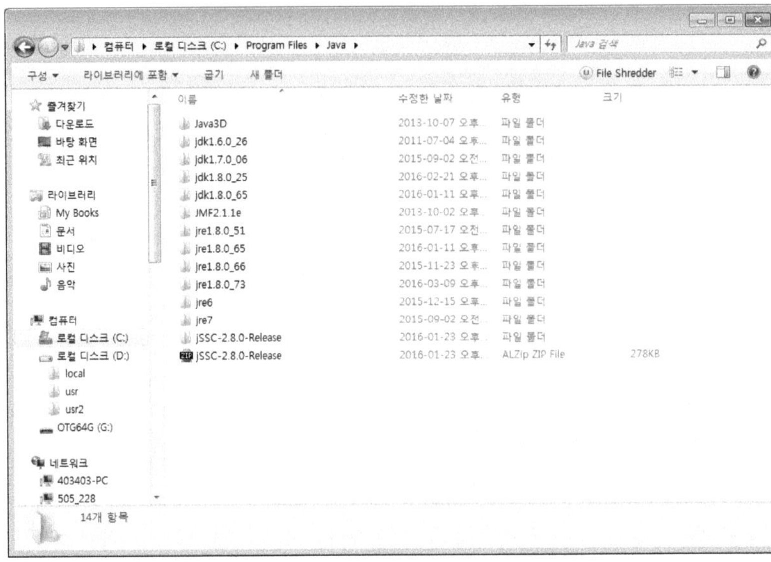

■ NetBeans IDE에 jSSC 라이브러리 패키지 등록하기

NetBeans IDE에 위에서 준비한 jSSC 패키지를 등록하는 방법은 간단하다. Netbeans IDE의 상단 메뉴에서 [Tools] → [Libraries] 순으로 선택하여 실행시키면 된다.

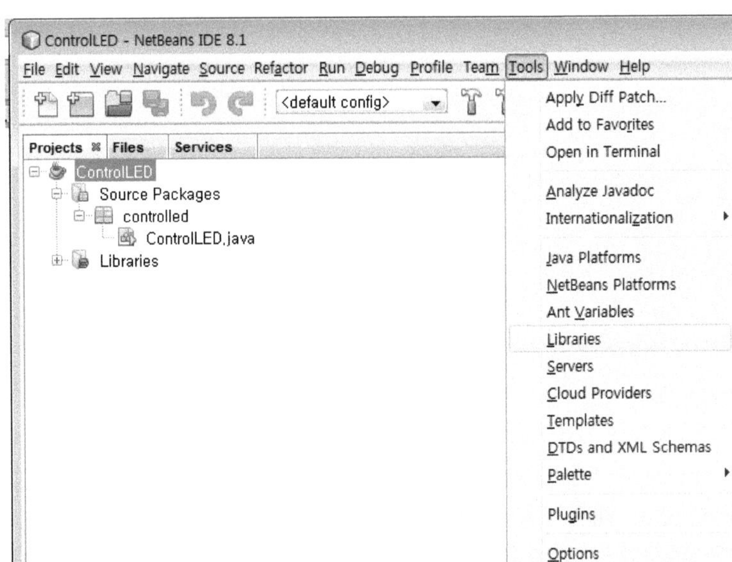

그러면 Ant Library Manager가 다음과 같이 실행될 것이다. 실행된 대화창에서 먼저 해야 할 일은 추가하려는 jSSC 패키의 목록을 생성시키는 것이다. 이를 위해서 대화창 아래 왼쪽 편에 있는 [New Library..] 버튼을 누르고 적당한 이름을 지정해서 목록에 등록해 주어야 한다. 여기서는 Java Simple Connection이라고 지정해 두었다.

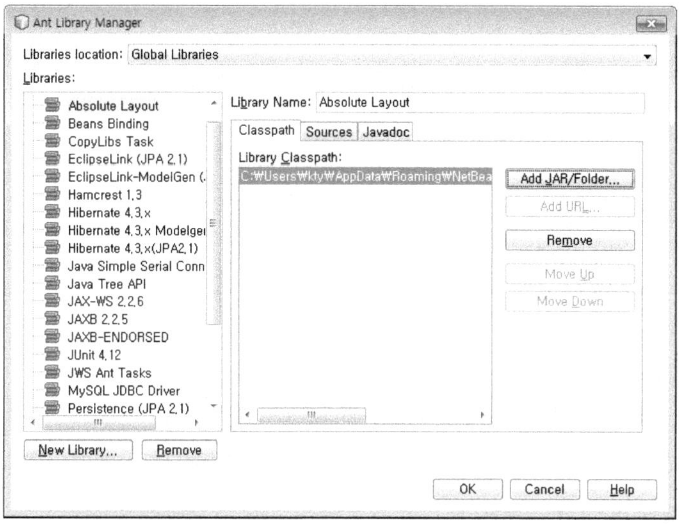

그런 다음에 라이브러리 목록에서 이 항목을 마우스로 클릭하면 대화창 오른쪽과 같은 형태로 화면이 보일 것이다. 여기에서 [Classpath] 탭 메뉴를 선택하고 다음에 [Add JAR/Folder...] 버튼을 눌러 jSSC 패키지를 지정해 주어야 한다. 다음은 jSSC 패키지 라이브러리가 있는 위치로 이동하여 패키지를 선택한 모습이다.

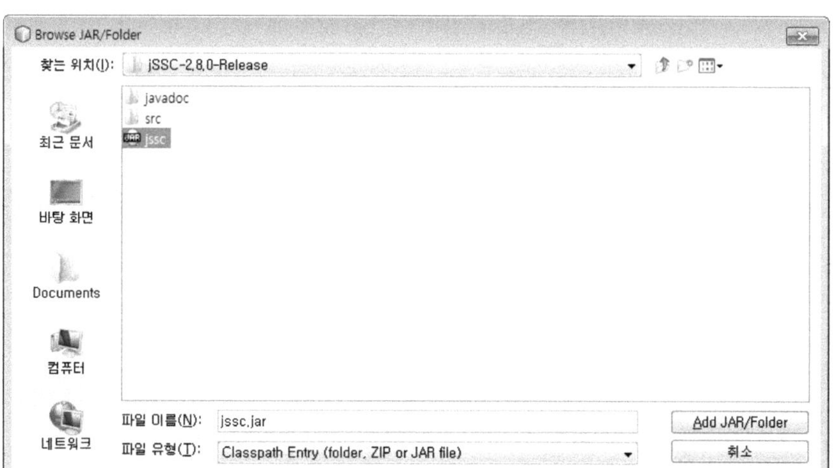

다음으로 [Javadoc] 탭 메뉴를 선택하여 동일하게 [javadoc] 폴더로 이동하여 Javadoc 파일을 지정한 다음 [OK] 버튼을 누르고 빠져나오면 된다.

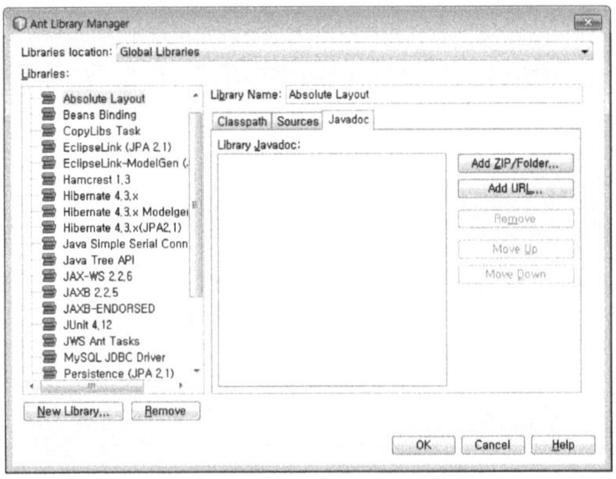

Serial 통신을 위한 라이브러리 준비

■ Arduino Server 프로그램 작성하기

시리얼 통신을 지원하기 위한 jSSC 패키지가 정상적으로 등록되었으면 앞에서 간단하게 설계한 통신 프로토콜로 JavaFX 어플리케이션 프로그램에서 Arduino 보드로 명령을 전송하여 제어하는 프로그램을 작성하여 보자.

이때 Arduino측은 항상 제어 명령어가 오길 기다리고 있다가 특정 명령이 전달되어 오면 즉각 반응하도록 프로그램을 구성할 것이다. 이러한 이유 때문에 네트워크 모델로 보면 하나의 서버-클라이언트 모델의 형태를 취하고 있다. 따라서 Arduino는 마치 서버와 같은 동작을 하게 되고, JavaFX 어플리케이션은 클라이언트와 같이 동작하게 될 것이다. 먼저 Arduino IDE를 기동시켜 코드 편집창에서 다음과 같은 스케치 코드를 작성한다.

Example 17.2 Arduino IDE에서 작성한 Arduino 서버 프로그램

```
/*
 * Java to Arduino Communication (Server)
 */
char operation = 0;
int pinLED = 4;

void setup() {
  Serial.begin(9600);
  pinMode(pinLED, OUTPUT);
}

void loop() {

  //Read from Serial if Data is Available
```

```
  if (Serial.available() > 0) {
    operation = Serial.read();
  }

  /* 자바에서 아두이노 방향으로 명령어를 전송하는 과정에서 주의점
   * 시리얼 포트에서 전송되어 오는 문자 형태의 명령어 값: 바이트 값
   * Java 프로그램 측에서는 writeByte(byte) 메서드를 사용했음에 주의할 것
   */

  //LED Off
  if(operation == '0')
    digitalWrite(pinLED, LOW);

  //LED On
  else if(operation == '1')
    digitalWrite(pinLED, HIGH);

  //LED Blink
  else if(operation == '2') {
    digitalWrite(pinLED, HIGH);
    delay(500);
    digitalWrite(pinLED, LOW);
    delay(500);
  }
}
```

스케치 프로그램 작성이 완료되었으면 [컴파일] 버튼을 눌러 코드를 컴파일하고 문제가 있으면 디버깅을 하면 된다. 대부분은 오타 등으로 발생하는 문제일 것이다. 이 단계에서 주의할 것은 IDE 하단부에서 보이는 [Arduino Uno on COM9] 정보를 확인하고 올바르게 COM 포트와 Arduino 보드가 설정되어 있는지 확인하는 것이다.

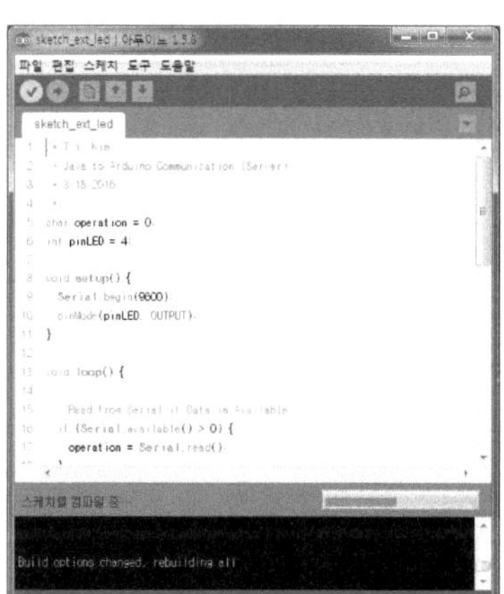

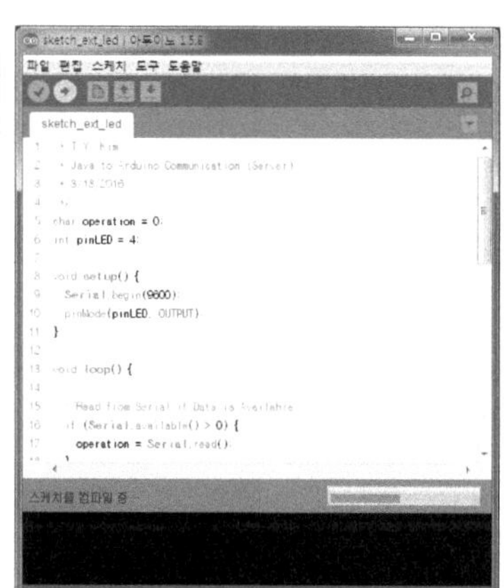

참고로 Arduino 스케치 프로그램에서 LED를 제어하기 위해 JavaFX 어플리케이션으로부터 명령어 한 문자를 수신하고 이 수신된 문자 변수 operation 값을 참조하여

LED 제어를 위한 분기처리를 하고 있다. 사실 Java와 같은 언어 체계에서는 문자를 unicode로 다루고 있고, 그 외의 경우는 다음과 같은 ASCII 코드를 이용하여 문자를 표시하게 되므로 약간 주의가 필요하다. 필요한 정보는 스케치 프로그램에 주석문으로 기술해 두었다.

ASCII control characters			ASCII printable characters						Extended ASCII characters							
00	NULL	(Null character)	32	space	64	@	96	`	128	Ç	160	á	192	└	224	Ó
01	SOH	(Start of Header)	33	!	65	A	97	a	129	ü	161	í	193	┴	225	ß
02	STX	(Start of Text)	34	"	66	B	98	b	130	é	162	ó	194	┬	226	Ô
03	ETX	(End of Text)	35	#	67	C	99	c	131	â	163	ú	195	├	227	Ò
04	EOT	(End of Trans.)	36	$	68	D	100	d	132	ä	164	ñ	196	─	228	õ
05	ENQ	(Enquiry)	37	%	69	E	101	e	133	à	165	Ñ	197	┼	229	Õ
06	ACK	(Acknowledgement)	38	&	70	F	102	f	134	å	166	ª	198	ã	230	µ
07	BEL	(Bell)	39	'	71	G	103	g	135	ç	167	º	199	Ã	231	þ
08	BS	(Backspace)	40	(	72	H	104	h	136	ê	168	¿	200	╚	232	Þ
09	HT	(Horizontal Tab)	41	)	73	I	105	i	137	ë	169	®	201	╔	233	Ú
10	LF	(Line feed)	42	*	74	J	106	j	138	è	170	¬	202	╩	234	Û
11	VT	(Vertical Tab)	43	+	75	K	107	k	139	ï	171	½	203	╦	235	Ù
12	FF	(Form feed)	44	,	76	L	108	l	140	î	172	¼	204	╠	236	ý
13	CR	(Carriage return)	45	-	77	M	109	m	141	ì	173	¡	205	═	237	Ý
14	SO	(Shift Out)	46	.	78	N	110	n	142	Ä	174	«	206	╬	238	¯
15	SI	(Shift In)	47	/	79	O	111	o	143	Å	175	»	207	¤	239	´
16	DLE	(Data link escape)	48	0	80	P	112	p	144	É	176	░	208	ð	240	≡
17	DC1	(Device control 1)	49	1	81	Q	113	q	145	æ	177	▒	209	Ð	241	±
18	DC2	(Device control 2)	50	2	82	R	114	r	146	Æ	178	▓	210	Ê	242	‗
19	DC3	(Device control 3)	51	3	83	S	115	s	147	ô	179	│	211	Ë	243	¾
20	DC4	(Device control 4)	52	4	84	T	116	t	148	ö	180	┤	212	È	244	¶
21	NAK	(Negative acknowl.)	53	5	85	U	117	u	149	ò	181	Á	213	ı	245	§
22	SYN	(Synchronous idle)	54	6	86	V	118	v	150	û	182	Â	214	Í	246	÷
23	ETB	(End of trans. block)	55	7	87	W	119	w	151	ù	183	À	215	Î	247	¸
24	CAN	(Cancel)	56	8	88	X	120	x	152	ÿ	184	©	216	Ï	248	°
25	EM	(End of medium)	57	9	89	Y	121	y	153	Ö	185	╣	217	┘	249	¨
26	SUB	(Substitute)	58	:	90	Z	122	z	154	Ü	186	║	218	┌	250	·
27	ESC	(Escape)	59	;	91	[	123	{	155	ø	187	╗	219	█	251	¹
28	FS	(File separator)	60	<	92	\	124	|	156	£	188	╝	220	▄	252	³
29	GS	(Group separator)	61	=	93	]	125	}	157	Ø	189	¢	221	¦	253	²
30	RS	(Record separator)	62	>	94	^	126	~	158	×	190	¥	222	Ì	254	■
31	US	(Unit separator)	63	?	95	_			159	ƒ	191	┐	223	▀	255	nbsp
127	DEL	(Delete)														

■ Java Client 프로그램 작성하기

JavaFX 어플리케이션 클라이언트 프로그램을 작성하기 전에 시리얼 통신을 확인하기 위한 간단한 테스트 프로그램을 작성한다. 다음과 같이 NetBeans IDE에서 신규 프로젝트를 생성한다.

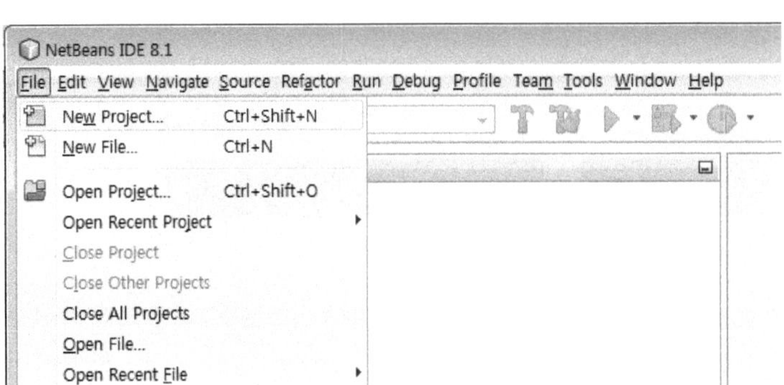

그리고 다음과 같이 표시되는 대화창에서 [Categories]에서 Java를 선택하고 [Projects]에서 Java Application 항목을 선택하고 [Next>] 버튼을 누른다.

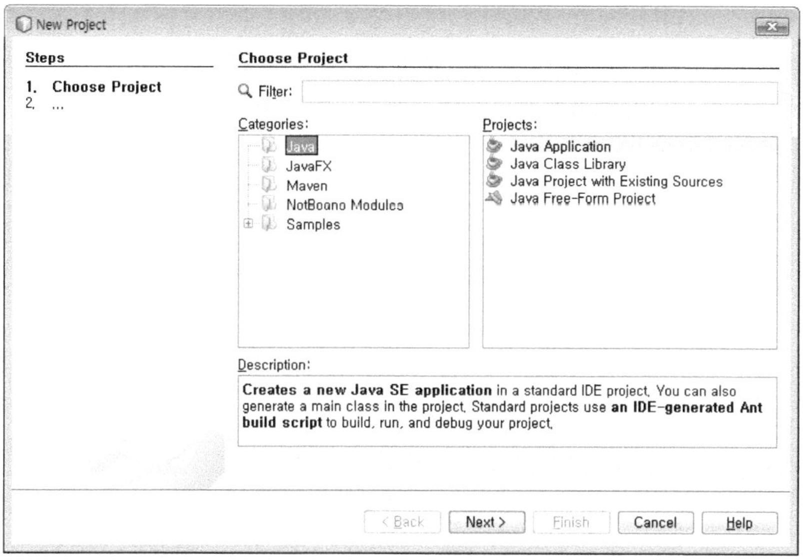

다음에는 생성되는 프로젝트의 이름과 Java 어플리케이션의 이름을 지정해 주어야 한다. 다음의 경우는 프로젝트 이름을 ControlLED로 지정한 상태이고 나머지 설정은 생략한 상태이다. [Finish] 버튼을 누르면 신규 프로젝트가 생성될 것이다.

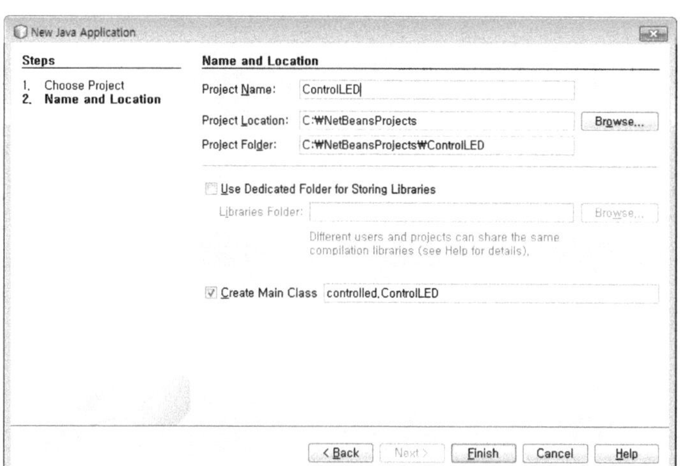

■ 신규 프로젝트에 jSSC 패키지 등록하기

여기서 중요한 절차가 하나 남아있다. 앞에서 시리얼 통신을 위한 jSSC 패키지를 미리 등록해 둔 상태이다. 그러나 개별 프로젝트 공간에서 jSSC 패키지를 자동으로 구성해 주지 않으므로 다음과 같이 프로젝트 트리에서 [Libraries]에 마우스 커서를 두고 우측 버튼을 눌러 [Add Library] 메뉴를 수동으로 선택하여 주어야 한다.

그림에서는 [Java Simple Serial ..] 항목을 선택하고 [Add Library] 버튼을 누르면 jSSC 패키지가 프로젝트 공간에 등록될 것이다. 혹시 jSSC 패키지를 NetBeans에 미리 등록해두지 않았다면 앞에서 설명한 절차를 참고하여 jSSC 패키지 라이브러리를 등록해 주어야 한다.

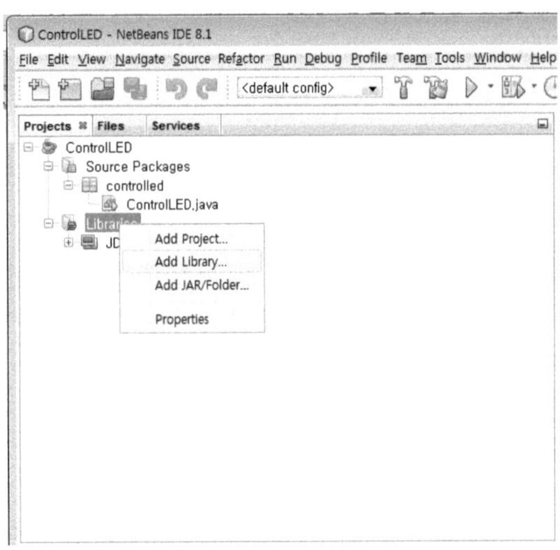

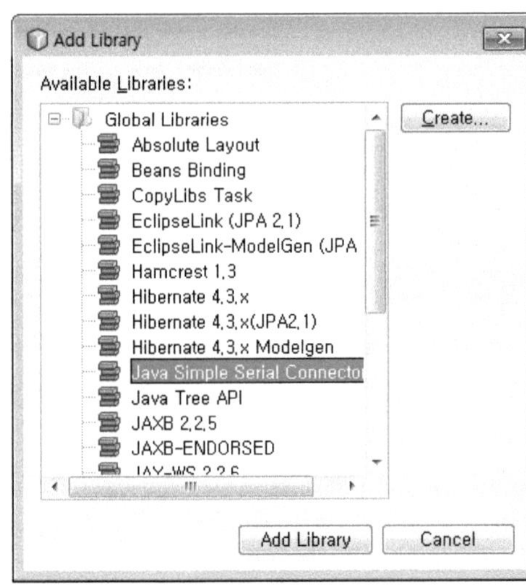

정상적으로 프로젝트에 등록된 경우에는 다음과 같이 jar 패키지가 보일 것이다. 반드시 확인하길 바란다.

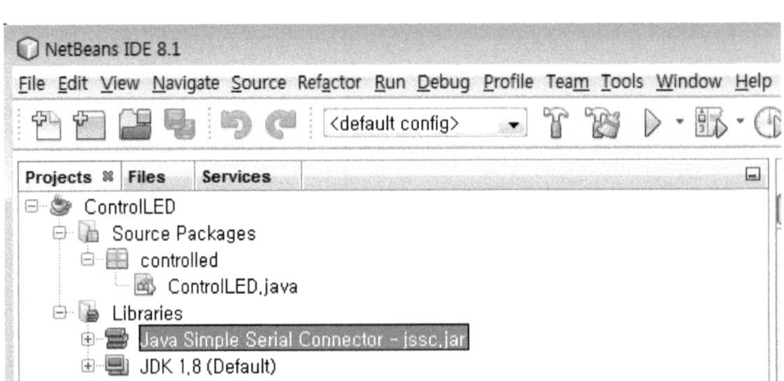

이제 프로젝트가 생성되었으므로 다음 ControlLED 클래스를 Netbeans IDE의 코드 편집창에서 작성한다.

Example 17.3 Java 클라이언트 프로그램 작성

```
package controlled;

// T.Y. Kim
// Java to Arduino Communication (Client)
// 3/18/2016
//
import java.util.Scanner;
import jssc.SerialPort;
import jssc.SerialPortList;
import jssc.SerialPortException;

public class ControlLED {

    public static void main(String[] args) throws InterruptedException {

        //Define Port
        SerialPort serialPort = new SerialPort("COM9");

        try {
            //Open Serial Port and set Parameters
            serialPort.openPort();
            serialPort.setParams(9600, 8, 1, 0);

            //Create Scanner to read from Console
            Scanner reader = new Scanner(System.in);

            while (true) {
                System.out.print("Operation (0 = Off / 1 = On / 2 = Blink / 3 =
Close ): ");

                if (reader.hasNext()) {

                    /* 아두이노쪽으로 바이트 명령어를 전송
                     * 문자 0: 아스키코드 값으로 48
                     * 문자 1: 아스키코드 값으로 49
                     * 문자 2: 아스키코드 값으로 50
                     * writeByte(byte) 메서드를 사용하여 아두이노에 값을 전달
                     */
                    String buf = reader.next();
                    if(buf.equals("3")) {
                        serialPort.closePort();
                        System.exit(0);
                    }

                    char buf2[] = buf.toCharArray();

                    serialPort.writeByte((byte) buf2[0]);
```

```
                System.out.println((byte) buf2[0] + " <= sent!");
            }
        }
    } catch (SerialPortException ex) {
        System.out.println(ex);
    }
  }
}
```

이제 모두 준비가 되었으므로 Java 어플리케이션을 컴파일 하여 실행시키면 다음과 같이 Arduino의 LED 제어가 가능할 것을 확인할 수 있을 것이다. 실행 콘솔창에서 명령어 0, 1, 2 등을 입력하면 동작 상태를 점검한다.

```
Notifications | Output - ControlLED (run)
run:
Operation (0 = Off / 1 = On / 2 = Blink / 3 = Close ): 1
49 <= sent!
Operation (0 = Off / 1 = On / 2 = Blink / 3 = Close ): 0
48 <= sent!
Operation (0 = Off / 1 = On / 2 = Blink / 3 = Close ): 2
50 <= sent!
Operation (0 = Off / 1 = On / 2 = Blink / 3 = Close ): 3
BUILD SUCCESSFUL (total time: 1 minute 55 seconds)
```

(a) 명령어 1(LED가 켜짐)

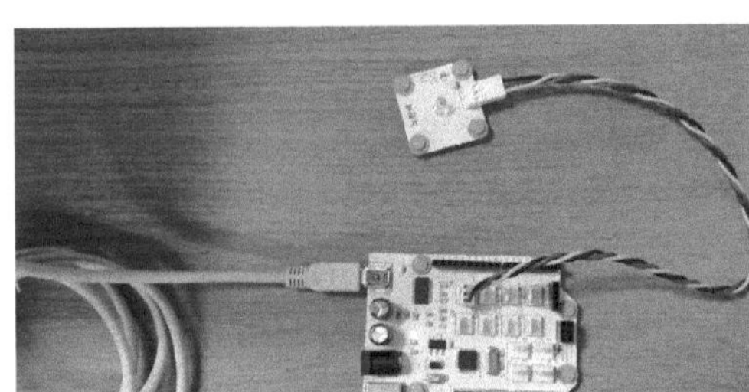

(b) 명령어 2(LED가 점멸)

명령어 0을 전송하면 Arduino 보드에 연결된 LED는 당연히 꺼질 것이다. 그리고 명령어 2를 전송하게 되면 LED가 점멸하게 되지만 그림에서 정지 이미지라서 확인이 안 될 따름이다. 명령어 3을 전송하면 이는 Arduino와 관계없이 Java 어플리케이션을 종료시키게 된다.

이 과정까지가 이해되었으면 다음과 같은 일들을 해 볼 수 있을 것이다. 보다 다양한 센서 제어 등은 지면 관계상 생략하도록 하겠지만 Arduino에 연결된 LED를 켜고 끄는 간단한 제어를 통해 보다 복잡하고 세밀한 제어 등을 수행할 수 있을 것이다.

- 아두이노 보드에 각종 센서를 연결하여 센서의 계측된 값을 읽어오기
  - 온도센서, 충격센서, 위치센서, 거리센서 등의 활용 가능
  - 센서의 디지털 값을 읽는 경우: int value = digitalRead(pin_num)
  - 센서의 아날로그 값으로 읽는 경우: double value = analogRead(pin_num)
  - 단, 자바 프로그램에서 위 값들을 받아들일 수 있도록 프로그램 수정
  - 자바 프로그램에서 아두이노가 보내온 값들은 화면에 출력, DB에 저장, 그래프 그리기 등 다양한 방법으로 처리가 가능하다.

Serial 통신을 위한 JavaFX 어플리케이션

앞에서 소개한 Java 어플리케이션에서는 불편함이 따른다. 실행 콘솔창에서 제어 명령어를 전송하고 있으며 전송 명령어 등을 입력하는 과정에서 잘못된 입력 등으로 예기치 못한 상황이 벌어지기도 한다. 콘솔 모드에서 동작하는 프로그램을 GUI 프로그램으로 대체하게 되면 보다 직관적이고 편리한 어플리케이션으로 수정할 수 있다.

그리고 시리얼 통신을 기본으로 LED를 제어했지만, Arduino 보드에 블루투스 모듈, Wi-Fi 모듈 등을 연결하여 활용하면 선 연결 없이도 데이터 전송이 가능해 진다. 이 경우에는 스마트폰과의 연동까지도 고려할 수도 있을 것이다.

이번에는 앞에서 소개한 예제를 JavaFX 기반으로 다시 수정하여 작성하는 것으로 한다. 콘솔 모드에서 명령어를 전송하는 부분은 GUI 화면 중앙에 (토글)버튼 3개를 배치하는 것으로 대체하고, 각 버튼을 눌렀을 때 원하는 명령어가 Arduino측으로 전송되도록 수정한 코드는 다음과 같다.

Example 17.4 JavaFX 클라이언트 프로그램 작성(수정 코드)

```
package controlledfx;

import javafx.application.Application;
import javafx.event.ActionEvent;
import javafx.event.EventHandler;
import javafx.geometry.Insets;
import javafx.scene.Scene;
import javafx.scene.control.Button;
import javafx.scene.control.Label;
import javafx.scene.layout.BorderPane;
import javafx.scene.layout.GridPane;
import javafx.stage.Stage;
import jssc.SerialPort;
```

```
import jssc.SerialPortException;

public class ControlLEDFX extends Application {

    //Define Port
    static SerialPort serialPort = new SerialPort("COM9");

    static final String LED_OFF = "0";
    static final String LED_ON = "1";
    static final String LED_BLINK = "2";

    Button btn_on = new Button("LED On");
    Button btn_off = new Button("LED Off");
    Button btn_blink = new Button("LED Blink");
    Button btn_exit = new Button("Exit");

    Label info = new Label("");

    @Override
    public void start(Stage primaryStage) {

        srartSerial();

        // set container
        BorderPane root = new BorderPane();
        GridPane grid_btn = new GridPane();
        grid_btn.setHgap(10);
        grid_btn.setVgap(10);
        grid_btn.setPadding(new Insets(40, 10, 10, 10));

        root.setCenter(grid_btn);
        root.setBottom(info);

        btn_on.setPrefSize(100, 50);
        btn_off.setPrefSize(100, 50);
        btn_blink.setPrefSize(100, 50);
        btn_exit.setPrefSize(100, 50);

        GridPane.setColumnIndex(btn_on, 0);
        grid_btn.getChildren().add(btn_on);
        GridPane.setColumnIndex(btn_off, 1);
        grid_btn.getChildren().add(btn_off);
        GridPane.setColumnIndex(btn_blink, 2);
        grid_btn.getChildren().add(btn_blink);
        GridPane.setColumnIndex(btn_exit, 3);
        grid_btn.getChildren().add(btn_exit);

        btn_on.setOnAction(new EventHandler<ActionEvent>() {
            @Override
            public void handle(ActionEvent event) {
                sendCommand(LED_ON);
                System.out.println("LED is On ...");
                info.setText(" >> Arduino LED is On ...");
            }
```

```
        });

        btn_off.setOnAction((ActionEvent event) -> {
            sendCommand(LED_OFF);
            System.out.println("LED is Off ...");
                info.setText(" >> Arduino LED is Off ...");
        });

        btn_blink.setOnAction((ActionEvent event) -> {
            sendCommand(LED_BLINK);
            System.out.println("LED is Blink ...");
            info.setText(" >> Arduino LED is Blink ...");
        });

        btn_exit.setOnAction((ActionEvent event) -> {
            stopSerial();
            System.out.println("Program is terminated ...");
            System.exit(0);
        });

        Scene scene = new Scene(root, 400, 150);

        primaryStage.setTitle("Arduino LED Control");
        primaryStage.setScene(scene);
        primaryStage.show();
    }

    public void srartSerial() {
        //Open Serial Port and set Parameters
        try {
            serialPort.openPort();
            serialPort.setParams(9600, 8, 1, 0);
        } catch (SerialPortException ex) {
            System.out.println(ex);
        }
    }

    public void stopSerial() {
        //Open Serial Port and set Parameters
        try {
            serialPort.closePort();
        } catch (SerialPortException ex) {
            System.out.println(ex);
        }
    }

    public void sendCommand(String command) {
        char[] buffer = command.toCharArray();

        try {
            serialPort.writeByte((byte) buffer[0]);
        } catch (SerialPortException ex) {
            System.out.println(ex);
        }
```

```
        }

        /**
         * @param args the command line arguments
         */
        public static void main(String[] args) {
            launch(args);
        }

}
```

마찬가지로 코드 작성이 완료되었으면 프로그램을 실행시켜 보자. 다음과 같이 제어 명령을 전송하는 부분이 GUI 화면으로 대체되었다.

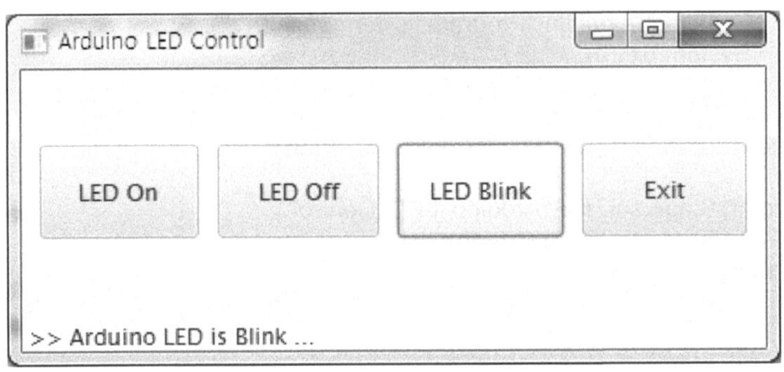

JavaFX 어플리케이션으로 작성하게 되면 GUI 화면에서 보다 직관적인 사용을 유도할 수 있고 필요에 따라서는 Arduino측에서 제공하는 각종 정보 등을 가져와서 화면에 표시하는 것도 가능할 것이다.

이미 앞에서 FXML 기반으로 GUI 구성을 분리하여 MVC 모델에 충실한 어플리케이션을 작성할 수 있다는 것을 설명하였다. **Example 17.4** 예제를 기본으로 GUI 구성을 FXML로 분리해 내고 상응하는 컨트롤러 클래스를 작성하여 이벤트 처리가 가능한 프로그램을 각자 수정하여 보길 바란다.

▌진보된 학습을 위한 사항

앞에서 소개한 예에서 Arduino 보드와의 프로그램 연동을 고려하여 간략한 사용법을 중심으로 설명하였다. JavaFX 프로그램은 Arduino 보드뿐만 아니라 Raspberry Pi Foundation에서 제공하는 Raspberry Pi 보드와 연동하는 프로그램을 개발하는 것도 가능하다.

Arduino와 Raspberry Pi라는 이름의 차이에서 전혀 다른 디바이스로 인식할 수 있으나 근본적인 부분은 Arduino 사용법과 거의 동일하므로 큰 문제가 없을 것이다. 유일한 차이점은 Raspberry Pi의 경우는 Linux 커널을 기본 탑재하여 운영체제 위에서 Java 개발환경을 직접 이용할 수 있다는 것 이외에는 큰 차이점이 없다.

현재 이용 가능한 라즈베리 파이 보드는 Model A와 B 그리고 최근에는 Raspberry Pi 3 보드도 출시되었으므로 참고하기 바란다. 단 최근 출시된 Raspberry Pi 3 보드의 사용에서는 몇 가지 문제점이 있다. Wi-Fi 등을 이용하기 위해서는 사용지역을 미국 내로 한정하도록 내부 설정이 되어 있어 한글 사용 등에 문제가 있으므로 가능하다면 이전 모델을 사용하는 것이 바람직 할 것이다.

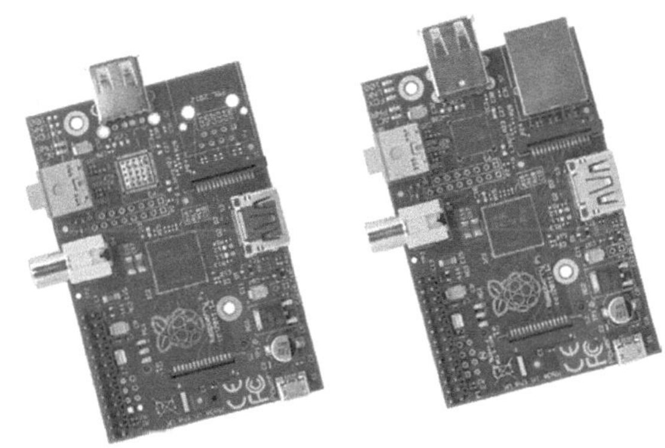

Raspberry Pi Models A(왼쪽)와 B(오른쪽)

Chapter 18. JavaFX 모바일 프로그래밍

최근 보고에 따르면 데이터 검색 등을 하는 수단으로 PC와 같은 데스크톱 환경보다는 스마트 폰과 같은 모바일 환경에서 더 많이 이뤄진다는 보고가 있었다. 스마트 폰과 태블릿은 요즘 대단히 인기가 있으며 매년 증가하고 있는 추세가 반영된 것으로 볼 수 있다. 따라서 개발자는 모바일 시장을 위해 응용 프로그램을 개발하는 데 필요한 기술을 습득해야 하고 변화하는 기술 트렌드를 항상 주시해야 하는 상황이다.

▮모바일 개발환경의 변화

이미 살펴보았지만 JavaFX 기술은 JavaFX 데스크톱 및 웹 응용 프로그램 개발을 위한 풍부한 API들을 제공하고 있다는 것을 알고 있다. 그러나 현실적인 문제 중의 하나는 Android 및 iOS 등의 동작 플랫폼에 따라 개발에 필요한 지식을 따로 학습하여야 하고 개발된 프로그램을 서로 다른 환경에서 구동시키기 위해서는 그 환경에 적합하도록 코드를 다시 포팅 해야 하는 불편함이 따른다는 것이다.

당초 Java 진영의 철학은 "Write Once, Run Anywhere"라는 사실을 이미 알고 있을 것이다. 이 철학은 하나의 작성된 프로그램이 최대한 많은 장치에서 실행할 수 있어야 한다는 사실을 말해주고 있다. JavaFX 기술은 이러한 철학을 배경으로 다양한 모바일 장치에서 JavaFX 어플리케이션을 실행시킬 수 있게 되었다.

Oracle 의 공식 지원을 기반으로 JavaFX 커뮤니티에 속한 많은 사람들이 동일한 코드를 기반으로 JavaFX를 가능한 한 많은 장치 및 플랫폼(데스크톱, 모바일 및 임베디드 환경 등), 그리고 다른 운영 체제에서 실행할 수 있도록 포트 작업을 하고 있다.

데스크톱이나 웹처럼 실행할 때 별도의 소프트웨어를 필요로 하지 않고 JavaFX 응용 프로그램을 하나의 번들(JVM과 응용 프로그램)로 Android 또는 iOS 기반 장치에서 실행하는 기본 응용 프로그램으로 개발할 수 있게 해주는 SDK를 성공적으로 개발하여 배포하고 있는 것이다.

이 장에서는 Android용 기본 응용 프로그램을 만들고 패키징하여 배포 할 수 있게 해주는 SDK에 대한 실용적인 지식을 설명하도록 한다.

▮JavaFX를 모바일 환경으로 포팅하는 이유

JavaFX를 모바일 환경에 포팅(porting)해야 하는 이유는 "Write Once, Run

Anywhere(WORA)"라고 할 수 있을 것이다. 모든 Java 응용 프로그램은 WORA 패러다임을 따르지만 실행에 의존하는 JVM(Java Virtual Machine)이라 불리는 매우 중요한 추상적인 소프트웨어를 사용하고 있다.

JVM이 있기 때문에 특정 시스템에 대해 이해하고 실행할 수 있는 플랫폼 지침을 제공하므로 응용 프로그램을 실행할 수 있는 것이다. 따라서 Intel, AMD, SPARC 또는 ARM과 같은 하드웨어 및 Windows, Mac, Linux 또는 Solaris 등과 같은 동작 플랫폼에 대응하는 서로 다른 JRE(Java Runtime Environment) 또는 JDK 버전 등이 제공되고 있다.

데스크톱, 웹 또는 임베디드 장치에서 Java 응용 프로그램을 실행할 수 있으려면 JRE를 먼저 설치해야 한다. 그러나 모바일 장치의 경우, 저장소에서 응용 프로그램을 다운로드하여 설치한 다음 마지막으로 추가 소프트웨어 없이 응용 프로그램을 실행할 수 있다. 사실 이러한 경우는 개방형 플랫폼에 국한된 것이며 일부 비개방형 플랫폼에서는 JVM을 설치할 수 없는 경우도 많다.

중요한 것은 보다 나은 최종 사용자를 고려하면 JavaFX 응용 프로그램을 실행하는 것과 Android 또는 iOS를 대상으로 하는 다른 응용 프로그램을 실행하는 것과 차이가 없어야 한다는 점이다. 말하자면 모바일 장치에서 실행할 수 있는 JavaFX 응용 프로그램은 기기 기능을 제어하기 위해 Android의 낮은 수준의 API와 상호 작용할 수 있는 기능 외에도 Google Play 스토어의 다른 어플리케이션과 유사하게 취급될 수 있어야 한다.

이러한 격차를 줄이기 위해 iOS의 경우는 RoboVM(http://www.robovm.org/)용 포팅 SDK와 Android용 포팅 SDK가 개발되었다. 이제는 데스크톱 응용 프로그램에만 국한되지 않고 모바일 포팅용 JavaFXPorts(http://javafxports.org/)를 이용하면 하나의 JavaFX 코드베이스로 서로 다른 모바일 플랫폼에서도 프로그램을 동작시킬 수 있게 되었다(2015년 2월부터 이 프로젝트의 배후에 있는 회사 간의 계약이 시행되어 jfxmobile-plugin이라는 단일 플러그인으로 배포되고 있다).

현재는 Gluon(http: //gluonhq.com/products/tools/ide-plugins/)이라는 회사에서 NetBeans를 위한 무료 플러그인을 제공하고 있으며, jfxmobile-plugin을 기반으로 어플리케이션을 빌드하는 데 필요한 모든 것을 제공하고 있다.

iOS 포팅용 RoboVM과 Android 포팅용 JavaFXPorts는 JavaFX8 애플리케이션을 대상으로 하는 실행 환경으로 쉽게 패키징 할 수 있도록 필요한 모든 라이브러리를 포함하고 있다.

iOS용 RoboVM을 사용하여 JavaFX 응용 프로그램(ipa 패키지 파일)을 패키지하면 모든 JavaFX 응용 프로그램이 Objective-C(현재 Swift) 응용 프로그램으로 변환된다. 마찬가지로 Android용 JavaFXPorts(apk 패키지 파일)를 사용하여 JavaFX 응용 프로그램을 패키징 하면 응용 프로그램이 Dalvik VM에서 실행되는 Android 패키지로 변환된다.

이들 SDK에는 응용 프로그램 성능을 높이기 위해 JavaFX 응용 프로그램에 삽입한 후 iOS 및 Android로 이식하기 위한 많은 원시 코드가 포함되어 있기도 하다. 결론적으로 말하면 개발자는 이들 SDK를 사용하여 iOS용 ipa 또는 Android용 apk 패키지로 만들어 스토어 등에 제출할 수 있다.

▮개발 환경의 준비

그러나 개발 단계로 이동하기 전에 제공된 SDK를 기반으로 개발 프로세스를 완료하고 최종 apk 패키지를 준비하기 위해 도구와 소프트웨어를 적절하게 설치 및 구성해야합니다. 실제 apk 패키지를 실제 기기에 배포하고 마지막으로 Google Play 스토어에 최종 제출하기 위해 서명 할 것입니다. 이제 응용 프로그램 개발을 시작하기 위한 필수 도구와 소프트웨어를 설치해 봅시다.

■ Android SDK

Android SDK에는 Android 플랫폼용 전체 개발 및 디버깅 도구 세트가 포함되어 있다. Android SDK를 설치하는 것은 매우 간단하다.

1. http://developer.android.com/sdk/index.html#Other로 이동한다.
2. 본인이 사용하는 운영제제에 맞는 패키지를 선택한다.

플랫폼	Android Studio 패키지	크기	SHA-1 체크섬
Windows	android-studio-bundle-145.3537739-windows.exe Android SDK 포함(권장)	1674 MB (1756130200 bytes)	272105b119adbcababa114abeee4c78f3001bcf7
	android-studio-ide-145.3537739-windows.exe Android SDK 없음	417 MB (437514160 bytes)	b52c0b25c85c252fe55056d40d5b1a40a1ccd03c
	android-studio-ide-145.3537739-windows.zip Android SDK 없음, 설치 프로그램 없음	438 MB (460290402 bytes)	8c9fe06aac4be3ead5e500f27ac53543edc055e1
Mac OS X	android-studio-ide-145.3537739-mac.dmg	434 MB (455263302 bytes)	51f282234c3a78b4afc084d8ef43660129332c37
Linux	android-studio-ide-145.3537739-linux.zip	438 MB (459957542 bytes)	172c9b01669f2fe46edcc16e466917fac04c9a7f

3. 독자적으로 Android 프로그램을 개발하기 위해서는 Android Studio를 포함한 풀 패키지를 선택하면 된다. 원하는 패키지를 선택하여 다운로드 받고 설치를 시작하면 된다. 참고로 JavaFX 기반 모바일 프로그래밍을 할 때는 Android SDK Tools만 이용하게 될 것이다. 따라서 Android Studio가 따로 필요 없는 경우에는 명령줄 도구만 다운로드 하여도 관계없다.
4. 설치가 되었으면 Android SDK 관리자를 연다. 이때 주의할 점은 Build-tools 버

전 21.1.2 이상 및 API 21 이상에 해당하는 SDK 플랫폼을 선택할 필요가 있다. 선택하였으면 Install x packages를 클릭하고 라이선스를 수락한 다음 [Install] 버튼을 클릭하면 된다. Android SDK 관리자에 대한 상세한 내용은 http://developer.android.com/sdk/installing/adding-packages.html에 방문하여 확인하기 바란다.

5. 마지막 단계는 다음과 같이 시스템의 환경 변수를 설정해 주어야 한다.
   - Windows: 설치한 Android SDK가 c:\tools\에 설치되었다고 가정한다. Android_ADT와 관련된 환경 변수는 DOS창에서 다음과 같이 진행하여도 좋고 필요한 경우에는 GUI 환경에서 설정하여 무방하다.

```
set ANDROID_HOME = c:\tools\android_ADT\sdk
set PATH = %PATH%;%ANDROID_HOME%\platform-tools;%ANDROID_HOME %\tools
```

   - Mac: 설치한 Android SDK가 /usr/local/tools/android_ADT에 설치된 것으로 가정하였다.

```
export ANDROID_HOME = /usr/local/tools/android_adt/sdk
export PATH = ${PATH}:${ANDROID_HOME}/tools:${ANDROID_HOME}/platform-tools
```

   - 가장 좋은 방법은 C:\Users\<user>\.gradle\gradle.properties에 정의된 ANDROID_HOME에 Gradle 속성을 만드는 것도 한 가지 방법이다.

■ Android 프로젝트 준비

필수 소프트웨어 및 도구를 성공적으로 설치하고 환경변수를 구성을 완료하였다면 Android 장치에 포팅 될 응용 프로그램을 개발할 준비가 되었다. 그러나 다음 작업을 진행하기 전에 JavaFXPorts 라이브러리로 어플리케이션을 빌드하고 패키징 할 수 있도록 프로젝트 구조와 빌드 파일을 준비해야한다.

세 가지 플랫폼에 대해 복잡한 프로젝트를 설정하는 것은 매우 번거로운 작업이다. 그러나 최근에 Gluon에서 NetBeans 플러그인을 제공하고 있으므로 설정 작업 등이 매우 단순화되었다(http://gluonhq.com/gluon-plugin-for-netbeans/).

NetBeans IDE에서 [Tools]→[Plugins] 메뉴 항목을 선택하면 다음과 같이 대화창이 열리게 될 것이다. [Updates] 탭 메뉴에서 업데이트 가능한 Gluon Plugin이 보인다면 이를 선택하여 화면 아래쪽에 있는 [Update] 버튼을 클릭하여 설치를 진행하면 된다. 그러나 바로 보이지 않을 경우에는 [Available Plugins] 탭 메뉴로 이동하고 [Check for Newest] 버튼을 클릭하여 유효한 버전이 있는지 확인하여 설치하면 된다.

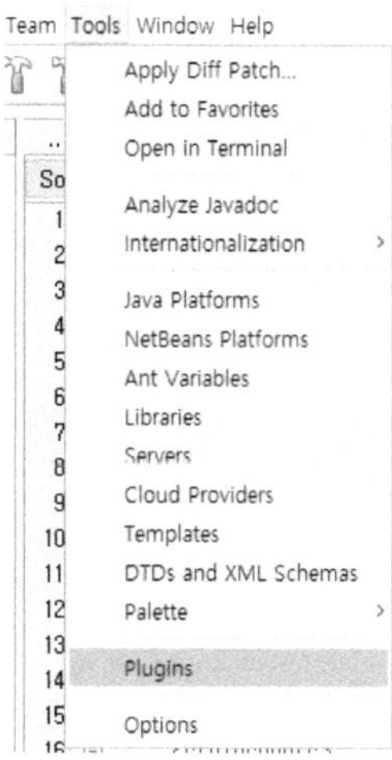

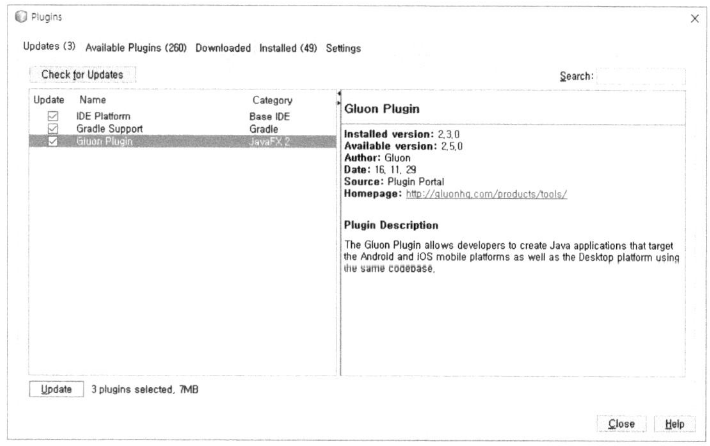

설치되는 과정에서 다음과 같이 인증창이 열리면 [Continue] 버튼을 클릭하고 다음 단계로 넘어가면 된다. 마지막에는 [Restart IDE Now] 항목에 체크해 주고 [Finish] 버튼을 누르면 플러그인 설치가 완료된다.

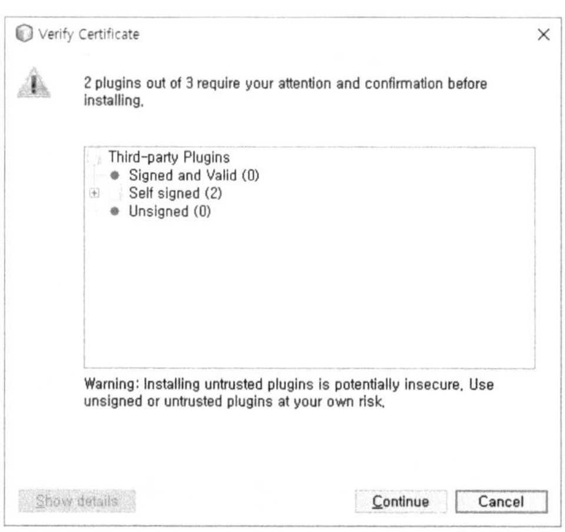

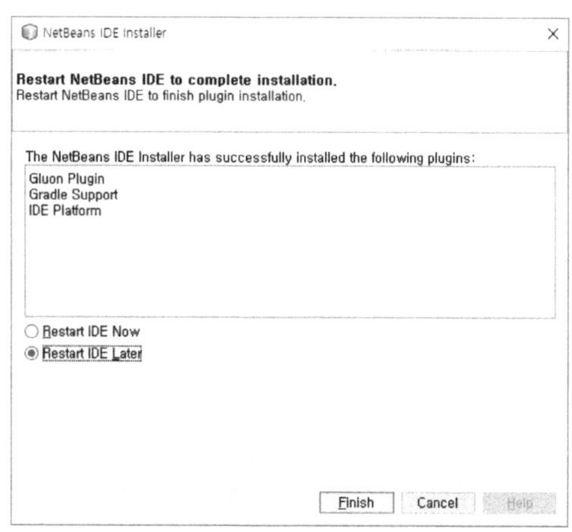

■ 프로젝트 구조 확인하기

위에서와 같이 플러그인 설치는 NetBeans용 Gluon 플러그인을 사용하는 것이다. 이렇게 하면 Java 프로젝트를 위한 모든 것이 만들어지고, JavaFX 소스를 추가하기 만 하면 되며 모든 작업이 준비된 build.gradle 파일이 생성될 것이다.

이제 기본 준비가 되었으므로 NetBeans에서 신규 프로젝트를 다음과 같이 생성시켜 보자.

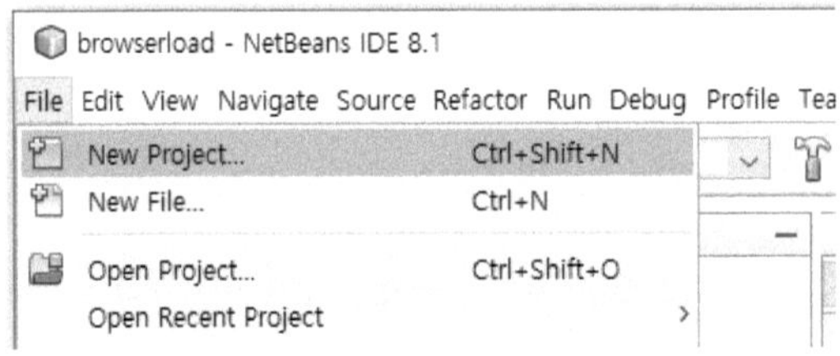

화면에 뜨는 프로젝트 생성창을 살펴보면 [Categories] 영역에 Gluon 항목이 추가되어 있는 것을 확인할 수 있을 것이다. 그리고 우측의 [Projects] 유형에는 Gluon Mobile 유형이 3가지 형태로 나타나 있는 것을 알 수 있다. 이후 나머지 절차는 기본적으로 사용하는 NetBeans 프로젝트 생성 과정과 거의 동일하다.

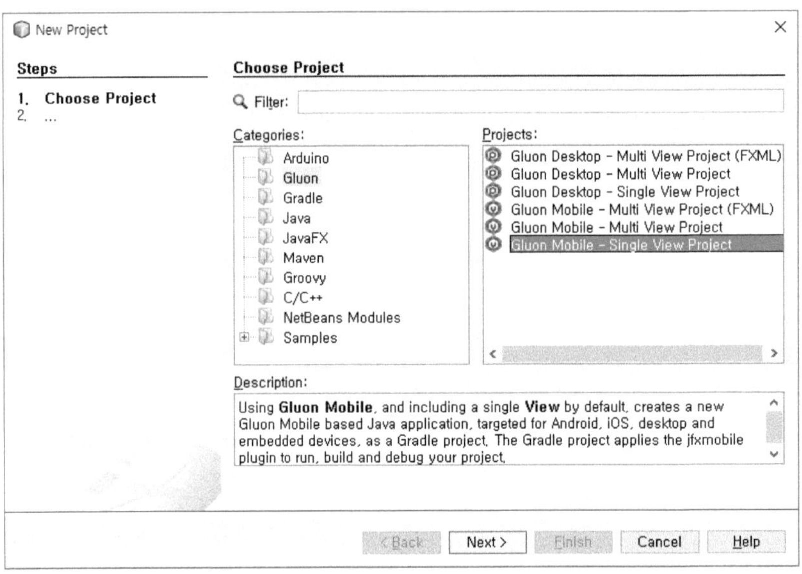

이 단계에서 Gluon Mobile - Multi View Project (FXML) 프로젝트 유형을 선택할 수도 있으며 이미 앞에서 살펴본 바와 같이 GUI 구성에 관련된 내용을 FXML 기반으로 구성하여 사용할 수 있음을 의미한다.

한 가지 아쉬운 점은 아직 Scene Builder와의 연동이 원활하지 않아 그래픽 환경에서 FXML 내용을 구성할 수 없는 상태이지만 이 부분도 조만간 해결될 것으로 보인다. 이 단계에서 Gluon Mobile - Single View Project를 선택하여 다음 단계로 넘어가면 다음과 같이 프로젝트 이름을 설정하는 부분 이외에 플랫폼을 선택할 수 있는 항목이 눈에 띌 것이다. 그림에서 알 수 있듯이 Android, iOS, Desktop 및 Embedded를 선택할 수 있으며 필요에 따라 그림과 같이 필요한 항목들을 다중 선택하여 프로젝트를 생성하는 것도 가능하다. 이미 언급한 내용이지만 하나의 소스코드 개발을 통해 다양한 플랫폼에서 동작하는 응용 프로그램으로 포팅 할 수 있다는 것을 나타내고 있다.

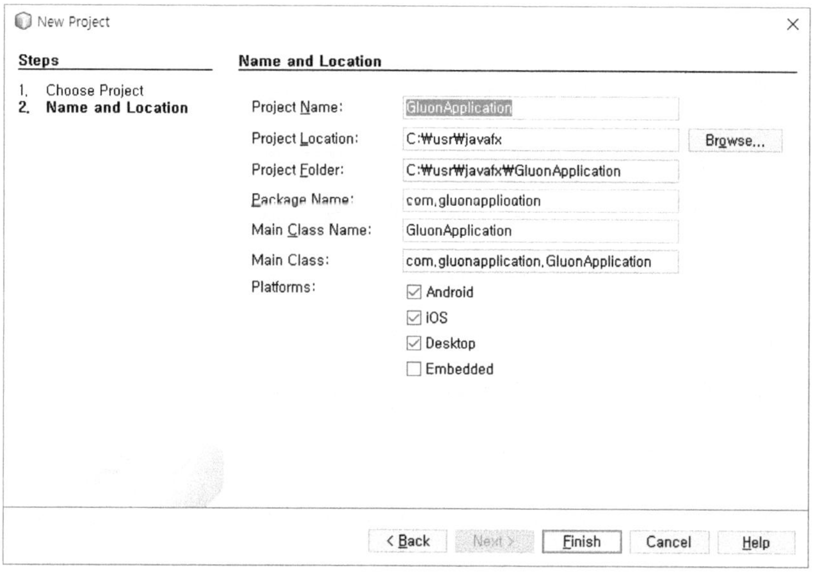

기본적인 설정은 그림과 같은 내용 그대로 진행하는 것으로 가정하고 [Finish] 버튼을 누르면 된다. 잠시 기다리면 생성된 프로젝트 환경이 구축되고 다음과 같은 프로젝트 구조를 확인할 수 있을 것이다.

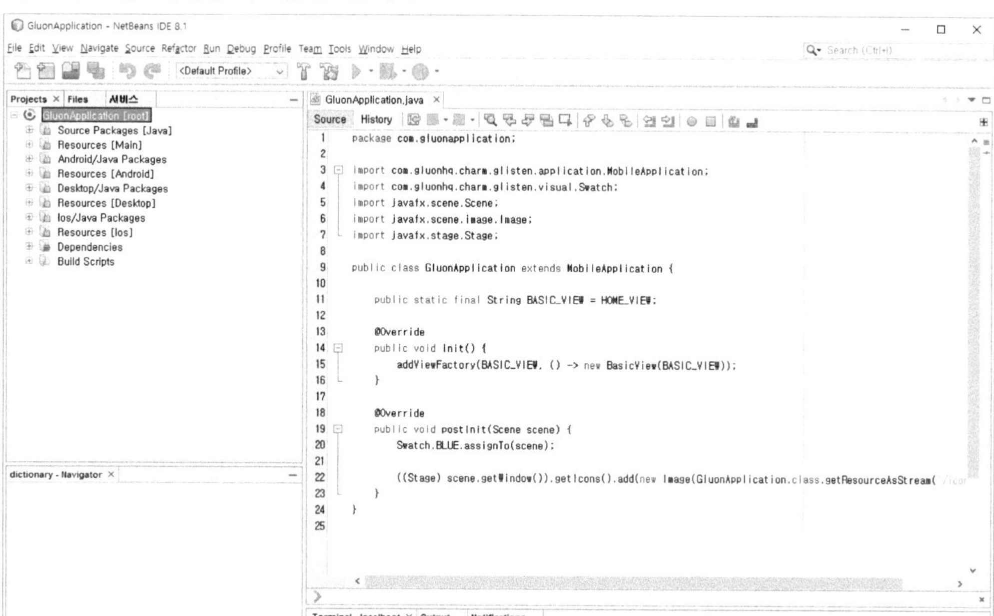

프로젝트 창의 트리 구조를 살펴보면 플랫폼에 따라 Java, Android, Desktop 및 iOS 등이 눈에 들어올 것이다. 그리고 코드 편집창을 살펴보면 기본 템플릿 코드가 생성되어 있는 것을 볼 수 있을 것이다. 이 코드를 잠시 살펴보자.

Example 18.1 Gluon 프로젝트로 생성된 기본 템플릿 코드

```
package com.gluonapplication;

import com.gluonhq.charm.glisten.application.MobileApplication;
import com.gluonhq.charm.glisten.visual.Swatch;
import javafx.scene.Scene;
import javafx.scene.image.Image;
import javafx.stage.Stage;

public class GluonApplication extends MobileApplication {

    public static final String BASIC_VIEW = HOME_VIEW;

    @Override
    public void init() {
        addViewFactory(BASIC_VIEW, () -> new BasicView(BASIC_VIEW));
    }

    @Override
    public void postInit(Scene scene) {
        Swatch.BLUE.assignTo(scene);

        ((Stage) scene.getWindow()).getIcons().add(new
                Image(GluonApplication.class.getResourceAsStream("/icon.png")));
    }
}
```

Example 18.2 BasicView 클래스

```
package com.gluonapplication;

import com.gluonhq.charm.glisten.control.AppBar;
import com.gluonhq.charm.glisten.control.Icon;
import com.gluonhq.charm.glisten.mvc.View;
import com.gluonhq.charm.glisten.visual.MaterialDesignIcon;
import javafx.geometry.Pos;
import javafx.scene.control.Button;
import javafx.scene.control.Label;
import javafx.scene.layout.VBox;

public class BasicView extends View {

    public BasicView(String name) {
        super(name);

        Label label = new Label("Hello JavaFX World!");
```

```
        Button button = new Button("Change the World!");
        button.setGraphic(new Icon(MaterialDesignIcon.LANGUAGE));
        button.setOnAction(e -> label.setText("Hello JavaFX Universe!"));

        VBox controls = new VBox(15.0, label, button);
        controls.setAlignment(Pos.CENTER);

        setCenter(controls);
    }

    @Override
    protected void updateAppBar(AppBar appBar) {
        appBar.setNavIcon(MaterialDesignIcon.MENU.button(e ->
                             System.out.println("Menu")));
        appBar.setTitleText("Basic View");
        appBar.getActionItems().add(MaterialDesignIcon.SEARCH.button(e ->
                             System.out.println("Search")));
    }

}
```

소스코드를 살펴보면 아주 심플한 구조로 되어 있다는 것을 알 수 있다. Gluon 플러그인 패키지에서 제공하는 기본 패키지의 선언문은 다음과 같다.

```
package com.gluonapplication;

import com.gluonhq.charm.glisten.application.MobileApplication;
import com.gluonhq.charm.glisten.visual.Swatch;
```

생성된 GluonApplication 클래스는 바로 이 패키지를 베이스로 하여 생성된 것을 알 수 있으며 MobileApplication 클래스를 부모 클래스로 두고 있는 것을 알 수 있다. 그리고 Swatch 클래스는 응용 프로그램의 스킨을 정의하는 것으로서 세부적인 정의 내용을 변경해 주면 스킨을 교체하여 사용할 수 있다.

다음은 init() 메서드와 postInit(Scene scene) 메서드는 프로그램이 시작될 때 초기화에 대한 작업을 수행하는 부분이다. 재미있는 점은 GluonApplication 클래스가 JavaFX에서의 메인 클래스와 같은 역할을 한다는 것이다.

여기서 제일 처음 실행되는 코드는 addViewFactory() 메서드로서 첫 번째 인자로 주어진 BASIC_VIEW 변수는 실행창의 제목을 설정하는 부분이다. 여기서는 Application 클래스에 정의되어 있는 HOME_VIEW 값을 이용하고 있지만 원하는 제목을 문자열로 지정하면 실행창의 제목을 변경할 수 있다. 두 번째 인수는 람다 식으로 표기되어 있는데 일종의 이벤트 처리 핸들러를 등록하는 것과 같은 절차이다. 결과적으로 BasicView 클래스의 객체를 얻어와 할당하겠다는 의미를 나타내고 있다. 이 BasicView 클래스는 **Example 18.2**를 참고하기 바란다.

BasicView 클래스의 내용을 살펴보면 기본적으로 JavaFX 프로그래밍을 하는 것과 동일하다. 루트 컨테이너로서 VBox 클래스의 객체 controls를 이용하여 Label과 Button 클래스의 객체를 등록시켜 사용하고 있는 것을 알 수 있다. 여기서 화면의 버튼을 클릭했을 때의 액션 이벤트 처리 핸들러도 람다 식으로 간략하게 표현하여 사용하고 있는 것을 알 수 있다.

다음으로 updateAppBar(AppBar appBar) 메서드 부분인데 실행된 결과 화면의 상단부에 나타나 있는 [Basic View]와 돋보기 모양의 아이콘 버튼과 관련이 있다. 이 내용들은 AppBar 클래스의 객체에 등록된 내용이며 마치 JavaFX의 MenuBar 클래스의 역할과 동일하다는 점에 주목하라. 그리고 각 메뉴를 선택했을 때의 이벤트 처리 내용도 람다 식으로 표기되어 있다.

일단 이 단계에서 프로그램을 실행시키면 다음과 같은 모양으로 프로그램이 실행되는 것을 알 수 있을 것이다.

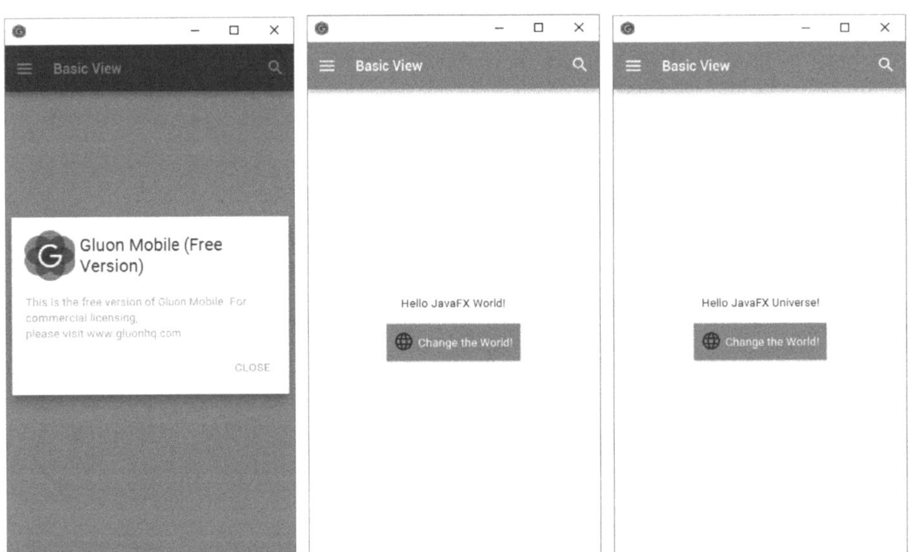

(a) 초기 실행 (b) 정상적인 실행 (c) 버튼을 클릭한 경우

그런데 NetBeans에서 프로그램을 실행시킨 결과는 데스크톱 어플리케이션인가? 아니면 모바일 어플리케이션인가? 그 답은 데스크톱 어플리케이션이다. 다만 실행 화면의

모양을 보면 모바일 환경에 적합한 화면 크기로 나타나 있는 것일 뿐이다. 이전에 설명하였지만 하나의 소스코드로 모바일 환경 등에서 동작하는 응용 프로그램으로 동작시킬 수 있다고 하였다.

▮모바일 프로그램으로 배포

Gluon은 Java 클라이언트 개발을 위한 Java Enterprise 기능을 제공하고 있다. Gluon을 사용하면 개발자는 익숙한 언어(Java)로 API를 사용하여 친숙한 엔터프라이즈 레벨의 App을 개발해 나갈 수 있다.

실제 Gluon은 Gluon Mobile이라는 클라이언트 구성 요소와 Gluon CloudLink라는 서버 구성 요소로 구성되어 있다(아래 그림 참조).

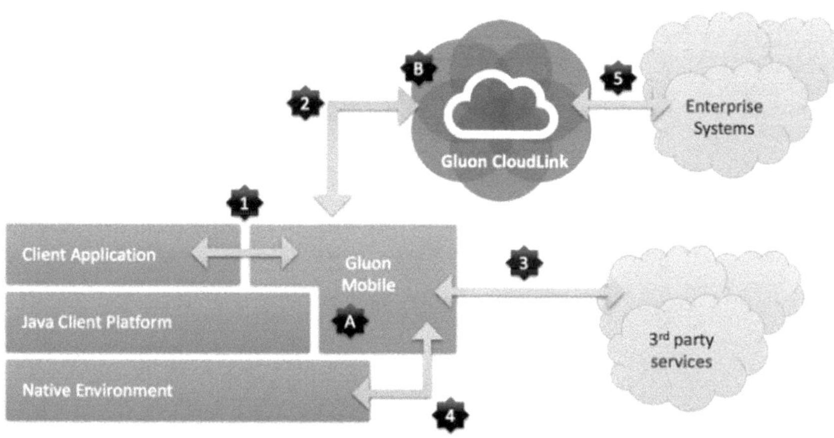

Gluon Mobile은 클라이언트 측 라이브러리 및 개발 도구로서 다음과 같은 특징을 가지고 있다.

❶ 클라이언트 응용 프로그램에 대한 UI 컨트롤을 제공한다.
❷ 서버 측 Gluon CloudLink와의 통신을 처리할 수 있다.
❸ 다른 타사 서비스와의 통신을 처리할 수 있다.
❹ 플랫폼의 특정 API(기본)를 제공한다.

그리고 Gluon CloudLink는 장치(데스크톱, 랩톱, 모바일 또는 임베디드 등)에서 실행되는 응용 프로그램과 백엔드(위 그림에서 ❺ 참고)의 선택적 엔터프라이즈 시스템 사이의 교량 역할을 수행한다. 관심 있는 사람은 Gluon 사이트의 Gluon CloudLink 설명서를 참조하면 될 것이다.

■ Gradle 설정 파일

모바일 프로그래밍이라고 설명을 시작하였지만 아직 실질적인 모바일 프로그램에 대한 구체적인 사항을 설명하지 않았다. 이전 단계에서 아직 살펴보지 못한 곳이 있는데 프로젝트 트리 화면에서 제일 하단부에 있는 Build Scripts 부분이다. 이곳을 펼쳐서 확인하면 build.gradle 부분의 내용을 확인할 수 있을 것이다.

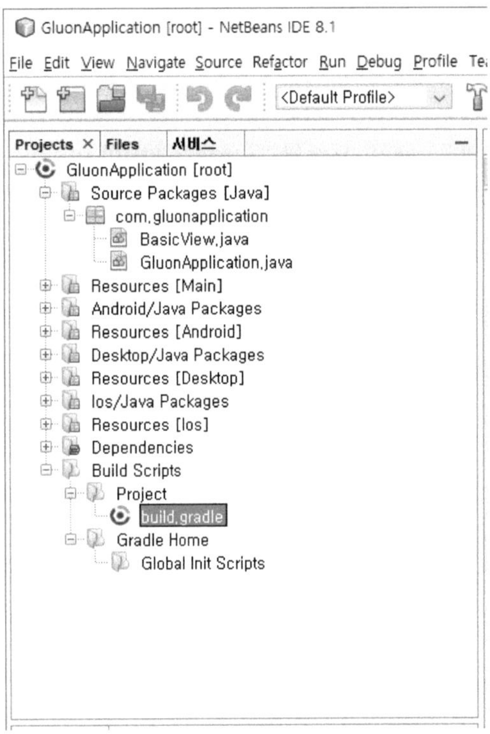

원래 Gradle은 Groovy를 이용한 빌드 시스템을 나타낸다. Groovy와 유사한 도메인 언어를 채용하였으며, 현재 Android App을 만드는데 필요한 Android Studio의 공식 빌드 시스템으로 유명하다. Java, C/C++, Python 등과 같은 여러 가지 언어를 지원하기도 한다. 일단 이 빌드용 파일의 내용을 살펴보면 다음과 같다.

Example 18.3 build.gradle 파일의 내용

```
buildscript {
    repositories {
        jcenter()
    }
    dependencies {
        classpath 'org.javafxports:jfxmobile-plugin:1.0.9'
```

```
    }
}

apply plugin: 'org.javafxports.jfxmobile'

repositories {
    jcenter()
    maven {
        url 'http://nexus.gluonhq.com/nexus/content/repositories/releases'
    }
}

mainClassName = 'com.gluonapplication.GluonApplication'

dependencies {
    compile 'com.gluonhq:charm:3.0.0'

    androidRuntime 'com.gluonhq:charm-android:3.0.0'
    iosRuntime 'com.gluonhq:charm-ios:3.0.0'
    desktopRuntime 'com.gluonhq:charm-desktop:3.0.0'
}

jfxmobile {
    android {
        manifest = 'src/android/AndroidManifest.xml'
    }
    ios {
        infoPList = file('src/ios/Default-Info.plist')
        forceLinkClasses = [
                'com.gluonhq.**.*',
                'io.datafx.**.*',
                'javax.annotations.**.*',
                'javax.inject.**.*',
                'javax.json.**.*',
                'org.glassfish.json.**.*'
        ]
    }
}
```

이해할 수 없는 내용들로 가득차 있다. 그렇다고 크게 걱정할 필요는 없다. 여기서 중요한 위주로 살펴보기로 한다. 첫 번째 중요한 부분은 다음과 같다. 여기서 뜻하는 바는 javafxports 플러그인을 사용한다는 의미이므로 그대로 두면 된다.

```
buildscript {
    repositories {
        jcenter()
    }
    dependencies {
        classpath 'org.javafxports:jfxmobile-plugin:1.0.9'
    }
```

```
}

apply plugin: 'org.javafxports.jfxmobile'
```

다음으로 중요한 부분은 다음과 같다. 메인 클래스 이름은 이미 프로젝트를 구성하는 과정에서 지정한 이름이므로 당연히 아래와 같이 GluonApplication이다. 다음으로 의존성과 관련된 부분으로서 androidRuntime, iosRuntime, desktopRuntime에 주목할 필요가 있다. 이들은 Gluon 프로젝트를 구성하는 과정에서 선택한 항목들로서 각 실행 플랫폼에서 동작시킬 때의 필요한 패키지를 지정하는 부분이다. 이 부분도 그대로 사용하면 된다.

```
mainClassName = 'com.gluonapplication.GluonApplication'

dependencies {
    compile 'com.gluonhq:charm:3.0.0'

    androidRuntime 'com.gluonhq:charm-android:3.0.0'
    iosRuntime 'com.gluonhq:charm-ios:3.0.0'
    desktopRuntime 'com.gluonhq:charm-desktop:3.0.0'
}
```

마지막으로 jfxmobile 속성을 기술하고 있는 부분인데 Android 및 iOS 모바일 프로그램으로 포팅하는 과정에서 참조되는 영역으로 개발자가 직접 수정할 필요가 없는 곳이다.

```
jfxmobile {
    android {
        manifest = 'src/android/AndroidManifest.xml'
    }
    ios {
        infoPList = file('src/ios/Default-Info.plist')
        forceLinkClasses = [
                'com.gluonhq.**.*',
                'io.datafx.**.*',
                'javax.annotations.**.*',
                'javax.inject.**.*',
                'javax.json.**.*',
                'org.glassfish.json.**.*'
        ]
    }
}
```

여기서 중요한 것은 Gluon 프로젝트를 생성할 때 지정한 실행 플랫폼에 관련된 프로젝트 구성이 gradle 파일 안에 자동으로 구성되어 있다는 점이다.

■ Android 모바일 프로그램으로 배포하기

그러면 이미 작성되어 있는 Gluon 프로젝트 파일을 Android 모바일 프로그램으로 배포하는 방법을 설명한다. 아래 그림과 같이 프로젝트 트리의 상부에 있는 GluonApplication 부분에 마우스를 올리고 마우스 오른쪽 클릭을 하게 되면 [Tasks]→[android]→[androidInstall]을 선택하면 된다.

이 부분이 의미하는 바는 현재 개발환경으로 되어 있는 컴퓨터에 Android 스마트폰이 USB 케이블로 연결되어 있다는 전제하에 스마트폰에 Android 프로그램으로 인스톨을 하겠다는 의미이다. 그러나 이 부분의 동작이 아직 안정화되지 않아 USB 케이블로 Android 프로그램으로 배포하는 과정이 정상적으로 동작하지 않을 수 있다. 이 문제도 빠른 시간 안에 개선될 것으로 보인다.

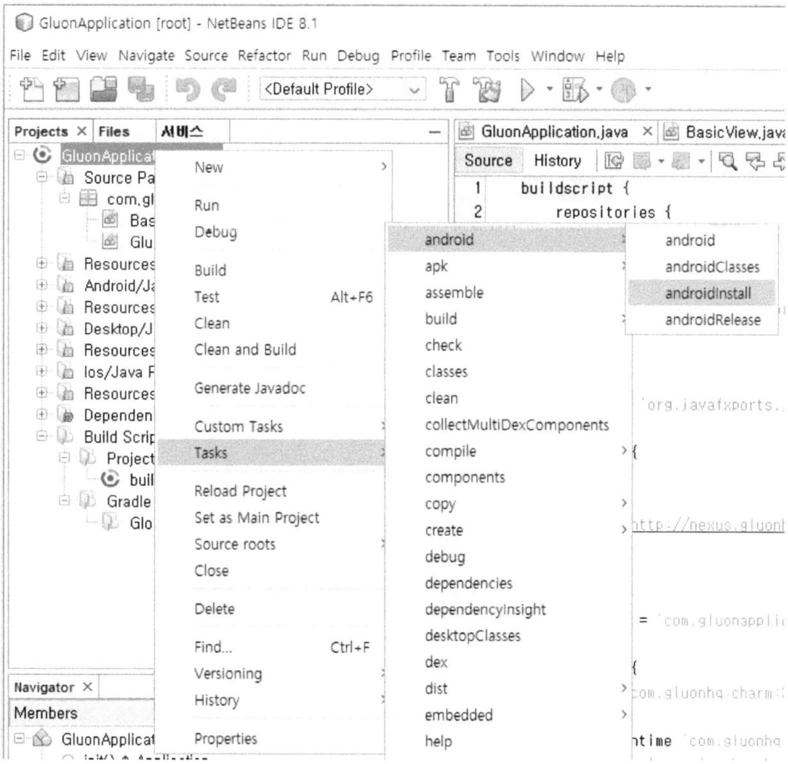

이 문제를 해결하는 방법은 다음과 같이 [Tasks]→[apk]→[apkDebug]를 선택하여 Android 배포 패키지인 apk 파일을 생성하는 것이다. 참고로 [Tasks]→[apk]→[apkRelease]를 선택한 경우는 이미 전 단계에서 디버그용 apk 배포 패키지를 생성한 상태에서 이를 업그레이드 용도로 apk 배포용 패키지를 생성한다는 의미이다.

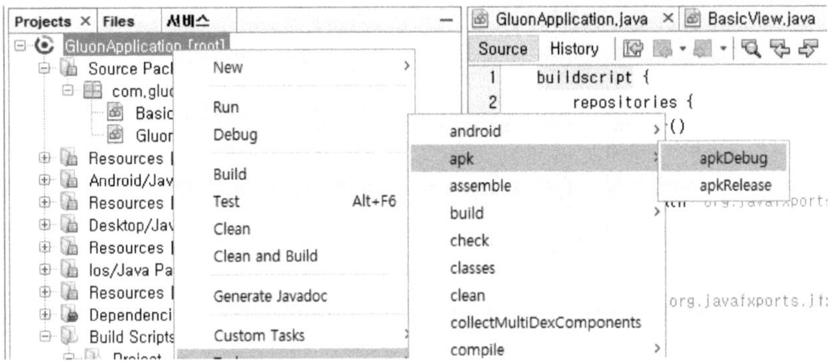

일단 이 단계를 실행시키면 시간이 소요된다. 그 이유는 Android ADT 툴을 이용하여 Dalvik 코드를 생성하고 다음에 apk 배포용 패키지로 작성하는데 시간이 걸리기 때문이다. 이 과정은 NetBeans 아래 쪽 콘솔창에 처리 과정이 나타나면 문제가 없는 경우에는 다음과 같이 BUILD SUCCESSFUL 메시지가 나타날 것이다.

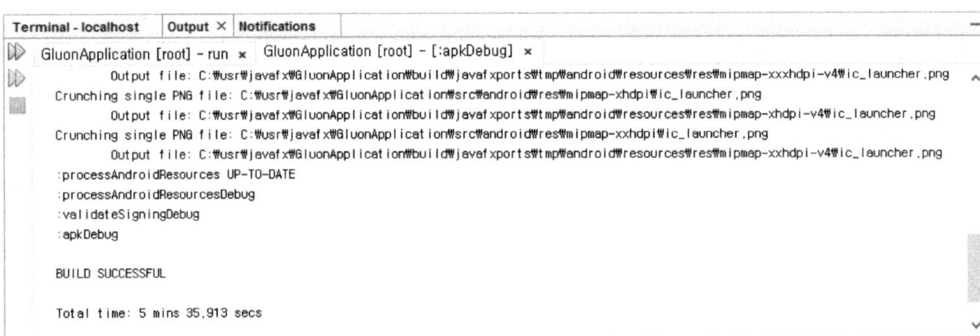

위 과정이 정상적으로 처리되지 않은 경우라면 환경변수 ANDROID_HOME이 올바르게 설정되어 있는지 다시 확인하도록 한다. Gluon 프로젝트 파일이 위치한 build 폴더의 내용을 살펴보면 다음과 같이 apk 파일이 생성되어 있는 것을 확인할 수 있을 것이다. 이 파일을 스마트폰에 저장하여 인스톨 절차를 거치면 스마트폰에서도 프로그램 동작을 확인할 수 있을 것이다.

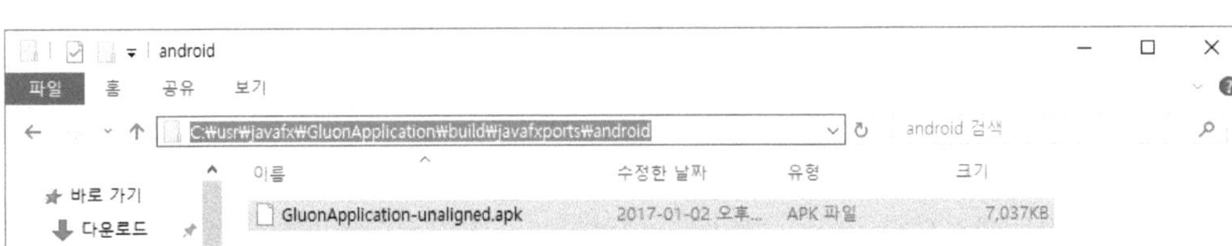

이때 주의할 점은 테스트하는 스마트폰에서 [설정]→ [개발자 옵션]→[USB 디버깅] 항

목을 반드시 활성화 시켜 주어야 한다. 이렇게 하지 않으면 apk 파일의 설치 과정이 동작하지 않을 것이다.

■ iOS 모바일 프로그램으로 배포하기

아이폰에서 동작하는 프로그램으로 배포하는 절차도 다음 그림과 같이 거의 동일하다.

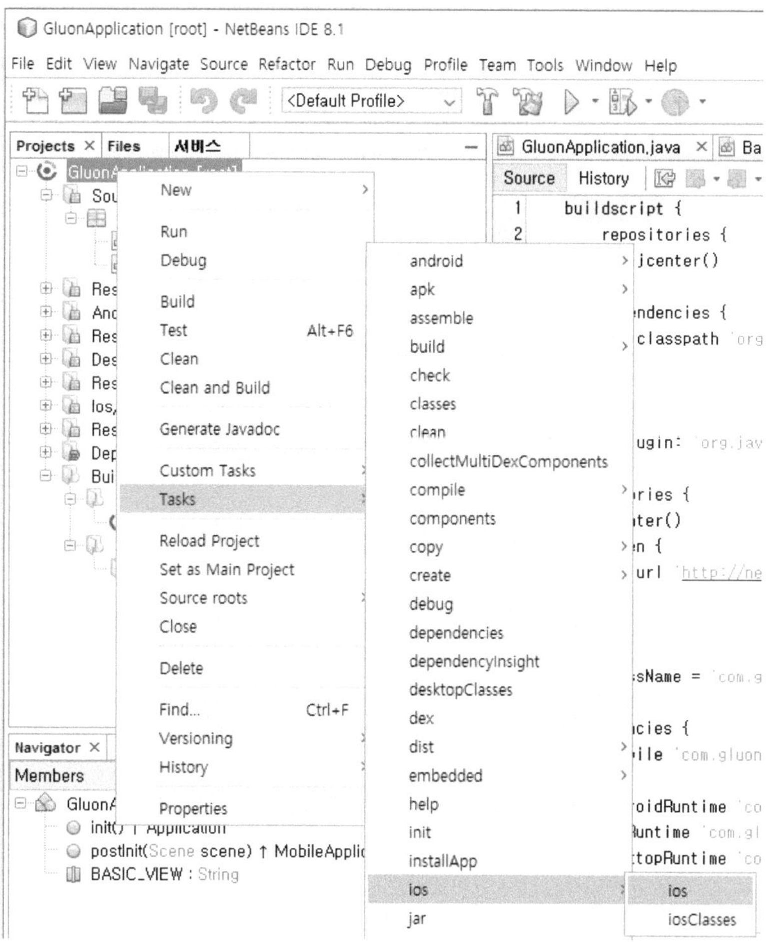

그러나 이 경우에는 Apple사에 개발자로서 등록되어 있는 경우에 한해서 배포용 프로그램을 작성하고 이를 Apple Storer에 올릴 수 있다. 다만 실행 결과는 바로 확인해 볼 수 있다. iOS에서 동작하는 프로그램의 실행 결과를 확인하려면 다음과 같이 하면 된다.

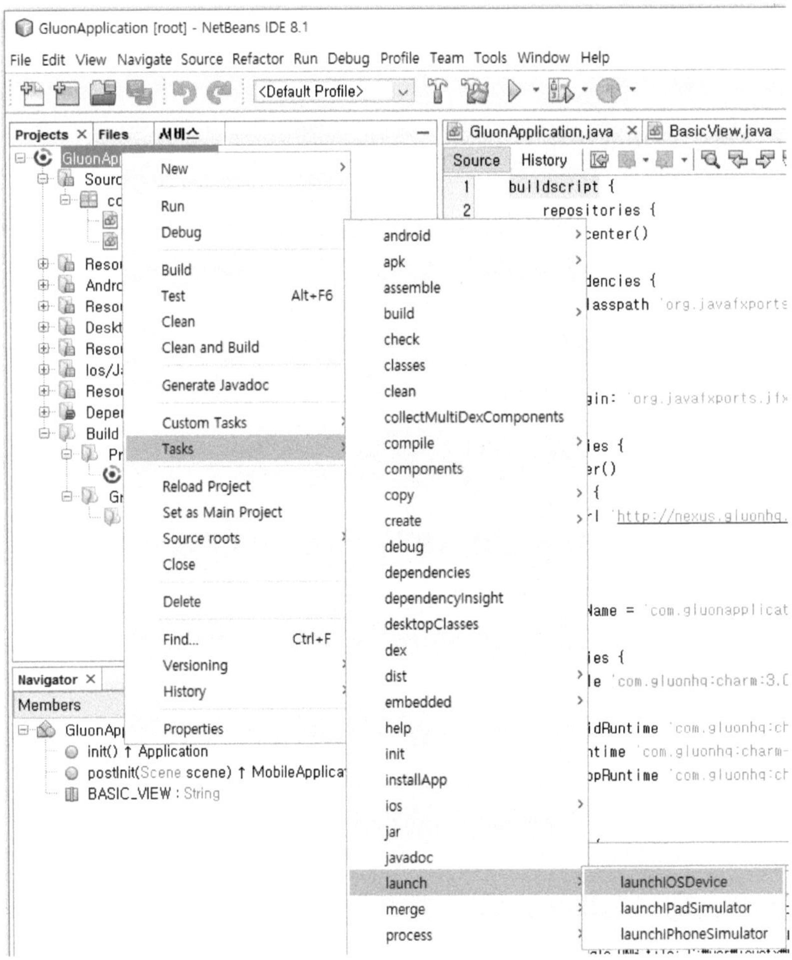

launchIOSDevice, launchIPadSimulator, launchIPhoneSimulator 등 필요한 Apple사의 관련 디바이스 환경에서 동작하는 프로그램을 테스트 해 볼 수 있을 것이다.

▮진보된 학습을 위한 사항

■ Gluon 라이선스의 사용

앞에서 소개한 예에서 Gluon 프로젝트를 실행시켰을 때 이상한 점을 발견하지 못했는가? 그 점은 실행 초기 화면에서 다음과 같은 Gluon Mobile (Free Version)이라는 문구창이 보였을 것이다. 이것이 의미하는 것은 Gluon의 javafxports 패키지를 이용하는데 있어 몇 가지 제약사항이 따른다는 것을 의미한다.

Gluon 사이트를 방문하여 보면 다음과 같이 라이선스 정책을 실시하고 있는 것을 확인할 수 있을 것이다. 유료 버전으로 정식 구매를 하여 사용하면 위에서 보았던 문구 창을 사라지므로 걱정할 필요가 없다. 그러나 단순하게 학습하는 차원에서 구매에 따른 라이선스 비용을 지불하는 것은 부담이 될 것이다. 무상 버전을 사용하여도 웬만한 모바일 프로그램을 개발하는데 큰 제약이 없다는 점을 강조해 둔다.

■ 진보된 학습을 위한 사항

본 교재에서는 이전에 학습한 JavaFX 프로그래밍의 기본 지식과 Gluon의 모바일 개발 패키지를 활용하여 모바일 프로그래밍을 할 수 있는 방법을 소개하였다. 실제 프로그램을 개발하는 과정에서 유심히 살펴보아야 할 곳이 두 군데 있다. 하나는 아래

Gluon 사이트의 Support 부분의 웹 페이지에서 StackOverflow 부분이다. 프로그램을 개발하는 과정에서 문제가 발생한 경우에는 이곳을 방문하여 문제 해결의 단서를 포착할 수 있으므로 기억해 두도록 하자.

두 번째로 방문하여야 할 곳은 Samples 페이지이다. 이곳을 방문하면 대표적인 Gluon 프로젝트를 만나볼 수 있는 곳이다. 예를 들어 Gluon Mobile, Gluon Desktop, Gluon Connect, Gluon CloudLink 등 실제 응용 가능한 유용한 프로젝트를 공개하고 있다. 소스코드를 포함하여 프로그램 개발에 따른 간단한 개발 절차에 대한 설명도 제공하고 있으므로 꼭 확인하도록 하자.

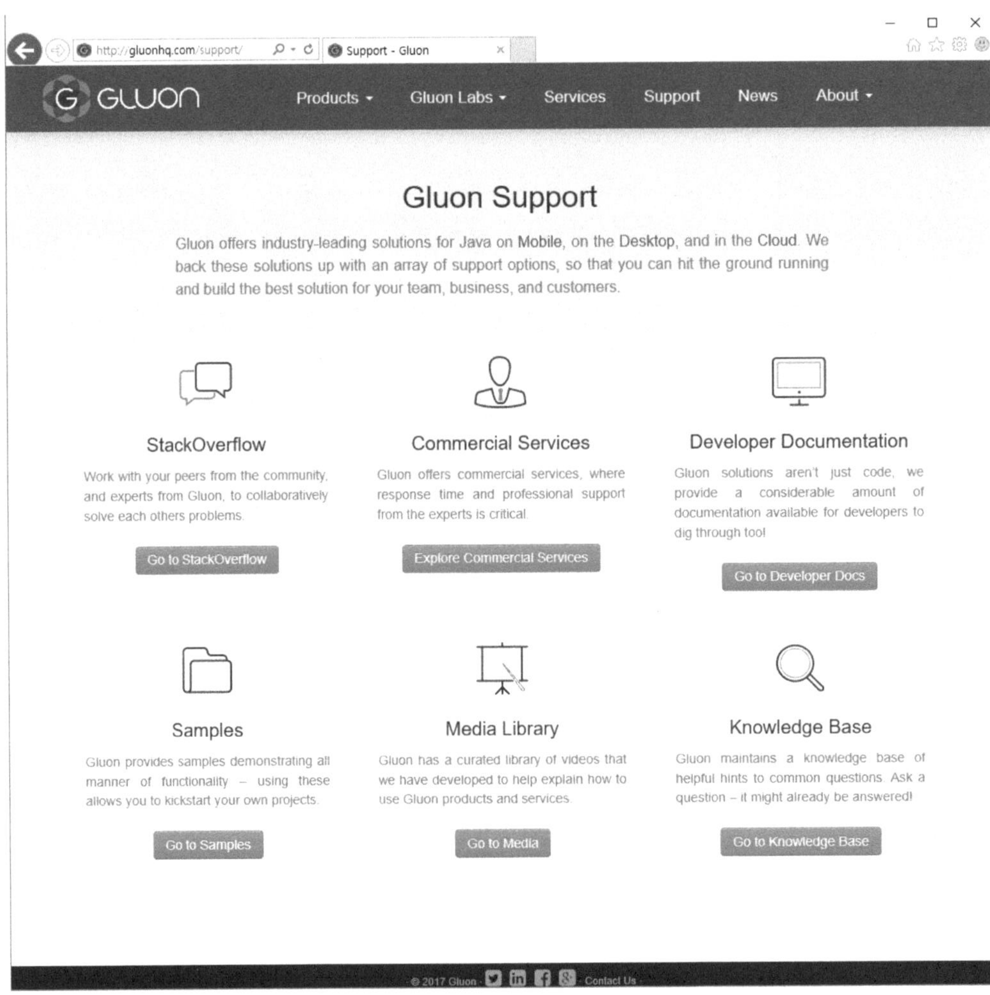

찾아보기

저자 약력

김태용 tykimw2k@dongseo.ac.kr
동서대학교 컴퓨터공학부 교수
일본 오카야마대학 공학석사 및 박사

본 결과물은
교육부 재원을 지원 받아 수행된
대학특성화(CK-1) 사업의 연구결과입니다.

공학도를 위한
JavaFX Programming

인 쇄 : 2017년 1월 25일
발 행 : 2017년 1월 30일
저 자 : 박 태 용
발 행 처 : 도서출판 한산
서울시 서대문구 수색로 6길 43번지 105동 602호
TEL : 02) 304-3504 FAX : 02) 304-3505
발 행 인 : 김 기 영
등 록 번 호 : 제 10-1745 호
I S B N : 979-11-87555-03-2 93560

가 격 : 22,000 원 잘못된 책은 교환해 드립니다.